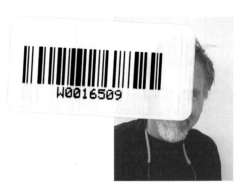

Andrew Stevenson ist ein moderner Nomade aus dem Westen, der seit seiner Kindheit in den unterschiedlichsten Ländern und Kulturen zu Hause ist. Geboren in Kanada, aufgewachsen im Fernen Osten, in Kenia und Schottland, studierte er an Universitäten in Kanada, Frankreich und Norwegen. Er arbeitete zunächst als Banker und Betriebswirt für die Vereinten Nationen und Entwicklungshilfeorganisationen, veranstaltete dann in Afrika Safaris und gründete in Norwegen eine Agentur für Abenteuertouren. Derzeit arbeitet er an einem Unterwasser-Dokumentarfilm über die Buckelwale im Nordatlantik. Wenn Andrew Stevenson nicht gerade auf Reisen ist, lebt und schreibt er auf den Bermudas.

Von Andrew Stevenson bei Frederking & Thaler bereits erschienen:
Rund um den Annapurna
Trekking in Neuseeland
Meine Reise durch das Outback
Mittsommer

www.awstevenson.com
www.seashepherd.org

Bibliografische Information der Deutschen Bibliothek
Die Deutsche Bibliothek verzeichnet diese Publikation in der
Deutschen Nationalbibliografie; detaillierte bibliografische Daten
sind im Internet über http://dnb.ddb.de abrufbar.

NATIONAL GEOGRAPHIC ADVENTURE PRESS
Reisen · Menschen · Abenteuer
Die Taschenbuch-Reihe von
National Geographic und Frederking & Thaler

1. Auflage Dezember 2007
© 2007 Frederking & Thaler Verlag GmbH, München
© 2007 Andrew Stevenson
Alle Rechte vorbehalten

Aus dem Englischen von Gabriele Zelisko
Text und Fotos: Andrew Stevenson
Lektorat: Gudrun Honke, Bochum
Karte: Anneli Nau, München
Umschlaggestaltung: Dorkenwald Grafik-Design, München
Herstellung: Büro Sieveking, München
Druck und Bindung: Clausen & Bosse, Leck
Printed in Germany

ISBN 978-3-89405-836-4
www.frederking-thaler.de

Das Papier wurde aus chlorfrei gebleichtem Zellstoff hergestellt.

ANDREW STEVENSON

MEIN WEG ZUM MOUNT EVEREST

**Auf dem Trekkingpfad
durchs Khumbu Himal**

Aus dem Englischen von
Gabriele Zelisko

FREDERKING & THALER

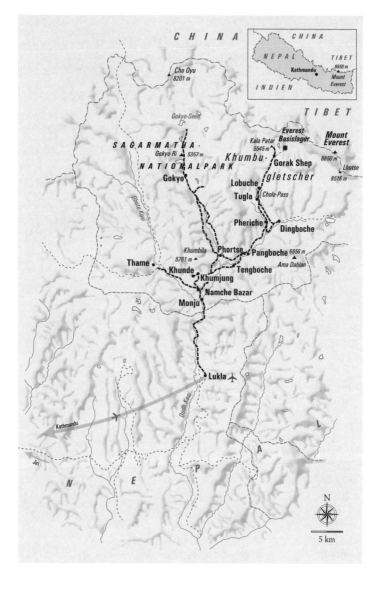

Inhalt

Kathmandu	7
Kathmandu – Lukla	19
Lukla – Monju	26
Monju – Namche Bazar	38
Namche	59
Namche – Thame	80
Namche – Khunde	95
Khunde – Tengboche	115
Tengboche – Debuche	133
Debuche – Pheriche	154
Pheriche – Dingboche	167
Dingboche – Tugla	179
Tugla – Lobuche	192
Lobuche – Gorak Shep	204
Gorak Shep – Pangboche	215
Pangboche – Thare	232
Thare – Gokyo	242
Gokyo-Seen	257

Für Katie und Cooper

Kathmandu

Eine flüchtig auf einen Zettel gekritzelte Nachricht in meinem Schlüsselfach im Kathmandu Guest House: *Wir sind im New Orleans Café. Komm doch auch. Jamie.*

Jamie?

Es ist fast zehn Uhr abends. Trotz der Ausgangssperre verlasse ich noch einmal das Kathmandu Guest House, gehe 20 Meter und biege dann in die schmale Gasse zum New Orleans Café ein. Streunende Hunde liegen zwischen Müllhaufen dicht beieinander, um sich gegenseitig zu wärmen. Auf 1300 Meter Höhe ist die Luft klamm und schneidend kalt.

Duftschwaden von Räucherstäbchen ziehen durch das Café, sie sollen die ranzigen Gerüche von der Straße abwehren. Es ist ruhiger als gewohnt. Ein paar Einheimische sind da, die der nepalesischen Oberschicht angehören und es sich leisten können, sich die Zeit in einem Café wie diesem zu vertreiben. Sie sitzen unter Bergsteigern und Trekkern aus dem Westen. Ich entdecke Jamie mit seiner Freundin Suzanne an einem Tisch neben einem Kohlenbecken, in dem ein Feuer lodert. Ich habe die beiden vor zwei Jahren zum letzten Mal gesehen, in einem Ort namens Tal auf dem Annapurna-Rundweg hier in Nepal. Jamie kam gerade mit ein paar Freunden von einem der Trekkinggipfel zurück.

»Woher wusstet ihr, dass ich hier bin?« Ich ziehe einen Stuhl an ihren Tisch.

»Hab die Plakate für deine Diavorträge gesehen.« Jamie ist zwar Neuseeländer, aber sein Akzent ist ebenso undefinierbar wie meiner. »Was hast du vor?«, erkundigt er sich.

»Die Annapurna-Runde«, antworte ich und setze mich zu ihnen.
»Noch einmal?«
Ich nicke.
»Schon mal am Everest gewesen?« Er hat den *Trailblazer*-Trekkingführer für das Everestgebiet geschrieben und ist vermutlich genauso ein Fan dieser Gegend, wie ich einer der Annapurna-Runde bin.
Ich schüttle den Kopf.
»Versuch's doch mal, anstatt immer wieder die gleiche Tour zu machen«, sagt er, während er einem Kellner ein Zeichen gibt und dabei einen Stift und ein Blatt Papier hervorzieht. Der Kellner nimmt meine Bestellung für ein Bier auf. »Wie viele Tage hast du?«
»20 Tage Trekking und genügend Puffer für Kathmandu, damit ich auf keinen Fall meinen Rückflug verpasse.«
»Okay. Du startest in Jiri.« Jamie wechselt automatisch in die Rolle des Führers und zählt die Dörfer auf, in denen ich haltmachen soll. »Jiri, Deorali, Sete, Junbesi. Das ist ein wirklich schönes Dorf. Nuntala/Manidingma, Bubsa, Chheplung oder Phakdingma und hinauf nach Namche Bazar. Lukla sparst du dir. Dann nach Khunde, Tengboche, Pangboche, Dingboche, Tugla, Lobuche, Gorak Shep und auf den Kala Patar, das ist der Berg, von dem aus man auf das Everest-Basislager sieht. Dann quer hinüber über den Chola-Pass nach Tarnak und dann Gokyo. Nach dem Aufstieg zum Gokyo Ri hinunter nach Dole, Namche Bazar und dann Lukla.« Er zählt noch einmal die Tage zusammen. »20 Tage. Das schaffst du.«
Ich habe nicht die geringste Vorstellung von der Strecke oder von den Orten und von dem, was mich dort erwarten würde. Ich weiß bemerkenswert wenig über den Everest und den Nordosten Nepals. Mein Wissen beschränkt sich auf das, was ich über Bergsteigerexpeditionen zum Gipfel des höchsten Berges der Welt gelesen habe. Und Jamies Wegbeschreibung allein reicht da nicht aus, mein Bild zu vervollständigen und mich zu überzeugen.

»Ich wollte morgen zur Annapurna-Runde aufbrechen.«

»Morgen ist Busstreik«, erinnert mich Jamie. »Die Maoisten. Du kommst nicht zum Startpunkt des Treks. Wenn sie noch länger streiken, könntest du aber nach Lukla fliegen und zum Everest wandern. Die Piloten streiken nicht.«

Dass die maoistischen Rebellen Nepals einen Generalstreik ausrufen, der mich an der Weiterreise hindert, und dass der Zufall mich heute Abend mit Jamie zusammenbringt, das erscheint mir wie ein Wink des Schicksals. Ich glaube an solche Dinge. Aber müde, wie ich bin, noch vom Jetlag geplagt, zusätzlich von dem Diavortrag, den ich gehalten habe, und von der Beantwortung vieler Fragen geschlaucht, ist meine Abenteuerlust gerade etwas gebremst.

»Was machst du morgen früh?«, erkundigt sich Jamie, der merkt, was mit mir los ist.

»Nichts. Zumindest wenn Streik ist.«

»Ich bin hier zu einer Besprechung beim Frühstück verabredet. Wir können dann noch mal drüber reden. Ich zeige dir ein paar wilde Pässe, über die man gehen kann, und echt tolle Alternativrouten.« Er sieht mich eindringlich an, um seinen Worten Nachdruck zu verleihen. Dabei fällt mir auf, dass die Pupille seines linken Auges erweitert ist, und ich sage es ihm. Mitleidheischend sieht er zu Suzanne. »Muss wohl was mit der Netzhaut passiert sein, als wir heute auf den Cho Oyu gestiegen sind«, erklärt er uns.

»Und was ist der Cho Oyu?«, frage ich.

»Ein 8200-er, der sechsthöchste Berg der Welt«, klärt Jamie mich auf und leitet damit den Bericht von seiner Tour ein. Meine Augen sind vor Müdigkeit schon ganz glasig, und es fällt mir schwer, seine Begeisterung zu teilen. Ich kann mir nicht vorstellen, auf einen so hohen Berg zu steigen.

»Bist du morgen auch da?«, frage ich Suzanne. Sie hat ein paar Jahre ehrenamtlich für ein Friedenskorps im Khumbu Himal, der

Region zu Füßen des Everests, gearbeitet und ist nach einer Trekkingtour, die sie in den vergangenen paar Wochen dort unternommen hat, gerade wieder nach Kathmandu zurückgekehrt. Mich interessiert ihre Meinung.

»Ich komme immer zum Schreiben her.«

»Was schreibst du?«

»Meine Magisterarbeit über die ökologischen Auswirkungen des Tourismus auf die Khumburegion und die Sherpas.«

»Vielleicht kannst du mir sagen, was du davon hältst, während Jamie mit seiner Besprechung beschäftigt ist.« Ihrer Beurteilung vertraue ich mehr als Jamies esoterischem Bergsteigerenthusiasmus. Suzanne hat keine hoch aufragenden Gipfel gestürmt und keine wilden Pässe überquert, sondern bei den Einheimischen gelebt und sich auf Pfaden bewegt, die ordinäre Trekker wie ich nutzen.

Ich sehe auf meine Uhr. Mir fallen schon die Augen zu. Vom einstündigen Sitzen ganz steif in den Knochen, stehe ich langsam auf. Ich fühle mich wie ein 90-Jähriger.

Suzanne fragt: »Was ist los?«

»Mein Rücken.« Ich stütze mich auf den Stuhl und hoffe, der Schmerz lässt schnell nach. »Ich hatte vor fünf Monaten einen Unfall.«

»Kannst du dann überhaupt wandern?«, fragt Suzanne, während ich mir Mühe gebe, mich aufrecht hinzustellen.

»Klar.«

Aber so klar ist das keineswegs, nur will ich es jetzt nicht zugeben. Als ich Jamie und Suzanne das letzte Mal getroffen habe, war ich mit meinem 100-Liter-Rucksack unterwegs und trug über 30 Kilo auf dem Rücken.

»Du kannst unmöglich dein Gepäck selbst tragen«, beharrt Suzanne.

»Ich nehme mir einen Träger.«

Wir wünschen uns Gute Nacht, und die beiden machen sich auf den Weg zu Jamies Apartment. Ich gehe zurück in mein Zimmer im legendären Kathmandu Guest House, dem touristischen Epizentrum im Viertel Thamel, das in einem alten Rana-Palast untergebracht ist. Dort schlüpfe ich unter die Decke und lösche das Licht. Aber ich wälze mich nur im Bett hin und her. Die Geräuschkulisse einer raubkopierten DVD von *Der englische Patient* bringt den Boden des hauseigenen Kinos, das sich direkt über meinem Zimmer befindet, zum Vibrieren.

Wie lange hatte ich schon geplant, den Annapurna-Rundweg noch einmal zu gehen? Ich rechne nach: exakt fünf Monate und 15 Tage. Aber außer mir weiß niemand, warum ich hier bin. In der Dunkelheit des Hotelzimmers taste ich nach dem verschlossenen Umschlag auf dem Nachttisch.

Meine Augen sind gerötet, und ich leide noch immer unter dem Jetlag, als ich Suzanne im New Orleans Café treffe. Sie frühstückt gerade. Jamie ist mehrere Tische entfernt in ein intensives Gespräch mit einem Paar vertieft. Suzanne trägt eine knapp sitzende Bluse, unter der sich ihre breiten Schultern abzeichnen. Ein Wickelrock, den sie eng um den flachen Bauch geschlungen hat, bringt ihre langen Beine gut zur Geltung. Mit ihrem wallenden blonden Haar, den blauen Augen und den knochigen, aber dennoch femininen Gesichtszügen verkörpert sie den Traum eines jeden Bergsteigers. Einerseits kräftig genug, um einen schweren Rucksack zu tragen und mit jeder Bergsteigergruppe mitzuhalten, strahlt sie andererseits etwas sehr Weibliches aus. Am meisten faszinieren ihre Augen, in denen aber auch ein Hauch von Traurigkeit liegt.

»Mir ist eben wieder eingefallen«, sagt Suzanne, während ich eine kleine Schale Milchkaffee und ein Omelett bestelle, »dass du Probleme mit der Höhe hast, oder?«

»Ab etwa 2800 Höhenmetern fangen die Kopfschmerzen an«, antworte ich. »Warum?«

»Vielleicht solltest du dich etwas länger in höheren Regionen aufhalten, damit du dich besser für das Everest-Basislager und für Gokyo akklimatisierst.«

»Und das heißt?«, frage ich.

»Geh nicht in Jiri los, auch wenn die Busse nicht streiken, sondern fliege nach Lukla. Von Jiri aus wanderst du quer zu den Gebirgszügen«, erklärt mir Suzanne. »Die Route ist ein dauerndes Auf und Ab über die Ausläufer, dazwischen liegen ein paar Pässe, die auf die gleiche Höhe wie Lukla führen. Das ist gut, um körperlich fit zu werden. Aber wenn du schon einigermaßen trainiert bist und Erfahrung in den nepalesischen Vorgebirgen hast, was ja bei dir der Fall ist, dann ist es vielleicht besser, du gehst gleich in die Khumburegion und nimmst dir mehr Zeit, dich an die höheren Lagen zu gewöhnen, da du ja weißt, dass du damit Probleme hast. Schade dabei ist, dass dir dann der Abschnitt von Jiri nach Phakdingma entgeht, und das ist der ursprünglichste Teil des ganzen Everesttreks. Inzwischen fliegen offenbar alle nach Lukla und ziehen von dort aus los.«

Während sie redet, versuche ich mir die Orte vorzustellen, die sie beschreibt, die Ausläufer und Gebirgszüge, die Sherpadörfer.

»Ich weiß, dass es da wunderbare Bergpanoramen gibt«, merke ich an, »aber ist es auch inspirierend, dort zu wandern? Die spirituelle Seite meine ich.« Mir geht es nicht nur darum, hohe Pässe und Berge zu überwinden. Aber ich erkläre Suzanne nicht eingehender, warum mich die übersinnliche Ebene interessiert, und sie fragt nicht nach.

»Die Gegend ist von einer kargen Schönheit, oft ist es sehr kahl, aber das machen die Sherpas mehr als wett.« Sie bemerkt mein Zögern. »Es ist anders als der Annapurna-Rundweg«, meint sie. »Das ist, als würdest du Äpfel mit Birnen vergleichen.«

Plötzlich steht Jamie mit einem Freund vor uns, einem dieser hageren, wettergegerbten Bergsteiger.

»Wir gehen zum Pilgrims Bookstore hinüber und schauen nach Karten«, sagt er zu Suzanne. »Ich bin gleich wieder da.«

Suzanne hebt die Teetasse mit beiden Händen. Ich kenne ihre zupackenden Hände von unserem ersten Zusammentreffen auf dem Annapurna-Rundweg, der Größe und Stärke nach fast männlich, und doch mit einer femininen Eleganz.

Ich bestelle noch einen Kaffee.

»Es fällt dir schwer, dich zu entscheiden, nicht wahr?« Ihre Stimme hat nun einen leisen, vertraulichen Tonfall angenommen. Sie versteht oder ahnt mehr, als ich denke. Ich nicke. Ich habe ihr nicht alles erzählt. Im Grunde habe ich ihr überhaupt nichts erzählt. Sie sieht mich auffordernd an.

»In deinen Diavorträgen ermutigst du die Leute, Dinge zu tun, die sie sich erst einmal nicht zutrauen«, sagt sie. »Aber jetzt traust du dich selbst nicht, den Schritt zu machen. Warum ist die Entscheidung so schwierig für dich?«

Ich mag Suzanne. Ich mochte sie schon, als wir uns vor zwei Jahren kennengelernt haben. Sie ist ruhig, aufrichtig und direkt. Und sie strahlt etwas aus, das mir das Gefühl gibt, ich kann mich ihr anvertrauen.

»Es gibt auf der Annapurna-Runde eine bestimmte Stelle«, erzähle ich ihr, »auf der höheren Trekkingroute zwischen dem oberen Teil von Pisang und Braga, das ist ein überweltlicher, ein spiritueller Ort.« Sie lächelt. Ich muss ihr nicht weiter erklären, wo genau im nördlichen Himalaja dieser wunderbare Ort liegt; sie war schon dort und weiß, dass man von da aus das ganze Tal überblicken kann, vom Tilicho Lake bis hinab zum Paungda Danda. Ich habe dort stundenlang gesessen und den Alpendohlen zugesehen, wie sie im Wind spielten. Auf der anderen Seite des Tals liegen die Annapurna-

Gipfel. Überall trifft man auf sichtbare Zeichen des buddhistischen Glaubens: Mani-Mauern – Gebetsmauern, in die das Mantra *om mani padme hum* gemeißelt ist –, Tschorten und Gompas – Schreine und Klöster – sowie Gebetsfahnen und Gebetssteine. »Ich habe immer gedacht, wenn ich einmal sterbe, soll meine Asche dort in den Wind gestreut werden.« Ich spüre, wie mich die Gefühle überwältigen, und kann nicht weitersprechen.

Sie wartet.

»Vor sieben Monaten ist mein Bruder gestorben«, fahre ich schließlich mit brüchiger Stimme fort, die Worte fast nicht vernehmbar. Daheim kannten alle meinen Bruder, ich musste nie jemandem von seinem Tod erzählen. Tränen laufen mir über das Gesicht, und ich wische sie mit dem Handrücken ab. »Sein Sarg stand offen in der Leichenhalle. Ich habe ihm eine Haarsträhne abgeschnitten. Ich trage sie bei mir, in einem Umschlag.« Dabei fasse ich an die Brusttasche meines Hemdes, um mich zu versichern, dass ich ihn noch habe. »Ich möchte den Umschlag dort verbrennen, wo auch meine Asche eines Tages in den Wind gestreut werden soll.«

Ich kann nicht an Kevins Tod denken, geschweige denn darüber sprechen, ohne dass mich meine Gefühle überwältigen. Als ich den Blick wieder hebe, sehe ich, dass Suzannes Augen ebenfalls mit Tränen gefüllt sind.

»Er starb im April, sechs Wochen später bin ich mit meinem Motorrad verunglückt.«

»Schlimm?«

»Einen Wirbel gebrochen«, erkläre ich. Was ich Suzanne nun erzählen werde, habe ich bis dahin nur wenigen Menschen anvertraut. »Die Schmerzen waren so heftig, dass ich ohnmächtig wurde. Als ich wieder zu mir kam, lag ich mitten auf der Straße und konnte die Beine nicht bewegen. Ich hatte panische Angst, ich könnte gelähmt sein.« Ein Schauder läuft mir über den Rücken. Wir haben fast Dezember, und auch in Kathmandu ist es schon ziemlich kühl und feucht. In der Mitte des Cafés glühen Holzstämme in einer halbierten, mit einem Gitterrost abgedeckten Stahltonne. »Als ich da lag, fühlte ich ganz intensiv meinen Bruder in der Nähe. Er war nicht mehr hier, in dieser Welt, aber auch noch nicht endgültig fort. Er war irgendwo dazwischen, schwebte über mir und schaute auf mich herab. Er sagte zu mir, das sei schlimm, meine Familie sei mit seinem Tod schon genug belastet.« Ich presse Daumen und Zeigefinger gegen meine Augenlider, um die Tränen herauszudrücken. »Erst kam die Feuerwehr, dann der Notarztwagen. Sie versuchten, meine Beine zu strecken, damit sie mich auf eine Trage heben und meine Wirbelsäule fixieren konnten. Ich habe noch nie im Leben solche Schmerzen erlebt.« Jetzt versagt mir endgültig die Stimme. Man kann nicht beschreiben, welche Angst einen überfällt, wenn man annehmen muss, dass man vielleicht nie wieder laufen kann.

»Und jetzt ist alles wieder in Ordnung?«, fragt Suzanne sanft.

Ich nicke. Aber damals sah es zunächst nicht gut für mich aus. Die Röntgenbilder und die Computertomografie zeigten das Ausmaß der Verletzung. Meine Freundin Annabel, Fachärztin für Orthopädie, erklärte mir, dass es schlimmer war, als sie angenommen hatten. Der Wirbel war in viele kleine Teile zertrümmert. Ein Chirurg wurde hinzugezogen, er wollte aber nicht operieren, weil es zu gefährlich war. Ein Splitter saß an einer kritischen Stelle. Die ersten fünf Tage bekam ich Morphium, einen Katheder und Infusionen. Ich lag zwei Wochen im Krankenhaus, danach verbrachte ich zweieinhalb Monate in einem Stützkorsett, die ersten sechs Wochen vorwiegend liegend, und wartete, dass der Wirbel wieder zusammenwuchs. Ich wurde nur unter der Bedingung entlassen, dass ich bei Annabel wohnte. Nach der Trauer um meinen Bruder war ich nun voll und ganz mit meiner Genesung beschäftigt. Die ersten

Wochen nach dem Krankenhausaufenthalt waren die bislang intensivsten meines Lebens.

Und jetzt, kaum fünf Monate später, sitze ich mit Suzanne in einem winzigen Lokal in Nepal.

»Ich hatte mir fest vorgenommen, so schnell gesund zu werden, dass ich noch vor dem Ende der Trekkingsaison diese Reise machen konnte«, erzähle ich ihr.

Das war es, was mich motivierte, meine psychologische Rettungsleine. Ich stelle mir immer vor, wie ich an den besagten Ort auf der Annapurna-Runde zurückkehre und den Umschlag mit Kevins Haarsträhne dort verbrenne. Das soll mein persönlicher Abschied von ihm sein, meine Art, seinen Tod zu verarbeiten. Und ich will damit meine Dankbarkeit zeigen, dass ich ihn als Bruder hatte und dass er bei meinem Unfall zur Stelle war. So schwierig das auch zu vermitteln ist – ich werde immer davon überzeugt sein, dass mir Kevin in jenem Augenblick zur Seite stand.

Suzanne schweigt eine ganze Weile.

»Und du bist sicher, dass du die Route schaffst?«, fragt sie schließlich.

»Ja.«

Annabel war sich, um ehrlich zu sein, nicht einmal sicher gewesen, ob ich es aushalten würde, den ganzen langen Flug von Bermuda nach London und dann weiter nach Kathmandu aufrecht zu sitzen. Bis vor zwei Monaten trug ich ein Stützkorsett, und ich leide immer noch unter unglaublicher Steifheit und starken Schmerzen.

Suzanne räumt die Tassen und Schalen vom Tisch und breitet die beste Karte vor uns aus, die es vom Khumbu Himal, der Everestregion, gibt. Es handelt sich um eine detaillierte topografische Karte aus Deutschland.

»Hier ist eine wunderbare Stelle, über dem Dorf Khumjung, oberhalb des Klosters«, sagt sie und kennzeichnet sie mit einem X. »Ein friedvoller Ort. Auf meiner letzten Tour habe ich dort eine Himmelsbestattung gesehen.«

Ich mustere erst die Karte und sehe dann Suzanne an. Am liebsten würde ich das Thema wechseln.

»Was ist mit dir? Was hast du jetzt vor?«, frage ich sie.

»Ich fliege in ein paar Tagen in die Staaten zurück.«

»Muss schwer sein für dich und Jamie, diese großen Entfernungen.«

»Wir sind nicht mehr zusammen«, antwortet sie. Das erklärt die Traurigkeit in ihren Augen.

»Tut mir leid«, ist alles, was mir einfällt.

»Nachdem ich jahrelang mit Bergverrückten zusammen war, habe ich beschlossen, jetzt für mich allein Berge zu besteigen«, sagt Suzanne mit ruhiger Bestimmtheit. »Ich habe drei wunderbare Brüder, die alle ein großes Herz haben, und wenn ich es mir richtig überlege, kenne ich nicht viele Kletterer, von denen ich dasselbe sagen könnte. Sie sind alle so egozentrisch.«

Als sei damit das Stichwort für ihn gefallen, kommt Jamie zurück und setzt sich zu uns an den Tisch.

»Wie war die Besprechung?«, erkundigt sich Suzanne.

»Na ja, ich hab's überstanden«, meint Jamie und wirkt dabei enttäuscht. »Wenn er mich wirklich in seinem Team hätte haben wollen, wäre ich mitgekommen, aber es hörte sich eher danach an, ich könnte ja mitkommen, wenn es mir so wichtig ist.« Er sieht die Khumbukarte, und seine Miene erhellt sich, als er mir sagt: »Im Everestgebiet könntest du ein paar wirklich wilde Touren machen.« Er lässt die Hand über die Karte gleiten und will mir einreden, Dinge zu tun, zu denen ich einfach nicht in der Verfassung bin. »Die Entfernungen sind nicht so groß. Du könntest dieses Tal hinaufgehen und über den Pass laufen. Dort oben sind die Ausblicke atemberaubend.«

Er fängt an, die spektakulären Aussichten auf Berggipfel mit einer Geläufigkeit aufzuzählen, als handle es sich um die Straßennamen in seinem Heimatort. Die Pässe liegen alle auf über 6500 Meter Höhe, höher als der Mount McKinley, der höchste Berg Nordamerikas. Sie sind einige tausend Meter höher als der Montblanc, der höchste Berg Europas, und doppelt so hoch wie der Mount Cook in Neuseeland. Und das sind nur die Pässe zwischen den Berggipfeln.

Selbst wenn ich mir nicht den Wirbel gebrochen hätte, selbst wenn ich diese sagenhaften Touren schaffen könnte – ich bin nicht wegen der Ausblicke hergekommen. Ich ertappe mich dabei, dass ich wieder nach meiner Brusttasche taste, und ziehe schnell die Hand zurück.

Währenddessen wandern Jamies Hände über die glattgestrichene Karte.

»Das schaffst du locker in einem Tag«, sagt er, als könnten mich meine kleinen Füße so leicht über die genannten Berge tragen. Dann kommt er auf seine eigenen Klettervorhaben zu sprechen, die nicht ganz so bescheiden oder metaphysisch ausgerichtet sind wie meine. Er organisiert gerade eine Himalajadurchquerung, muss aber erst einmal ein Filmteam dafür interessieren. Nachdem er seine Pläne geschildert hat, tritt befremdliches Schweigen ein. Jamie schaut auf seine Armbanduhr. »Ich muss los.«

Suzanne und ich stehen ebenfalls auf.

»Hast du dich schon entschieden, was du tun wirst?«, fragt sie mich.

Ich überlege eine Sekunde, ehe ich antworte. Der Zufall, dass ich Jamie und Suzanne getroffen habe. Die Fortsetzung des Busstreiks. Vielleicht musste es einfach so sein.

»Ich gehe in das Everestgebiet«, sage ich.

Kathmandu – Lukla

Die Twin Otter röhrt mit knappem Abstand über den Gebirgspass, hält sich beängstigend nahe an eine fast senkrecht aufragende Bergwand, ehe sie nach links abdreht, um einen Canyon hinaufzufliegen. Riesige Säcke voller Reis und Zucker, die wie Schiffsballast gestapelt sind, verstellen teilweise den Blick durch den Gang zum Cockpit. Wir taumeln in den Turbulenzen. Der Pilot steuert im Blindflug in die Nebelschwaden, die vor den Felswänden hängen. Ich schlucke schwer und halte mir die Nase zu, um den Druck auszugleichen. Mein Hals brennt. Entweder habe ich mir eine Erkältung eingefangen, oder die Halsschmerzen sind eine Reaktion auf die Luftverschmutzung in Kathmandu. Oder beides. Inzwischen halte ich es in Kathmandu nur noch wenige Tage aus, ohne dass ich von der mit Schadstoffen aufgeladenen Luft Halsschmerzen, tränende Augen und Kopfschmerzen bekomme.

Wir durchbrechen die Wolkenbank. Das Vibrieren des Motors und das Dröhnen der Propeller verändern sich, als der Pilot den Anstellhebel der Propellerblätter auf volle Leistung schaltet und die Drehzahl erhöht. Durch den größeren Luftwiderstand werden wir nach vorn in die Gurte gepresst. Die Faust des Piloten fasst zwei nebeneinander liegende Schubhebel, die aus dem Cockpitdach ragen. Die Kopilotin kontrolliert die Reibungssperre. Zwischen dem Gewirr an Händen und Unterarmen, die im Cockpit hantieren, ist eine winzige ebene Fläche zu erkennen, die sich, umgeben von steilen Felswänden, an einen Hang schmiegt.

Die Nase des Flugzeugs senkt sich, als die Landeklappen ausgefahren werden und wir den Landeanflug auf den kleinen flachen

Fleck fortsetzen. Einen zweiten Versuch gibt es hier nicht. Entweder unser Pilot bringt das Flugzeug gleich auf den Boden oder gar nicht. Setzt er zu früh auf, krachen wir in das Tal, setzt er zu spät auf, zerschellen wir an einer senkrechten Felswand am Ende der kurzen Landebahn, die, wie ich in Jamies Führer lese, vom Anfang bis zum Ende einen Höhenunterschied von 20 Metern aufweist.

Böige Seitenwinde drängen die Twin Otter vom Kurs ab, und der Pilot erhöht den Schub, als wir uns der Landepiste nähern und uns wie ein Krebs über die Schwelle hieven. Durch das Fenster kann ich mitverfolgen, wie die Räder ein paar quälende Zentimeter über dem Kies schweben, ehe sie auf dem rauen Untergrund aufsetzen und eine Menge Staub und lose Steine aufwirbeln. Der Pilot leitet eine Schubumkehr ein, um unsere Bergfahrt abzubremsen. Schwerkraft, Scheibenbremsen und die Schubumkehr der Propeller bringen uns rechtzeitig vor der Felswand am Ende der Landebahn zum Stillstand.

Lukla.

Während wir auf dem Flugfeld, das aus dem Fels gehauen wurde, wenden, sehe ich angestrengt aus dem Seitenfenster. Wo früher Kartoffelfelder bestellt wurden, reihen sich nun Trekkinglodges aneinander. Hunderte nepalesischer wie ausländischer Trekker sitzen am Rand des Flugfelds und sehen dem Piloten beim Manövrieren zu. Als die linke Tragfläche in weitem Bogen auslädt, bohrt sich ihre Spitze in den Fels, wobei das Positionslicht absplittert. Die Leute rufen und gestikulieren, bevor der Pilot die Motoren abstellt und aus dem Flugzeug steigt. Er trägt eine Fliegerjacke aus schwarzem Leder, eine Ray-Ban-Pilotenbrille, Autofahrerhandschuhe, ebenfalls aus schwarzem Leder, und spitze Cowboystiefel. Eine Zigarette im Mund, begutachtet er in aller Ruhe den Schaden am Tragflächenende.

Beim Aussteigen muss ich über die Säcke voller Lebensmittel im Gang klettern. Steif bewege ich mich zum Piloten, um mir anzusehen, was passiert ist. An der Spitze der Tragfläche klafft ein Loch. Das rote Positionslicht baumelt an den Drähten herab. Ich nehme einen kräftigen Atemzug der kühlen, frischen Bergluft und sehe mich um, während drei weitere Flugzeuge, eine Twin Otter, eine langnasige Dornier und eine chinesische Yak, nacheinander auf der Landebahn hereinschlittern.

Als ich warte, bis mein Rucksack aus dem Bugraum ausgeladen wird, beobachte ich, wie ein zupackender Einheimischer die Spitze der Tragfläche mit silberfarbenem Textilklebeband umwickelt.

»Du wollen Träger? Führer?« Ein ganzer Schwarm Arbeitssuchender belagert mich, als ich meinen Rucksack selbst aufheben will.

»Ich gehöre zu einer Gruppe«, behaupte ich. Mit diesem Zauberwort bin ich sie ohne weitere Diskussionen los. Gruppen haben ihre Trekkingführer und Träger bereits im Voraus verpflichtet.

Trotz des Schadens an der Tragfläche wird die Twin Otter bereits wieder mit Gepäck beladen. Zelte, Klappstühle, Metalltische, Kerosinkocher und Trekkingausrüstungen werden in die Laderäume im Bug und Heck der Maschine gehievt, bis nichts mehr hineingeht und die Gepäckraumtüren mit Gewalt zugedrückt werden müssen. Trekker steigen in die Kabine. Sie sorgen sich weniger um die Flugtüchtigkeit der Maschine als darum, so schnell wie möglich aus Lukla wegzukommen. Als die letzten Streifen Klebeband um das aufgerissene Tragflächenende geschlungen sind, tritt der örtliche Repräsentant der Fluglinie einen Schritt zurück, um seine Schnellreparatur zu bewundern, und gibt dem Piloten mit nach oben gehaltenem Daumen ein Zeichen.

Unbeeindruckt von seiner falschen Entfernungseinschätzung steuert der Pilot die Maschine zum Anfang der Rollbahn, wo er sie schräg, die Nase nach unten, in Position bringt. Er gibt Vollgas, löst die Bremsen, und die Twin Otter macht einen Satz nach vorn, auf den klaffenden Abgrund zu. Es handelt sich weniger um ein Flugzeug, das zum Start ansetzt, als um ein überlastetes Vehikel, das sich eine Skisprungschanze hinabstürzt. Die schwerbeladene Twin Otter sackt am Ende der befestigten Bahn ein Stück ab und verschwindet in der sich anschließenden gähnenden Leere, ehe sie weit unten im Tal noch einmal auftaucht.

Das Klebeband hat gehalten.

Einen Augenblick später landet eine andere Twin Otter. Man vernimmt dasselbe hochdrehende Motorengeräusch, als die Maschine die Landebahn hinaufschnellt und Schubumkehr und entsprechend ausgerichtete Propellerblätter die Fahrt bremsen. Als die gute alte Twin Otter am Ende der Landebahn wendet, sehe ich voller Erstaunen, dass die bisher von mir abgewandte Tragflächenspitze mit silberfarbenem Klebeband umwickelt ist.

Meinen schweren Rucksack auf dem Rücken und einen Tagesrucksack vor der Brust, betrete ich schwankend den Gastraum einer Lodge. 15 westliche Trekker sitzen auf mit tibetischen Teppichen ausgelegten Bänken vor massiven Tischen und beäugen mich neugierig. Ich stelle meine Rucksäcke ab, und ungeachtet des Schildes an der Küchentür, auf dem »Nur für Mitarbeiter« steht, gehe ich in die Küche und bestelle *Dal Bhaat,* das nationale Linsen-Reis-Gericht. Der Besitzer beschimpft mich und gibt mir deutlich zu verstehen, dass ich in der Küche nichts zu suchen habe. Kleinlaut gehe ich in den Gastraum zurück und setze mich zu den anderen.

»Allein unterwegs, was?« Die Frage kommt aus dem Mund eines bärtigen Mannes mit unverkennbar australischem Akzent.

»Korrekt. Und du?«, frage ich im Gegenzug.

»Mit einer Gruppe.« Der Bärtige zeigt auf die Umsitzenden. »Eben angekommen. Wollen nach Tengboche hinauf.« Sie sind genauso aufgeregt wie ich. »Ich heiße Bruce.«

Bei den Australiern am Tisch esse ich Reis, Linsen und Currykartoffeln. Aber ich habe kaum Appetit und putze mir genauso oft die

Nase, wie ich Essen zum Mund führe. Bald weiß ich nicht mehr, wohin mit den vollgeschneuzten Taschentüchern.

Die Gruppe des bärtigen Bruce macht vor dem Abmarsch noch Mittagspause. Ich bin kurzatmig, die geringste Anstrengung fordert mir meine ganze Energie ab. In Anbetracht meiner inzwischen ausgewachsenen Erkältung und der klassischen Symptome von Höhenkrankheit, die sich nun auch noch bemerkbar machen, beschließe ich, die Nacht in Lukla zu verbringen. Ich zerre meinen Rucksack in einen einfachen Raum, der mit dicken, ungehobelten Holzbrettern abgeteilt ist. Um Zeit totzuschlagen, schreibe ich in der Wärme des Gastraums Postkarten und schlendere dann zum Postamt hinüber. Dabei genieße ich die für mich neue Erfahrung, wie schnell und einfach ich in den Himalaja katapultiert worden bin. Die wackelige Holzhütte, die als Bezirkspostamt dient, sieht beim besten Willen nicht wie ein offizielles Gebäude aus. Der Nepalese, der an einem Holztisch sitzt, ignoriert mich geflissentlich, obwohl sich niemand sonst im Raum befindet. Mit glasigem Blick starrt er in ein offenes Geschäftsbuch. Nach einigen Minuten sagt er: »Ja?«, sieht aber nicht auf.

»*Namaste*. Ich möchte gern Briefmarken kaufen.«

Er antwortet nicht und zeigt auch sonst keinerlei Regung. Stattdessen starrt er weiterhin auf das Buch und lässt mich warten. Geduldig bleibe ich stehen. Schließlich bequemt er sich doch: »Wie viele?«

»Sechs Postkarten.«

Nun sieht er mich an, öffnet eine Holzkiste und wühlt unter einer Lage Papiere. Dann zieht er zwei bereits benutzte Briefmarken hervor und holt eine vergammelte Flasche mit Klebstoff aus einer Tischschublade. Ich sehe zu, wie er die Rückseite der Second-Hand-Briefmarken damit bestreicht und diese dann sorgfältig auf die Postkarten klebt.

»Sind das neue Briefmarken?«, erkundige ich mich. Die Frage ist eigentlich überflüssig, aber ich kann sie mir nicht verkneifen. Anstatt zu antworten, zieht er eine andere Schublade auf und entnimmt ihr ein Buch mit Bögen frischer Briefmarken, die zwischen den einzelnen Seiten liegen. Er trennt vier neue Marken ab, leckt sie mit der Zunge ab und klebt sie auf die restlichen Postkarten, und zwar so, dass jede Marke über den Rand der Karte hinausragt. So kann man sie einfacher wieder ablösen. Dann rechnet er auf einem Stück Papier den Betrag aus.

Ich nehme die Karten mit den Briefmarken und sage, er könne das Wechselgeld behalten.

»Warten.« Er streckt eine Hand nach den Karten aus. »Ich schicken Kathmandu.«

Ich ignoriere die Hand und stecke die Postkarten wortlos ein. Ich werde später jemanden finden, der sie nach Kathmandu abschickt.

Draußen vor dem Postamt wende ich den Blick Richtung Süden, wo sich lilafarbene Wolken am unteren Ende des Tals stauen. Die Flugzeuge, die Passagiere nach Lukla und wieder hinaus transportieren, haben den Shuttle-Service für heute eingestellt. Da nun auch die Träger auf der Suche nach Kundschaft verschwunden sind, ist es ruhig geworden. Als ich in den Gastraum der Lodge zurückkomme, bahne ich mir den Weg zu einem Ofen in der Mitte des Raums, der nicht mehr ist als ein Eisenfass mit einer Öffnung zum Einfüllen von Holz und Yakdung sowie einem Kamin aus Blechdosen. Aber er strahlt Wärme ab, also setze ich mich ganz dicht an ihn heran. Über mir hängt ein Poster, das die Mona Lisa zeigt. Die Stereoanlage der Lodge verbreitet laut Songs von Abba. »*See that girl, watch that scene, dig in the dancing queen ... Friday night and the lights are low ...*« Die Frau des Lodgebesitzers bewegt den Mund zu den Worten, während sie die Essensrechnung für die australische Gruppe fertig macht.

Eine Gruppe englischer Gäste hat ihre Zelte in ordentlicher Reihe vor der Lodge aufgebaut und feiert nun den Abschluss der Tour. Im Nu fließt der Schnaps in Strömen. Ihre beflissenen Träger und Führer haben Trommeln mitgebracht und singen nepalesische Volkslieder. Als die Gesellschaft ausgelassener wird, rempeln mich betrunkene Träger und ihre Trekkingkunden an, die durch den ganzen Raum tanzen. Ich würde ja mitmachen, aber sie feiern die Rückkehr vom Everest-Basislager, und ich habe die schwere Wanderung noch vor mir. So ist es für mich angesichts meiner sich verschlimmernden Erkältung das Beste, mir Ruhe zu gönnen. Ich sage dem Besitzer mit einem Kopfnicken Gute Nacht und gehe in mein winziges Zimmer, das an den Gastraum angrenzt. Dort schlüpfe ich in meine Thermounterwäsche und krieche in den Schlafsack, den ich auf der schmalen Schaumstoffmatratze ausgebreitet habe. Nur Holzbretter trennen mich von der ausgelassenen Stimmung im Gastraum. Wenige Meter von meinem Kopf entfernt stampfen schwere Stiefel auf die Holzdielen. Ich suche meine Ohrstöpsel und stecke sie mir fest in die Ohren. Als die Party aufhört und ich endlich einschlafe, bricht schon fast wieder der Tag an.

Lukla – Monju

Am Morgen frage ich den Lodgebesitzer, ob er mir einen Träger für meinen Rucksack empfehlen könne. Wenige Minuten später drückt mir Chandra Rai enthusiastisch die Hände und blickt wie ein eifriger Schüler zu mir auf. »Ich brauche nur für die zwei Tage bis Namche Bazar einen Träger«, erkläre ich ihm. »Und dann zahle ich einen dritten Tag für den Rückweg nach Lukla.«

Ich lade Chandra meinen schweren Rucksack auf, und wir gehen los in Richtung Flugfeld. Die Rollbahn trennt das Dorf Lukla praktisch in zwei Teile, wobei der Hauptteil auf der einen Seite liegt und einige Lodges und das Postamt auf der anderen. Stadt und Flughafen wirken wie eine geschlossene Einheit, die sich zäh an den Hang klammert. Kühe und Hunde treiben sich auf den Straßen herum, ebenso wie Träger, Führer und Trekker. Mir fällt auf, dass die englische Gruppe, deren Mitglieder durch die Folgen ihres Höhenkaters nun relativ ruhiggestellt sind, auf dem Flugfeld auf den Rückflug wartet. Ihre Zelte sind abgebaut und werden wieder auf die Rücken der Träger geladen, die sie nach Jiri bringen. Von dort transportiert sie ein Lastwagen weiter nach Kathmandu.

Auf dem Vorfeld des Flugplatzes bilden Stapel von Bier, Reis, Zucker und anderen Waren eine eigene kleine Berglandschaft, bevor sie von Trägern geschultert werden, die sie den Pfad hinaufbringen. Kühe, Hunde und Menschen stieben auseinander, als drei Twin Otter hintereinander landen. Schwärme erwartungsvoller Führer, die auf eigene Rechnung arbeiten, und ambitionierter Träger mustern die ankommenden Passagiere und belagern potenzielle Kunden. Die neu angekommenen Trekker sind leicht daran zu erkennen, dass sie mit großen Augen ziellos umherlaufen. Ein dauerndes Surren von Propellern landender oder startender Flugzeuge und Helikopter, den Rumpf mit abreisenden oder ankommenden Bergsteigern vollgestopft, zerschneidet die Luft. Am oberen Ende der Rollbahn steht eine Twin Otter bereit. Der Pilot löst die Bremsen, und das Flugzeug donnert das abfallende Gelände hinab. Wie beiläufig wird das Flugzeug über die Wolkenschichten hochgezogen, die das darunterliegende Tal verschleiern. Ich verharre noch eine Weile und sehe 20 Flüge oder mehr kommen und gehen, darunter drei Hubschrauber. Bald wird die Kiesbahn mit Asphalt überzogen sein und noch mehr Trekker aus dem Westen anziehen, die zum Fuß des Everest strömen.

Der einzige Weg durch das Dorf führt zum Everest. Gruppen von Männern und Jungen spielen im Dreck Karten oder kauern über einem Brettspiel namens Carom. Ich bleibe ein paar Minuten stehen und sehe zu, wie die Spieler gekonnt Kunststoffsteine mit dem Finger schnippen, die wiederum Scheiben in die Löcher an den Ecken des quadratischen Spielbretts befördern sollen. Das glatte Holzbrett ist mit Pulver bestäubt, damit die Chips mit weniger Reibung über die Oberfläche gleiten. Unter den Spielern befinden sich keine Frauen – die sind zur Arbeit auf den Feldern, zu Hause oder in ihren Lodges.

Am Wegrand sitzt eine Gruppe Tibeter, die tibetische Teppiche und billige Waren *made in China* feilbieten. Man erkennt sie an ihrem langen, verschlungenen Haar, in das rote Perlen eingeflochten sind, und an den ungeschliffenen Türkisen, die sie in den Ohrläppchen tragen. Neben ihnen türmt sich stapelweise Ware in bunten Farben: Laufschuhe und Sweatshirts mit gefälschtem Nike-Logo, nachgemachte North-Face-Kleidung. Die Händler sehen zäh aus und sind es wohl auch. Sie haben hohe Bergpässe überwunden, um diese Waren aus dem chinesisch besetzten Tibet nach Nepal zu bringen.

Neben dem Weg verkauft ein Metzger Fleischbatzen, die er aus dem Rumpf eines ganzen Tieres herausschneidet. Es muss wohl einmal ein Büffel gewesen sein. Die blaue Plane, auf der die Fleischklumpen liegen, ist vom Blut rot gefärbt.

Sechs Zopkios, eine Kreuzung aus Yak und Kuh, trotten schwerfällig die Durchgangsstraße herunter, ohne sich des Schicksals ihres entfernten Verwandten bewusst zu sein. Ausladende Trekkingausrüstungen, die man ihnen auf Holzgerüsten auf den Rücken geschnallt hat, erschrecken unaufmerksame Fußgänger. Ein ernst dreinblickender Rucksacktrekker mit dicken Brillengläsern studiert im Gehen konzentriert die Namen der Lodges. In der Hand hält er eine aufgeschlagene Ausgabe des Lonely-Planet-Führers, sein Zeigefinger merkt die Seite mit den Lodge-Empfehlungen ein. Aus den Teestuben dringen westliche, chinesische und indische Musikfetzen.

Hagere Kühe kauen auf Plastiktüten, die sie aus Müllhaufen gezogen haben. Träger, schwerbeladen mit Kisten voller Dosenbier und Kunststoff-Wasserflaschen, trotten vorbei. Der Strom an Fußgängern reißt nie ab.

Auseinandergezogene Karawanen von Trekkern mit dem leeren Blick schlachtenmüder Soldaten steigen von Namche Bazar nach Lukla ab. Abgesehen von den weißen Rändern um die Augen, wo Sonnenbrillen die Haut vor der Sonne geschützt haben, sind ihre Gesichter tiefbraun gegerbt. Die Männer tragen Bartstoppeln, die Frauen strahlen die Befangenheit von Leuten aus, die sich schon längst gern gewaschen hätten, aber keine Gelegenheit dazu fanden. In krassem Gegensatz zu den ernsten Mienen der Trekker stehen die lächelnden Gesichter ihrer Führer und Träger, die glücklich sind, dass sie wieder eine Tour hinter sich haben und ihre Taschen in Kürze gefüllt sein werden. Ein paar Trekker, die bergauf unterwegs sind, fallen durch ihr adrettes Äußeres und die saubere Kleidung auf. Ganz offensichtlich ist dies ihre erste Bergtour. Sie halten sich beim Gehen eng zusammen, als sie im Gänsemarsch, ordentlich aufgereiht, Lukla hinter sich lassen, allen voran der clever wirkende Sherpaführer.

Die ersten Hinweise auf die Hierarchie, die hier oben herrscht, erkenne ich darin, dass Chandra Rai zwar die anderen Rais begrüßt, denen wir begegnen, doch keinen der Sherpas. Historisch gesehen waren die Sherpas ihre ärmere Verwandtschaft, die an den Rändern der von Menschen besiedelten Gebiete hauste und auf wenig fruchtbaren Böden in großen Höhen Kartoffeln anbaute. Ihr bäuerliches Einkommen, das sich knapp am Existenzminimum bewegte, besserten sie auf, indem sie sich als Träger für die ersten Bergexpeditionen im Khumbu verdingten oder als Händler für den Austausch von Waren zwischen Tibetern und den Volksgruppen weiter unten in Nepal sorgten.

Vor einem halben Jahrhundert wurde der Name Sherpa bei westlichen Bergsteigern in der Region zum Synonym für Träger. In jüngerer Zeit wandelte sich die Bedeutung in Führer. Heutzutage gibt es kaum mehr Sherpas, die Lasten tragen, dies tun höchstens noch die sehr jungen. Inzwischen sind es die Rai und Tamang und manchmal sogar Hindu-Brahmanen höherer Kasten und Chetri von weiter unten im Tal, die sich für die niedrige Tätigkeit eines Trägers anbieten. Seit so viel Geld in die hohen Bergregionen fließt, stehen die früher mittellosen Sherpas jetzt auf der Spitze der ökonomischen Leiter. Viele von ihnen können sich sogar einen Zweitwohnsitz in Kathmandu leisten.

Chandra Rai und ich folgen einer Trekkinggruppe mit ihrem Sherpaführer. Vor uns ist der Himmel klar, doch von Süden her ziehen dunkelgraue Wolken herauf. Es ist ein gutes Gefühl, wieder zu laufen. Trotz des Gewichts eines kleinen Tagesrucksacks mit meiner Fotoausrüstung fühlt sich mein Rücken schmerzfrei an, wenn auch steif. Der Höhenkopfschmerz vom Flug nach Lukla gestern ist weg, zumindest im Moment. Wir folgen einer Zopkiokarawane. Jedes der Tiere ist mit einem Sack Reis quer über den Rücken beladen. Dann treffen wir auf eine weitere Karawane mit Vorräten und Gepäck einer Trekkinggruppe. Zelte, Rucksäcke, Metalltische, Klappstühle und sogar ein Toilettensitz türmen sich bedenklich hoch auf dem Rücken mehrerer Tiere. Chandra mahnt mich zur Vorsicht, als ein Zopkio, durch dessen Nase ein Seil gezogen ist, seine Hörner gegen einen vorbeigehenden Trekker richtet und ihn schmerzhaft am Bein rammt. Einige Stunden lang begleitet mich ein Hund, vielmehr zeigt er mir den Weg, denn er sieht sich regelmäßig um, ob ich noch hinter ihm bin. Diese herrenlosen Hunde wissen inzwischen, dass Trekkinggruppen Futter bei sich haben, wovon etwas für sie abfällt, oder besser noch, einen freundlichen Kunden, der sich für die Dauer des Treks um ihr Wohlergehen sorgt.

Nachdem wir einen Fluss überquert und an einigen großen Lodges in Phakdingma vorbeigekommen sind, trifft der Weg von Lukla auf den, der aus Jiri kommt. Die ersten Alpinisten hier mussten den ganzen Weg von Kathmandu zum Everest zu Fuß bestreiten. Jahrzehnte später starteten sie vom Beginn des Trekkingwegs in Jiri aus, und heute sind es nur noch wenige westliche Trekker, die sich für diese beschwerlichere Variante entscheiden. Die meisten machen es wie ich und fliegen nach Lukla, womit man sich auf dem Everesttrek mehrere Wochen Zeit erspart. Das kurze Stück von Lukla nach Phakdingma ist mit Lodges, Teestuben und Läden gesäumt, die sich um das Wohl der Touristen und ihres Gefolges von Trägern und Führern kümmern.

Ein junges Sherpamädchen kommt den Pfad herab, auf dem Rücken trägt sie einen gefüllten *doko*. Das Gewicht wird über einen Trageriemen verteilt, der vom Boden des Korbs über die Stirn verläuft. Drei Sherpajungen sehen sie kommen. Zum Spaß heben sie einen kopfgroßen Stein auf und legen ihn in den Korb des Mädchens, als es an ihnen vorbeigeht, und lachen. Als das Mädchen den Stein entdeckt, muss es mitlachen.

An vielen Lodges gibt es Holzverschläge, auf deren verwitterten Türen *TOILET* steht. Sie stehen unbefestigt auf einem Haufen Kiefernnadeln, die als Kompostbett dienen und den Geruch menschlicher Hinterlassenschaften mildern. Angesichts des regelmäßigen Zuflusses kostenlosen Düngers ist es sicher kein Zufall, dass sie meist unmittelbar an einen Gemüsegarten angrenzen. Manche Latrinen befinden sich auch direkt über einem Schweinepferch.

Heute will ich nur bis nach Monju gehen, dem letzten Dorf vor dem Eingang zum Sagarmatha-Nationalpark. In einer der Lodges vor dem Parkeingang entdecke ich eine amerikanische Gruppe, die bergauf unterwegs ist, und eine deutsche Gruppe, die sich auf dem Weg nach unten befindet. Im Gegensatz zum Annapurna-Rundweg sind auf der Tour zum Everest-Basislager einzelne Trekker die Minderheit. Ich sitze an einem Esstisch im Gastraum und bin dank eines bellenden Hustens und eines Stapels Toilettenpapier, das sich neben mir auftürmt, nicht zu übersehen. Der Gastraum hat genau wie der in Lukla die traditionelle Raumaufteilung und Möblierung einer Sherpawohnung. An den mit Fenstern durchbrochenen Wänden ziehen sich Bänke entlang, die mit tibetischen Teppichen bedeckt sind, davor stehen lange Holztische. Ein mit einer Schaffelljacke bekleideter Sherpa, der aussieht wie ein Filmstar, kommt herein. Mit betont deutlicher Aussprache, damit er mich auch wirklich versteht, erkläre ich ihm, was ich zum Abendessen möchte. Er hört sich alles an und antwortet in perfektem Englisch. Von seiner tadellosen Aussprache beschämt, frage ich ihn, wo er so gut Englisch gelernt hat.

»Ich bin acht Jahre in Dharamsala in Indien zur Schule gegangen«, sagt er und setzt sich neben mich. »Als ich hinkam, konnte ich nur unsere Sherpasprache. Ich musste Hindi, Tibetisch und Englisch lernen. Mein Vater war Tibeter, aber er ging fort, als ich zwei war, und meine Mutter starb, nachdem ich zwei Jahre auf der Schule war.« Er zeigt auf ein Haus auf der anderen Seite des Wegs. »Dort bin ich geboren. Mein Onkel war Sirdar – Bergführer – bei Bergsteigerexpeditionen und fand einen Deutschen, der mich neun Jahre lang unterstützte. Als mein Gönner starb, musste ich von der Schule gehen. Ich war 17 Jahre alt und hatte inzwischen meine Muttersprache vergessen. Ich musste sie wieder ganz neu lernen. Aber sie unterscheidet sich nicht so sehr vom Tibetischen, sie ist fast wie ein Dialekt.«

Innerhalb kürzester Zeit hat er mir seine ganze Lebensgeschichte erzählt. Sein Name ist Tshering Chombi Sherpa. Er fing als Träger für Trekkingexpeditionen an, stieg zum Küchenjungen auf, dann zum Koch, danach zum Hilfssirdar und Sirdar und war schließlich Leiter von Berg- oder Trekkingexpeditionen, eine Position, die traditionell Sherpas einnehmen. Zwölf Jahre arbeitete er als Sirdar für Tiger Mountain, die bekannteste Trekkingagentur in Nepal, danach war er Chefsirdar bei Wilderness Travel. Ich werfe ein, dass er nicht so alt aussieht, als hätte er das alles schon hinter sich.

»Dieses ganze Jahr habe ich den neuen Gastraum hier gebaut und mich zusammen mit meiner Frau um die Lodge gekümmert«, erzählt er mir.

»Daher ist dein Englisch so gut?«

Er zuckt mit den Schultern. »Ich bin auch schon längere Zeit in Amerika gewesen.«

»Und die Lodge gehört dir ganz allein?«

»Da ich meine Eltern schon so früh verloren habe, musste ich sechs Jahre lang arbeiten, um Geld für Steine, Holz, Zement und Fenster zu sparen«, fährt er fort. »Jetzt freue ich mich darauf, wieder Trekkinggruppen zu führen. Außerdem brauchen wir das zusätzliche Geld. Wir haben zwei Jungen, sie sind zehn und zwölf Jahre alt, im englischen Internat in Kathmandu.« Als er meine

Essensbestellung aufnimmt, fällt mir seine schöne Handschrift auf. »Unsere Hauptsaison ist im Oktober und November und noch ein bisschen in den Dezember hinein. Januar und Februar sind ruhig, im März und April kommen allmählich wieder die Trekker. Noch vor einigen Jahren stieg die Zahl der Trekker innerhalb einer Saison um 30 Prozent, aber nun, mit den Maoisten, sind es nicht mehr so viele wie früher. Unsere besten Kunden sind, je nachdem, wer ihr Gruppenführer ist, die Everestbesteiger. Sie haben das meiste Geld, aber dieses Jahr sind die Everestexpeditionen zurückgegangen, weil Nepal die Gebühren für eine Besteigung auf 70 000 US-Dollar angehoben hat. Ein Teil der Expeditionen geht jetzt von Tibet aus, weil es dort billiger ist.«

»Bist du schon auf dem Everest gewesen?«, frage ich ihn.

»Nein.«

»Könntest du es?«

Er lacht über meine Frage. »Jeder Sherpa kann den Everest besteigen, wenn er die Gelegenheit dazu bekommt. Sherpas gehen sogar so weit, dem Sirdar Geld zu geben, damit er sie als Höhensherpa auswählt.«

»Bestechung?«

Wieder ein Schulterzucken. »So läuft es.«

Ich weiß, dass es stimmt. Sherpas für Everestexpeditionen bekommen etwa 1500 US-Dollar pro Mann für die Ausrüstung, dazu 300 Rupien am Tag Lohn sowie Essen, so viel sie wollen. Ab Camp drei bis Camp fünf bekommen sie 200 oder 300 Dollar zusätzlich für das Einrichten der Lager. Für den Posten als Höhensherpa bezahlen sie dem Sirdar 5000 Rupien oder schenken ihm eine Daunenjacke.

»Und du glaubst, die meisten Sherpas würden es auf den Everestgipfel schaffen?«

Er nickt mit dem Kopf und lächelt. »Kein Problem.«

Seit der Erstbesteigung 1953 haben es mehr als 3000 Ausländer mit viel Trara auf den Gipfel des Everest geschafft. Weit über 1000 Sherpas waren ebenfalls oben, die meisten von ihnen mit schwerem Gepäck, dafür mit einem Minimum an öffentlicher Aufmerksamkeit. Einer von ihnen, Apa Sherpa, hat den Gipfel 14-mal ohne Sauerstoff bestiegen, ein anderer, Lhakpa Gyelu Sherpa, hat es in weniger als elf Stunden vom Basis-Lager bis ganz nach oben geschafft, ein weiterer, Babu Tshering Sherpa, verweilte 21 Stunden und eine halbe auf dem Gipfel. Während viele westliche Expeditionsteilnehmer bei dem Versuch umgekommen sind, den Gipfel des Everest zu erreichen, starben noch mehr Sherpas dabei, ihre Kunden hinaufzubringen.

Chombis Frau kommt herein. Über ein schnurloses Telefon redet sie mit jemandem in Namche Bazar wegen einer Gruppenbuchung. Vor noch nicht allzu langer Zeit schickten Trekkinggruppen einen Führer voraus, der die Zimmer für die Kunden reservieren lassen musste. Ein Anruf im Voraus ist einiges einfacher. Die Mischung aus moderner Technologie und primitiven Lebensumständen in dieser urtümlichen Umgebung erscheint mir befremdlich.

Ich lasse Chombi und seine Frau allein, damit sie sich um ihre Geschäfte kümmern können, und gehe nach draußen, um mich in Monju umzusehen. Beim Aufstieg zum oberen Ende des Dorfes komme ich an einer Tafel vorbei, auf der um Spenden für das Kloster Utche Chhoeling gebeten wird. Eine Frau in traditioneller Kleidung sieht, dass ich die Aufschrift lese.

»Nix gut«, teilt sie mir unaufgefordert mit.

»Warum?«, frage ich, doch sie ignoriert meine Frage. Eine große, mit einem Vorhängeschloss gesicherte Holzkiste wartet auf Spenden vorbeiziehender Trekker. Ich sehe zu einem Bergvorsprung hoch, auf dem das Kloster gebaut werden soll. Man erkennt nicht viel dort oben, ich sehe nur eine Gebetsmühle und Gebetsfahnen, die im Wind flattern. Ich bin neugierig, aber da ich unter der Höhe leide, habe ich nicht die Kraft, weiter aufzusteigen, sondern gehe lieber wieder bergabwärts in die Lodge.

Bei meiner Rückkehr ist es bereits dunkel, und der Gastraum ist hell erleuchtet. Chinesische Solarzellen, die von Tibetern über mehr als 6500 Meter hohe Pässe getragen wurden, liefern den Strom für die Glühbirnen. Alle husten, insbesondere die absteigenden Deutschen. Während wir zusammengekauert auf Bänken sitzen, die mit tibetischen Teppichen belegt sind, den Rücken den kalten Fenstern zugewandt, haben die schlaueren nepalesischen Führer und Träger es sich der Wärme wegen dicht nebeneinander um den Bullerofen in der Raummitte bequem gemacht.

Der Ire neben mir reicht mir eine Halspastille und erzählt mir, er sei vom Anfang des Treks in Jiri heraufgekommen.

»Hab sieben Tage bis Phakdingma gebraucht«, sagt er. »Die meisten Nächte war ich der einzige Trekker im Dorf. Hab auf dem ganzen Weg kaum jemanden zu Gesicht bekommen. Und dann triffst du in Phakdingma plötzlich auf Horden von Touristen, es gab viel mehr Lodges, und jede war größer und komfortabler als die vorherige, und alle Leute, auch die Nepalesen, waren viel aggressiver.«

Die amerikanische Gruppe übernachtet in der Lodge. Der Weg zum Everest und nach Gokyo versetzt sie in Aufregung. Sie haben an das Trekkingunternehmen eine Pauschale bezahlt, dafür sorgt der Führer unterwegs für Verpflegung und Unterkunft in Lodges. Für die Dienste eines Führers, der eine Lodge für sie sucht und ihre Rechnungen bezahlt, haben sie eine ordentliche Summe hingeblättert. Nebenbei höre ich ihrer Unterhaltung zu. Nachdem ich mir den Wirbel gebrochen hatte, war ich ständig mit Annabel zusammen gewesen. Nun tut es mir gut, dass ich Zeit für meine eigenen Gedanken und für mein Notizbuch habe, und dass ich mich damit auseinandersetzen muss, allein zu sein. Ich habe mir diese Auszeit gewünscht, um über Verschiedenes nachzudenken und das Gefühl der Unabhängigkeit wiederzufinden, trotzdem ist es für mich jetzt doch ungewohnt, meine Gedanken ganz für mich zu behalten.

Nach dem Tod meines Bruders hatte ich versucht, keine Schuldgefühle zu empfinden. Jetzt merke ich aber, dass Schuldgefühle Teil meines Gepäcks auf dieser Reise sind, genau wie der Umschlag. Allein bleibt mir nichts anderes übrig, als mich diesen Gedanken zu stellen. Unzählige Male hatte ich mir während meiner Genesungszeit das Hirn darüber zermartert, dass ich Annabel hätte bitten sollen, zu Kevin zu gehen und ihn zu untersuchen, als er sich nicht gut fühlte. Jeder Arzt hätte schon bei einer flüchtigen Untersuchung feststellen können, dass etwas mit ihm nicht in Ordnung war. Annabel hätte ihn mit Sicherheit ins Krankenhaus eingewiesen. Aber ich hatte sie nicht gebeten, zu ihm zu gehen.

Ich erinnere mich noch genau, wie mich der Mann meiner Schwester anrief. »Kevin ist gestorben«, sagte er. Ich ließ das Telefon auf den Boden fallen, als ob ich mir die Hand daran verbrannt hätte. Es war während einer Geschäftsreise in die USA passiert. Einige Tage später fuhren meine Schwester Jackie und ich zum Flughafen und warteten auf die Maschine, die seinen Sarg brachte. Das war der traurigste Tag in meinem ganzen Leben. Wir saßen an einer höhergelegenen Stelle an der Küste und sahen dem Flugzeug, das den Leichnam meines Bruders an Bord hatte, beim Landeanflug zu. Sonst hatte immer Kevin mich abgeholt, wenn ich auf Bermuda zu Besuch kam, bevor ich vor zwei Jahren auch dorthin zog, um in der Nähe meiner Familie zu sein. Nach Kevins Tod versuchte ich so gut wie möglich, für ihn einzuspringen. Ich brachte seinen Sohn am Wochenende zum Baseballspielen, las seiner Tochter Gute-Nacht-Geschichten vor. Sechs Wochen nach seinem Tod hatte ich den Motorradunfall.

Mitten in der Nacht, ich bin allein im Zimmer, muss ich pinkeln. Ich habe literweise Wasser getrunken, um die konzentrierten Karbonate, die zur Höhenkrankheit beitragen, aus den Nieren auszuschwemmen. Die Taschenlampe funktioniert kurz, dann ist die Birne ausgebrannt. Ich habe keine Ersatzbirne dabei. In völliger Dunkelheit taste ich mich zur Zimmertür und dann an den Wänden entlang, die Treppe hinunter zur Vordertür, wo ich einen an der Innenseite angebrachten Holzbalken, der quer über den schweren hölzernen Türflügeln liegt, löse, auf die Dorfstraße trete und an eine Mauer uriniere. Das Tal liegt im Licht des fast vollen Mondes. Es ist gespenstisch still und friedlich. Die einzigen Geräusche erzeugt der Dudh Kosi, der höchstgelegene Fluss der Welt, der durch die Talmulde rauscht.

Monju – Namche Bazar

Frühmorgens am nächsten Tag huste ich gelben Schleim aus. Die Oberseite meines Schlafsacks ist so nass, dass an den Seiten Wassertropfen herabperlen. Die Fenster sind mit Kondenswasser überzogen. Draußen hat sich Frost über den Boden gelegt, und zum ersten Mal zeigt sich der Himmel völlig wolkenlos.

Anstatt schnell loszustarten, warte ich lieber ab, bis die deutsche und die amerikanische Gruppe weg sind. Chombi hat nun Zeit und zeigt mir das Dorf. Abseits des schmalen Korridors, auf dem sich der Trekkingverkehr abspielt, liegt ein Leben außerhalb des Tourismus. Auf unserem Spaziergang durch Monju gehen wir durch schmale Gassen mit Steinhäusern und an Steinmauern entlang zu einer 400 Jahre alten Gompa. Ich erzähle Chombi, was die Frau gestern Abend zu mir gesagt hat, als ich vor dem Schild mit der Bitte um Spenden stehengeblieben bin.

»Warum sagte sie: ›Nix gut, nix gut‹?«, erkundige ich mich.

»Die Leute behaupten, der Lama behalte das Geld für sich, anstatt damit eine neue Gompa zu bauen«, erklärt mir Chombi. Diesen Happen an Information will er nur zögerlich preisgeben. Als wir eintreten, zeigt er auf den Hof. »Aber das hier ist die Gompa unseres Dorfes.« Wir sehen ein baufälliges altes Gebäude, das beileibe nicht wie eine Gompa aussieht. Eher wie ein heruntergekommenes Wohnhaus. Wir treten ein. Das Erdgeschoss wirkt wie eine verlassene Scheune. Über eine dunkle, knarrende Holztreppe gelangen wir in einen düsteren Raum. Dort stehen an einer Seite zwei Betten, daneben ein großer Lehmofen, Töpfe und Pfannen und andere Utensilien. Zwei Tibeterinnen kauern in der Nähe des angeheizten

Ofens. Vor dem Feuer sitzt ein junger Mann, den ich dem Aussehen nach für einen Japaner halte. Chombi stellt mich den beiden Frauen vor.

»Und das ist Tam«, ergänzt er, »der Lehrer in unserer Dorfschule. Er wohnt hier.«

»Sie schlafen in der Gompa?«, frage ich.

Tam lacht bei dieser Vorstellung. »Nun ja, sie wollten mich dazu überreden, im Gompa-Raum zu schlafen, der gleich hier drüben ist«, sagt er. »Aber ich fand es irgendwie gruselig, mit Buddha im selben Raum zu nächtigen. Also schlafe ich in dem Bett hier in der Ecke, und Ama, die ältere Frau, im anderen Bett.« Als er meinen ungläubigen Blick bemerkt, fügt er hinzu: »Ein wenig anders als das Schlafzimmer bei meinen Eltern in Ottawa ist es schon, so viel steht mal fest.«

Die beiden Frauen bereiten Tams Frühstück zu. Der Lehmofen ist oben und seitlich mit flachgeklopften Fünf-Liter-Kanistern verkleidet, in denen sich Sojaöl befunden hat.

»Für das Privileg, hier ehrenamtlich unterrichten zu dürfen, zahle ich 3600 Dollar«, erklärt mir Tam. Doch damit will er sich keineswegs beklagen. »Das ist es aber echt wert. Sie übernehmen mein Essen, die Unterkunft und den Großteil meiner Ausgaben während der drei Monate, die ich hier bin. Zu Hause arbeite ich als Programmierer, und ich wollte mal ein anderes Leben ausprobieren. Ich hätte auch eine Trekkingtour machen können, aber dabei würde ich diese Welt nicht von ihrer wirklichen Seite kennenlernen. Also habe ich im Internet gesucht und bin hier gelandet, auf einem Schlafplatz in einer 400 Jahre alten Gompa neben einer alten Dame, und unterrichte die Sherpakinder in der Dorfschule in Englisch. Hier dreht sich alles um das Trekkinggeschäft, auch wenn es abseits der Route nicht ganz so wichtig ist. Die Leute im Dorf bauen Gemüse an und machen sich am Samstag um drei oder vier Uhr früh auf den Weg nach Namche Bazar, um es dort zu verkaufen; das ist ihr einziger direkter Kontakt mit dem Tourismus.«

»Kommen deine Schüler regelmäßig zum Unterricht?«, frage ich, während ich von der alten Frau eine dampfende Tasse Tee in Empfang nehme.

»Die älteren Kinder kommen manchmal nicht in die Schule, weil sie bei der Ernte von Kartoffeln, Bohnen, Mais oder Heu helfen müssen«, sagt Tam. »Manchmal tragen sie ihre jüngeren Geschwister auf dem Rücken und bringen sie mit, weil sie sich um sie kümmern müssen, wenn die Eltern auf dem Feld arbeiten.«

Die Frau wäscht unter einem Wasserhahn in einer Spüle eine Teetasse ab. Tam muss lachen, als er bemerkt, wie ich diese moderne Errungenschaft beäuge.

»Die einzige Haushaltspflicht, die ich täglich absolviere, besteht darin, jeden Morgen ein paar Eimer Wasser zu holen und das Fass über dem Wasserhahn aufzufüllen«, erklärt er. »So haben wir den ganzen Tag das Gefühl, es gibt fließendes Wasser.«

Die jüngere der beiden Frauen serviert Chombi und mir noch einmal eine Tasse Tee. Die ältere Frau sitzt mit zufriedenem Gesichtsausdruck auf einer Bank am Fenster und lässt murmelnd die Perlen ihrer Gebetsschnur durch die Finger gleiten.

»*Om mani padme hum.*« Dieses Gebet oder Mantra sprechen tibetische Buddhisten laut oder stumm, um damit den Segen von Chenresi, dem buddhistischen Gott der Barmherzigkeit und des Mitgefühls, zu erwirken.

»Immerhin schnarcht sie nicht«, witzelt Tam. »Aber sie hantiert mit ihren religiösen Utensilien und singt Gebete, bis sie einschläft. Und morgens weckt sie mich mit Trommelschlägen im Gompa-Raum nebenan.«

»Und diese Gompa ist den Leuten wichtiger als die neue, für die um Spenden gebeten wird?«, möchte ich wissen.

»Das hier ist die Gompa von Monju, es gibt keine andere«, bestätigt Tam noch einmal, was Chombi mir schon gesagt hat. »Die Dorfleute wissen nicht, wohin das Geld für den Bau der neuen Gompa geht. Der Lama, der das Geld sammelt, hatte einen guten, berühmten Lama als Vater. Aber nun bauen sie schon 15 Jahre an der Gompa, und alles, was dort oben steht, ist eine Gebetsmühle, die von weiter oben im Tal geholt wurde. Trotzdem geben ihm viele Trekker immer noch Spenden.«

Während Tam frühstückt, zeigt mir die alte Frau die eigentliche Gompa mit ihren antiken Buddhastatuen. Ich gebe eine kleine Spende und ziehe dann zusammen mit Chombi weiter. Wir spazieren durch das Dorf, vorbei an einer Lodge, die oberhalb von Chombis Lodge liegt.

»Der Besitzer dieser Lodge ist mit einer Amerikanerin verheiratet«, erzählt er mir ehrfurchtsvoll. »Er hat eine Greencard, und seine Sherpafrau betreibt die Lodge.«

»Er hat zwei Frauen?«, erkundige ich mich.

Chombi lacht. »Ich weiß es nicht«, antwortet er diplomatisch, »aber er hat eine Greencard.«

Die Greencard oder grünes Licht in die Vereinigten Staaten und damit in die finanzielle Sicherheit ist für die Sherpas im Khumbu der Heilige Gral.

Wir gehen zur Schule hinauf, einem flachen Stück Brachland mit einfachen Gebäuden, die sich auf einer Seite des Grundstücks aneinanderreihen. Tam ist bereits da und wartet auf die Kinder, die den Berg heraufgelaufen kommen. Vor den Schulgebäuden stellen sie sich in ordentlichen Reihen auf. Eines der älteren Kinder bläst in eine Pfeife und turnt Gymnastikübungen vor. Die kleinen Körper und Lungen sollen erst einmal richtig wach werden, bevor die Nationalhymne angestimmt wird. Die größeren Kinder verteilen Fluortabletten an die jüngeren. Über ihre Köpfe fliegt ein Hubschrauber, heute der erste der Everest-Panoramaflüge, die in Kathmandu starten, einmal kurz das Tal entlangschwirren, eine Runde über Namche Bazar drehen und dann wieder zurückfliegen.

Die Schule beginnt um zehn. Ein paar Nachzügler tauchen noch auf, während die anderen schon ihre Klassenzimmer ansteuern, wo sie erst einmal ein paar Minuten lang singen. Es ist ein wunderschöner Tag, kühl und klar.

»Das wird mir fehlen«, sagt Tam. Im selben Moment taucht ein Mann am Rand des Schulhofs auf. Tam zeigt auf ihn: »Dieser Lehrer kommt jeden Tag in der Früh aus Namche Bazar und geht abends wieder heim«, erklärt er mir mit großem Respekt.

Ich werde für den Weg nach Namche einen Gutteil des Tages brauchen.

Chombi führt mich zu dem Hangvorsprung, auf dem die neue Gompa entstehen soll. Tatsächlich ist das Einzige, was dort steht, die alte Gebetsmühle und ein kleiner Raum, in dem der Lama sitzt und Spenden entgegennimmt. Im Moment ist er aber nicht da. Ein Haufen Steine, der dort liegt, ist offensichtlich für die Grundfeste der Gompa bestimmt. Mehr ist hier nicht. Von weiter unten erwecken die Gebetsfahnen, das Gemäuer mit der Gebetsmühle und dem Raum des Mönchs den Eindruck, da könnte wirklich eine Gompa stehen. Aber weit und breit ist keine zu sehen, obwohl auch Jamies Everestführer eine an dieser Stelle erwähnt.

Wieder zurück in seiner Lodge, geht für Chombi der normale Tagesablauf weiter. Chandra Rai, mein junger Träger, lächelt überschwänglich und erzählt mir, er bekomme gleich sein *Dal Bhaat,* Linsen mit Reis, und werde mich dann irgendwo weiter oben auf dem Trail treffen. Der Himmel ist wolkenlos und meine Stimmung durch nichts zu trüben. Ich gehe zum Dorfausgang und zahle die 650 Rupien Eintritt in den Sagarmatha-Nationalpark. Der Weg fällt nun schnell steil zum Fluss ab. Ich überquere eine lange Hängebrücke, die mit Gebetsfahnen und zurückgelassenen Katas, den weißen Schals, geschmückt ist, und kehre dann auf einer weiteren Hängebrücke auf die andere Seite zurück. Der Dudh Kosi rauscht vorbei, von dem mitgeführten Gesteinspulver, das er aus den Gletschern weiter oben im Tal ausgewaschen hat, in milchiges Türkis gefärbt. Träger haben sich auf den sandigen Stellen zwischen den Felsblöcken zusammengefunden und kochen gemeinsam ihren Reis mit Linsen und Currykartoffeln. Von ihren Feuerstellen steigen blaue Rauchfahnen spiralförmig auf.

Die Trekkingagenturen berufen sich darauf, wie umweltfreundlich sie sind und wie sie die negativen Auswirkungen auf die Natur verringern, indem sie für ihre Kunden mit Kerosin kochen. Dabei vergessen sie gern, dass eine Trekkinggruppe von einem Heer an Trägern begleitet wird und diese ihr eigenes Essen oft über Holzfeuern am Wegesrand zubereiten. In dem ganzen Fußgängerverkehr auf diesen Pfaden sind es nicht die Trekker, sondern eher die Träger, die den Müll liegenlassen. Nicht weil es ihnen egal ist, sondern weil sie es einfach nicht besser wissen. Eigentlich wäre es viel umweltfreundlicher, die Lodges zu nutzen, anstatt Heerscharen von Trägern einzusetzen, die Zelte und Ausrüstung die Berge hinauf- und hinabschleppen und dabei verpflegt werden müssen. Die Lodgebetreiber gehen behutsamer mit ihrem sensiblen Ökosystem um als die Außenstehenden, die ihre Täler durchqueren. Man hört viel über den Müll auf der Everestroute, und definitiv findet man auf der Strecke von Lukla nach Namche Stellen, die wie Müllhalden aussehen. Vom World Wildlife Fund oder vom *Sagarmatha Pollution Control Committee* zur Verfügung gestellte Schilder mit dem Hinweis »Müllsammelstelle« sind bevorzugt an Orten angebracht, an denen der Hang steil zum Fluss abfällt. Unten türmen sich Plastik und anderer Abfall – aus den Augen, aus dem Sinn. Wenn Wind aufkommt, wird der Müll in alle Richtungen verteilt.

Nicht nur der wolkenlose Himmel hat meine Stimmung gehoben. Das Nichtvorhandensein von Lodges, Teehäusern und Läden erweckt den Eindruck, man befinde sich in der Wildnis. Ich wandere nun innerhalb des Nationalparks, wo nur beschränkt Baugenehmigungen für Lodges und Teehäuser erteilt werden. Am Zusammentreffen zweier Flüsse überquere ich wieder eine schaukelnde Hängebrücke, an der bunte Gebetsfahnen hängen. Einer der beiden Flüsse ist der Imja Khola, dessen Lauf zum Everest führt. Ich bleibe auf der Brücke stehen, um in das Seitental hinaufzusehen. Die Wände sind so steil, dass das Tal uneinnehmbar scheint. Daher müssen sich Wanderer im Zickzackkurs auf einem Kamm oberhalb des Bhote Kosi nach Namche hinaufbewegen und so die unüberwindbare Schlucht umgehen, die Richtung Everest und Gokyo-Tal führt.

Nach der Hängebrücke folgen einige steile Kehren. An einer von ihnen erzählen mir drei herabkommende Trekker, wo ich einen Blick auf den Everest erhaschen kann. Als ich eine ausgetretene Serpentine auf dem Weg erreiche, erkenne ich tatsächlich einen schneebedeckten Gipfel, der über die Baumwipfel und Gebirgskämme im Vordergrund hinausragt. Beim steilen Anstieg nach Namche läuft mir der Schweiß, ich dehydriere zunehmend, weil ich die Gelegenheiten, meine Wasserflasche aufzufüllen, völlig falsch eingeschätzt habe. Gegen Ende des Anstiegs treffe ich endlich auf eine Wasserquelle. Ich fülle meine Flasche und werfe eine Jodtablette hinein, bevor ich weitergehe. Wegen der höhenbedingten Erschöpfung komme ich nur langsam voran. Jeder Schritt bedeutet eine Anstrengung, die große Überwindung kostet, und ich muss alle paar Minuten eine Pause einlegen, um Luft zu holen.

Zwei Träger mit *dokos* voll frischen Fleisches, das sie in Namche verkaufen wollen, überholen mich. Die Fleischstücke in den Körben sind noch als Teile eines Büffels kenntlich. Da ich mir über sonst nichts Gedanken machen muss, überlege ich, in welche Kategorien man die Trekker, denen ich begegne, einteilen kann. Ich komme auf zwei: die Bergaufgeher und die Bergabgeher. Die Bergaufgeher folgen einem gewieft wirkenden Führer, tragen saubere Kleidung und wirken enthusiastisch. Die Bergabgeher sind längst nicht mehr so adrett und begeistert. Beide kann man in Gruppenleute und Individualisten unterteilen. Bei den Gruppenleuten gibt es Zeltler, Teehäusler und Eispickler.

Die Zeltler sollen eigentlich in Zelten schlafen. Die Teehäusler schlafen in Teehäusern. Die Eispickler klettern auf Trekkinggipfel wie den Island Peak. Wie die Zeltler bewegen sich die Eispickler mit einer Gefolgschaft an Führern und Trägern, die alles schleppen. Zur Unterscheidung haben sie demonstrativ ihre Eispickel außen an ihren Rucksäcken befestigt, daneben baumeln Steigeisen. Aber beim besten Willen werden sie auf dieser Etappe weder Pickel noch Steigeisen brauchen. Wir befinden uns meilenweit unter der Schneegrenze. Die Kletterausrüstung dient der Abgrenzung gegenüber dem normalen Fußvolk. Die Eispickler geben sich als Bergsteiger zu erkennen, die auf einen echten Gipfel steigen, nicht zu verwechseln mit uns anderen, die lediglich so banale Hügel wie den Kala Patar erklimmen wollen, von dem aus man das Everest-Basislager oder den Gokyo Ri und das Gokyo-Tal sehen kann.

Aber auch die Individualisten können in Untergruppen eingeteilt werden. Manche, zu denen auch ich gehöre, haben einen Träger. Andere haben einen Führer, aber keinen Träger. Wieder andere haben einen Führer und einen Träger, was ein bisschen üppig ist. Und einige tragen ihren Rucksack selbst. Diese kann man wieder in zwei Gruppen unterteilen. Die einen tragen ihren Rucksack selbst, weil sie das grundsätzlich immer tun und es aus Ländern gewöhnt sind, in denen es keine Träger gibt. Sie sind in der Regel gut trainiert und kräftig, männlichen oder weiblichen Geschlechts. Die anderen tragen ihren Rucksack selbst, weil sie sich keinen Träger leisten können oder ihn sich leisten können, aber nicht wollen. Ich habe dieses Mal einen Träger, weil ich zu Hause allen versprochen habe, in Anbetracht meines Zustands nach dem Unfall einen zu nehmen. Und wie sich herausgestellt hat, fällt es mir schon schwer genug, den kleinen Tagesrucksack mit den Kameras und Objektiven selbst zu tragen.

In der Trekkerhierarchie stehe ich damit an unterster Stelle. Erstens bin ich ein Bergaufgeher, habe also noch keinerlei Informationen oder Erfahrungen anzubieten, sondern nur Fragen. Aus Sicht der Nepalesen gehöre ich nicht zu einer Gruppe mit einem Gefolge an Bediensteten, das ich mir wohl nicht leisten kann, was wiederum als Hinweis darauf gilt, dass bei mir nicht viel zu holen ist. Für sie könnte ich als Alleinreisender einer dieser mittellosen Weltenbummler sein, die sich ein Jahr freinehmen und die täglichen Ausgaben auf wenige Dollar herunterschrauben.

Bei den Individualisten genieße ich kein Ansehen, weil ich meinen Rucksack nicht selbst trage. Ich habe einen nepalesischen Träger, der halb so groß und schwer wie ich ist und die Arbeit für mich tun muss. Aber auch wenn man bei den Nepalesen als Individualist kein Ansehen genießt, gibt es einem doch eine gewisse Befriedigung, auf die Gruppenleute herabzusehen, wenn man schwer an seinem eigenen Rucksack trägt. Ich hingegen habe weder bei den einen noch bei den anderen etwas zu melden.

Durch Kiefernstämme erkenne ich an einer Wegbiegung die ersten Häuser von Namche. Als ich weiter aufsteige, stehe ich plötzlich über dem gewaltigen Amphitheater von Namche Bazar. Das ist für mich ein völlig unerwarteter Anblick. In meiner Vorstellung sah ich Namche immer am Schnittpunkt zweier Flüsse liegen. In Wirklichkeit thront es hoch auf einem steil zum Fluss Bhote abfallenden Hang. Der Kessel, den früher einmal terrassenförmig angelegte Kartoffelfelder auskleideten, ist nun mit Lodges gesäumt. Bunte Gebetsfahnen flattern heiter auf den umliegenden Gebirgskämmen.

Beim Gang durch das Zentrum von Namche fühlt man sich wie bei einem Bummel durch Thamel, das Touristenviertel von Kathmandu. An den schmalen Gassen drängen sich Läden, die so gut wie alles zum Kauf anbieten, das man irgendwie für den Trek zum Everest-Basislager brauchen könnte. Thermounterwäsche, Kleidung von North Face und Patagonia, sowohl im Original als auch in billigen chinesischen Fälschungen, hängt an Kleiderbügeln oder Haken. Kletterhaken, Steigeisen, Eisschrauben, Thermosflaschen, Schlafsäcke, Zelte, Pullover, Wollmützen, Handschuhe und Socken sind in Kartons gestapelt. Für die Gruppenleute, die über den Luxus von Trägern verfügen, gibt es Unmengen von »tibetischem« Kunsthandwerk, ausgelegt auf Holztischen. Manches davon ist echt, doch viele »tibetische« Gegenstände stammen aus Indien, Thailand oder Kathmandu. Es liegt etwas Geschäftiges in der Luft, wie in der großen Stadt, nur fehlen hier die Fahrzeuge. Außer den Gebetsmühlen gibt es in Umkreis von mehreren Wochen Fußmarsch nichts, was mit einem Rad versehen wäre. Abgesehen von den Flugzeugen, die in Lukla landen, machen die steilen Berge den Einsatz von Gerätschaften, die auf Rollen laufen, unmöglich.

In der Dorfmitte schlendere ich an Bäckereien vorbei, aus denen süßer Duft strömt, und an zwei windigen Discos, ausgestattet mit blinkenden Lampen, Billardzimmern und Sauna. Am wenigsten passen wohl die Internetcafés hierher, in denen ich E-Mails versende. Morgen ist Samstag, Markttag. Durch die schmalen Gassen ziehen tibetische Händler, abgehärtete Männer mit langem Haar, das sie auf dem Kopf zu einem Knoten geschlungen haben, Türkisen in den Ohrläppchen, wattierten Thermohosen und traditionellen Schaffelljacken. Die Attraktionen von Namche Bazar scheinen sie etwas zu befremden.

Ich bin versucht, in einer der Lodges im unteren Teil von Namche Bazar zu bleiben, anstatt mich noch weiter nach oben zur Panorama

Lodge zu schleppen. Sie liegt zwar nur wenige hundert Meter weiter bergauf, doch die Anstrengung, dorthin zu gelangen, steht in keiner Relation zur Distanz. Dennoch wandere ich an der rechten Flanke der kesselförmigen Senke, in der Namche Bazar liegt, auf dem Weg weiter, langsam, atemlos und mit einem Anflug von Kopfschmerzen, bis zu einer Lodge, die hoch über den anderen thront.

Die erste Person, die ich antreffe, ist eine Frau, die gerade Wäsche zum Trocknen auf eine Leine hängt. Sie trägt die traditionelle Sherpakleidung, einen langen Rock und darüber eine bunte Schürze. Sie strahlt mich an, als wäre ich der verlorene Sohn, der in ihre Arme zurückkehrt. Ich frage sie, ob sie ein Zimmer für mich hat.

»Du bist Andrew?«

»Ja.«

»Ich bin Lhakpa.«

Möglicherweise hat Chombi ihr eine Beschreibung von mir gegeben. Sie händigt mir einen Zimmerschlüssel aus. Chandra Rai nimmt meine Tasche, ich folge ihm hinauf in den dritten Stock. Im ersten und zweiten Stock sind Toiletten. Endlich kann ich die nassgeschwitzten Kleider ausziehen und trockene Sachen anziehen. Die feuchten Kleider strahlen Dampf ab, als ich sie auf das Bett werfe. Chandra bleibt mit dem Gesichtsausdruck eines Mannes, der im Begriff ist, erschossen zu werden, in meinem Zimmer stehen. Ich zahle ihm den Betrag, den wir in Lukla vereinbart hatten: zwei Tage plus einen weiteren Tag für den Rückmarsch nach Lukla. Obwohl ich ein ansehnliches Trinkgeld drauflege, komme ich mir mies vor, weil ich ihn entlasse.

»Ich nicht gehe Everest-Basislager?«, fragt er mich kläglich.

»Nein, Chandra, ich möchte ein paar Tage hierbleiben.«

Ich will mich umsehen und meinem Körper Zeit gönnen, sich an die Höhe zu gewöhnen. Namche liegt schon auf 3500 Meter.

»Ich warten«, erwidert er.

»Ich weiß aber überhaupt noch nicht, wie lange ich in Namche bleibe.«

Ich versuche, bestimmt zu klingen. Ich könnte ihn leicht weiterbehalten, will aber lieber einen älteren Träger und einen, der nicht ganz so unterwürfig ist. Chandras übertriebenes Bemühen, mir alles recht zu machen, ist mir zu viel.

Ich gehe in den Gastraum hinunter, der praktisch identisch ist mit dem in Monju. Drei Seiten sind verglast, so dass man einen freien Blick auf Namche unten und die Berge im Westen hat. Allerdings sieht man nichts von den hohen Himalajagipfeln, die hinter dem Rand des Amphitheaters abtauchen. Bänke ziehen sich an drei Wänden des Gastraums entlang, davor steht eine Reihe langer Tische. Der Raum ist behaglich, fern von zu Hause fühlt man sich hier plötzlich heimisch. Und es ist blitzsauber. Die Böden sind geölt, und sogar der eiserne Bullerofen in der Mitte des großen Raumes ist mit Öl eingerieben, damit er nicht rostet. In der vierten Wand befinden sich die Eingangstür, die Tür zur Küche und verglaste Schränke voller Bier, Whiskey, Wein, Sekt, Zigaretten, Schokolade sowie Pullovern, Handschuhen und Mützen aus Yakwolle.

Ein junges Tamangmädchen nimmt meine späte Mittagsbestellung auf – eine Schüssel Suppe und ein Teller Pommes frites. Chandra schlurft mit jämmerlichem Blick in den Gastraum herein.

Ich kann mein Essen nicht so recht genießen, wenn er dabei vor mir steht und mich erwartungsvoll ansieht. Meine Schuldgefühle, weil ich ihn entlassen habe, verstärkt noch das Wissen, dass die Suppe, die ich esse, fast ein Fünftel seines Tageslohns kostet. Er lächelt mir zu, doch seine Augen sind traurig.

»Ich jetzt gehen?«, fragt er mich.

»Ja.« Ich muss bestimmt bleiben.

»Ich jetzt gehen Lukla?«

»Ja.«

»Du nicht wollen Träger jetzt?«

»Nein.«

»Nicht Träger?«, vergewissert er sich noch einmal.

»Nein.« Ich löffle meine Suppe. »Ich bleibe erst einmal ein paar Tage in Namche.«

»Später du wollen Träger?«

Selbst wenn ich ihn wollte, wäre es schwierig. Möglicherweise gehe ich vom Everesttal über den Chola-Pass nach Gokyo. Der Weg führt auf 5500 Meter über einen Gletscher. Dafür hat er nicht die richtige Kleidung dabei.

»Nein, ich brauche keinen Träger, danke, Chandra.«

»Ich jetzt laufen Lukla?«

»Ja.«

Da nun Lhakpa herumschwirrt, macht sich Chandra Rai aus dem Staub. Ich komme mir mies vor, aber ich muss den Zweck meiner Reise im Auge behalten, ich mache sie nicht für jemand anders. Da mein Rücken sich erst von dem gebrochenen Wirbel erholen muss, bin ich auf einen Träger angewiesen, aber ich möchte einen, dessen Anwesenheit ich nicht als störend empfinde. Ich möchte einen Träger, der mir das Gefühl gibt, allein unterwegs zu sein.

Das Tamangmädchen bringt mir meine Pommes frites. Sie kichert und wirft mir über die Schulter kokette Blicke zu. Sherap, Lhakpas Mann, kommt mit einem schnurlosen Telefon am Ohr herein und nimmt die Reservierung einer Trekkinggruppe entgegen, die von Lukla aus unterwegs ist. Während er sich auf die einzelnen Wünsche der Gruppe konzentriert, zwirbelt er mit der linken Hand die wenigen Haare seines Schnurrbarts.

Die Sonne verschwindet. Immer noch auf Reinlichkeit versessen, bestelle ich eine heiße Dusche, für die das Wasser mit einem Kerosinkocher erhitzt wird. Für ein paar Dollar bekomme ich 30 Liter heißes Duschwasser. Auf dem Weg hinunter zur Duschkabine, praktischerweise direkt unterhalb der Küche, in der das Wasser aufgewärmt wird, komme ich an einem schweren Vorhang vorbei, der eine Tür bedeckt. Aus dem dahinterliegenden Raum höre ich Mönche beten. Ich überlege, ob das vielleicht ein *choikan* ist, ein Gebetsraum. Ich bleibe stehen und horche. Der Gesang klingt beruhigend und irgendwie sphärisch. Als ich den Vorhang zur Seite schiebe, sehe ich nicht in den erwarteten großen Raum voller Mönche, sondern in eine kleine Kammer mit einem Tisch, auf dem ein Computer steht. Über den Bildschirm läuft das Banner von Microsoft Windows, während aus zwei angeschlossenen Lautsprechern tibetische Gesänge ertönen. Sherap kommt, mit den Schnurrbarthaaren spielend, aus der Küche.

»Möchtest du eine E-Mail oder ein Fax verschicken?«

Ich hätte schwören können, dass in dem Raum jede Menge Mönche sitzen und beten.

»Du hast den Computer gekauft, damit deine Gäste E-Mails nach Hause schicken können?«, erkundige ich mich ungläubig.

»Mein Sohn studiert in New York«, erklärt er mir. »Ich habe den Computer angeschafft, weil es damit einfacher ist, mit ihm in Kontakt zu bleiben. Viel billiger als Fax oder Telefon.«

Draußen werden von zwei Zopkios einige Klafter Holz für das Küchenfeuer abgeladen, Holz, das auf legalem Weg von außerhalb der Nationalparkgrenzen kommen muss. Beim Herd handelt es sich um einen Lehmofen, der mit Holz und Yakdung befeuert wird. Mir erscheint es nahezu unfassbar, wie eine solche technisch hochentwickelte Vorrichtung mit einem nach wie vor sehr einfachen Lebensstil einhergeht.

Ich dehne die Dusche auf mehrere Minuten aus, indem ich den Wasserhahn nur so weit aufdrehe, dass lediglich ein schmaler Strahl austritt. Sauber und erfrischt gehe ich in mein Zimmer zurück. Dabei entdecke ich, dass es neben einem großen, komplett mit Buddhafigur und an den Wänden aufgereihten Gebetsbüchern ausgestatteten Gebetsraum liegt. Durch den Nebel vor meinem Fenster scheint die Strombeleuchtung von Namche.

Nachdem ich ausgepackt habe, ziehe ich warme Sachen an und gehe nach unten. Infrarotsensoren registrieren meine Bewegung und stellen automatisch elektrisches Licht an. Draußen vor dem Hauptgebäude der Lodge bleibe ich stehen und horche. Namche ist ein natürliches Amphitheater mit perfekter Akustik, die das Geläut der Yakglocken, Hundegebell, menschliche Stimmen oder die Pfiffe nach den Yaks und Zopkios verstärkt. Kurzzeitig entsteht eine Nebellücke, durch die ich einen Blick auf einen schneebedeckten Gipfel erhasche, der in die letzten Sonnenstrahlen getaucht ist. Das Lichtspektakel spielt sich so hoch oben ab, dass man den Eindruck bekommt, es habe keinerlei Verbindung zum Boden. Ich beobachte das Schauspiel, bis der Gipfel wieder im Nebel verschwindet und auch das unten liegende Tal in den Schwaden abtaucht, so dass es aussieht, als würde Namche über dem Nichts schweben. Es dauert keine Minute, bis das Dorf ebenfalls in dicken Nebel gehüllt ist.

In der Küche frage ich Sherap, der noch immer seinen Schnurrbart zwirbelt, warum es hier Strom gibt, ich aber keine Masten oder Leitungen sehe. Er lacht über meine Frage.

»Alles unterirdisch«, sagt er.

Ich bin erstaunt. Nur wohlhabende Gemeinden in der westlichen Welt können es sich leisten, diese unschönen Versorgungseinrichtungen im Boden zu vergraben.

»Woher kommt der Strom?«

»Von einem Wasserkraftwerk in Thame, das die Österreicher gebaut haben«, erklärt er mir. »Es versorgt Namche und die umliegenden Dörfer mit Strom. Lhakpas Bruder ist einer der Techniker, die für den Betrieb verantwortlich sind. Er ist in Österreich ausgebildet worden.«

Wie bei Chombi ist auch Sheraps Englisch praktisch fehlerlos.

Ich hatte mir Namche Bazar als rustikales Sherpadorf mit einigen wenigen einfachen Lodges für die Versorgung von Bergsteigerexpeditionen und Trekkern vorgestellt. Das hier übersteigt meine Erwartungen um einiges. Zugegeben, hier fahren keinerlei Fahrzeuge, was Namche einen mittelalterlichen Charme verleiht, doch davon abgesehen ist es viel westlicher geprägt, als ich es mir jemals ausgemalt hätte. Da der Ort den Kessel einnimmt, der den Eingang zum Everest-Basislager und ins Gokyo-Tal bildet, müssen alle Trekker zwangsläufig Namche Bazar passieren. Damit ist das Dorf eine der wichtigsten Zwischenstationen auf dem Weg zum Everest und der letzte Ort, an dem man Vorräte und Ausrüstung ergänzen kann.

Sherap sitzt unten im Gastraum mit dem Computerausdruck einer langen Liste von Anrufen. Er erzählt mir, Chombi würde morgen aus Monju kommen und er müsse zusammen mit ihm auseinanderdividieren, welche Ferngespräche auf eigene Rechnung gehen und welche Chombi bezahlen muss. Es ist nicht schwer zu erkennen, dass Sherap sich lieber mit mir unterhalten würde, anstatt die Telefonlisten durchzugehen. Es sind nur wir beide da.

»Wie hast du es angestellt, dass du dir eine so große Lodge leisten konntest?«, frage ich ihn. Er besitzt tatsächlich eine der größten und beeindruckendsten Lodges hier.

»Meine Familie stammt aus Namche, also habe ich hier Grundbesitz. Ich habe einen Privatkredit über anderthalb Millionen Rupien aufgenommen, um die Lodge zu bauen. Innerhalb von drei Jahren habe ich den Kredit abbezahlt. Jetzt zahle ich für meinen 24-jährigen Sohn, der in New York Informatik studiert, und für meine Tochter, die in Kathmandu das englische Internat besucht.« Er zupft an den dünnen, widerspenstigen Barthaaren.

»Glaubst du, dein Sohn kommt nach Namche zurück, wenn er in New York mit dem Studium fertig ist?«

»Aber ja.«

»Bist du dir da wirklich sicher?«

»Ich bin mir ganz sicher«, bestätigt er nickend.

»Und du kannst es dir leisten, die Studiengebühren und den Aufenthalt deines Sohnes zu bezahlen?«

»Er hat auch noch einen amerikanischen Freund, der ihn unterstützt«, erklärt Sherap.

»Hast du noch Brüder oder Schwestern?«, frage ich ihn.

»Dreizehn«, sagt er. »Mein Vater war Händler. Er starb mit 60 Jahren beim Überqueren eines Passes. Meine Mutter und mein Vater hatten sich vorher schon getrennt, also arbeitete ich erst einmal als Träger. Dann war ich Kellner im Everest View Hotel. Später war ich bei der ersten italienischen Expedition dabei, danach kamen kleine Jobs bei Tiger Mountain bis 1980. Ab dann habe ich als Sirdar gearbeitet. Und jetzt bin ich hier der örtliche Geschäftsführer von Butterfield & Robinson, dem kanadischen Reiseunternehmen.«

»Keine Everestexpeditionen?«

Er schüttelt den Kopf. »Meine Frau mag keine Expeditionen. Viele Verwandte sind dabei umgekommen. Ich war schon einmal als Gast in Amerika, um für die Expeditionen klettern zu lernen. Aber als ich zurückkam, sagte meine Frau Nein. Damals war ich traurig, dass ich nicht bergsteigen konnte, aber jetzt bin ich froh, denn ich bin noch am Leben.«

»Was hältst du von den Everestexpeditionen?«, möchte ich von ihm wissen.

»Für die Wirtschaft hier sind sie gut, wegen der Einnahmen«, meint Sherap. »Und eine Zeitlang gab es viele solche Expeditionen.«

»Wegen *In eisige Höhen* und wegen des Imax-Films?«

»Ich glaube schon. Aber nun werden es weniger.«

»Die Maoisten?«

An dieser Stelle zuckt er mit den Schultern. Darüber will er nicht sprechen. In Kathmandu hatte ich überrascht festgestellt, dass viele meiner Freunde auf der Seite der Maoisten standen und schon vor Jahren vorhergesagt hatten, die Regierung würde sich eines Tages noch vor ihnen in Acht nehmen müssen. Mich erstaunte dabei, dass gut situierte Nepalesen, die wahrlich nicht zu den Unterprivilegierten gehörten, eine solche Meinung äußerten. Das hieß nicht, dass sie den Kommunismus unterstützten, sondern es entsprang der allgemeinen Unzufriedenheit mit der wachsenden Korruption unter nepalesischen Politikern und Staatsbeamten.

»Was ist mit der spirituellen Seite bei der Everestbesteigung?«, frage ich ihn nun, um von den Problemen mit den Maoisten abzulenken. Das Wissen, dass so viele Menschen den Everest besteigen und dabei leere Sauerstoffflaschen und Müll hinterlassen, dass Leichen zurückbleiben, kratzt etwas an der majestätischen Ausstrahlung, die dieser Berg auf mich ausübt, und an meiner Ehrfurcht ihm gegenüber.

»Der Everest ist eine Gottheit, aber nicht wirklich heilig«, sagt Sherap. »Für uns, die Sherpas, ist der Khumbila der heilige Berg.«

Auf meiner Karte liegt er unmittelbar über Namche.

»Aber er ist nur 5000 Meter hoch.«

»Noch nie hat jemand den Khumbila bestiegen, und niemand darf jemals diesen heiligen Berg besteigen.« Sherap lacht wieder, weil er sich an etwas Lustiges erinnert. Ich warte, bis er damit herausrückt. »1963 habe ich zum ersten Mal Klopapier gesehen. Ich war zehn Jahre alt. Ich hängte es an die Wand, weil ich es für eine Gebetsfahne hielt.«

»Und was du seither an Veränderungen erlebt hast, ist das gut?«

»Insgesamt eher gut«, erwidert er nachdenklich. »Wir haben jetzt Schulen, von denen viele die Hillary Foundation eingerichtet hat. Vorher gab es keine Schulen, nur Klöster.«

Das junge Tamangmädchen kommt herein, um getrockneten Yakdung in die Flammen des Bullerofens zu werfen.

»Ist das Yakdung oder Zopkiodung?«, frage ich Sherap.

Er zuckt mit den Schultern. »Schwer zu unterscheiden.«

Dumme Frage.

Als sich Sherap wieder der Telefonabrechnung zuwendet, schreibe ich in meinem Tagebuch weiter. Zwei attraktive französischsprechende Frauen betreten den Gastraum. Eine ist blond, die andere dunkelhaarig. Sie haben sich eine warme Dusche geteilt. Ihr Haar ist noch nass, und sie setzen sich neben den Ofen, damit es schneller trocknet. Die Blonde steht auf, zieht auffällig ihre Leggings bis zu den Knöcheln hinunter, und setzt sich dann wieder, um die nackten Oberschenkel und Waden einzucremen. Da ihr Fleecepullover bis über den Po geht, ist es schwer zu sagen, ob sie zwischen dem Oberteil und den Leggings, die nun an den Knöcheln zusammengeschoben sind, noch etwas anhat. Ein nepalesischer Führer, der auf der anderen Seite des Ofens sitzt, kann sich kaum noch beherrschen, als er sie bei ihrer Körperpflege beobachtet.

Ich bestelle das Abendessen nach der Karte, indem ich es in ein Buch von der Größe und Form eines Gebetbuchs tibetischer Buddhisten eintrage. Allerdings schließe ich aus den eingeknickten Ecken dieses Buches, dass es deutlich öfter aufgeblättert wird als die Gebetbücher eine Etage höher. Die beiden Frauen sitzen unmittelbar neben mir. Wir unterhalten uns auf Französisch. Sie stellen die unvermeidliche erste Frage: »*Vous montez ou vous descendez?* Steigen Sie auf oder ab?« Ich erfahre, dass Geneviève und Caroline gerade eben vom Gokyo-Tal herunterkommen. Sie sind beide noch ganz euphorisch von der Tour und gesprächig.

»Wie war es da oben?«, erkundige ich mich.

»Wunderschön«, antwortet Geneviève, die Blonde. Sie übernimmt das Reden. »Aber kalt. Nachts konnte ich vor Kälte kaum schlafen.«

Die beiden sind Cousinen. Caroline, die Dunkelhaarige, ist Beschäftigungstherapeutin. Geneviève überredete sie, ein Jahr freizunehmen und zu reisen.

»Sie ist dauernd unterwegs, aber für mich ist es die erste große Reise«, sagt Caroline. »Wir machen den ersten Teil gemeinsam, und dann sehen wir weiter ...«

Als ich Geneviève frage, welche Art von Arbeit es ihr erlaubt, so viel zu reisen, erzählt sie mir, dass sie in ihrem ganzen Leben noch nicht gearbeitet hat. Und das meint sie wirklich ernst.

»Aber irgendetwas musst du doch tun«, bohre ich nach.

»Ich war Tennisprofi«, räumt sie schließlich ein.

»Das ist Arbeit«, sage ich zu ihr.

Sie kommen beide aus Belgien, wo Geneviève eine relativ bekannte Tennisspielerin war. Sie wechselt ab zwischen Reisen im Winter, mysteriösen Zeitvertreiben in Thailand und Tennisspielen in Europa im Sommer. Man kann sie sich nur schwer als Tennisprofi vorstellen. Sie wirkt so geschmeidig, ihre Beine sind so lang, die Schultern zu knochig für eine professionelle Spielerin. Die Haut in ihrem Gesicht ist zart wie die eines Babys. Ihre Oberlippe läuft in der Mitte in einem spitzen Bogen zusammen, und wenn sie spricht, bildet sich darauf ein kleines Bläschen. Ihr schläfriger Blick verleiht ihr ein gerade richtiges Maß an erotischer Ausstrahlung.

Wir unterhalten uns über Buddhismus, Meditation, Rückzugsorte, Arbeit, Karriere und das Leben im Allgemeinen. Die beiden wissen noch nicht genau, was sie im Anschluss machen, wenn sie wieder zurück in Kathmandu sind. »Gehst du erst zum Kala Patar oder nach Gokyo?«, fragt mich Geneviève.

»Kala Patar.«

»Das würde ich auch gern tun.« Sie sieht Caroline an. »Aber Caroline reicht es, sie will nach Kathmandu zurück, weil sie das auch noch nicht kennt.«

Um acht verabschiede ich mich. Ich spüre die Auswirkungen der Höhe, meines andauernden Hustens und der Erkältung. Das alles zusammen schafft mich. Die Bewegungsmelder registrieren mein Kommen, und die Lichter leuchten auf, als ich nach oben gehe. Ich ziehe mich bis auf die Unterwäsche aus, stelle meine Flipflops neben das Bett, für den Fall, dass ich mitten in der Nacht hinausmuss, und schlüpfe in meinen Schlafsack. Dann schließe ich die Augen und stelle mir das Tal vor, wie es jetzt wohl aussehen mag, in Nebel gehüllt, über der gähnenden Leere thronend. Aus der Ferne höre ich das gleichmäßige Läuten metallener Yakglocken, dazwischen gelegentlich ein Hundegeheul. Innerhalb von Sekunden bin ich eingeschlafen.

Namche

Als ich am Morgen aufwache, setze ich mich im Bett auf und wische das Kondenswasser von den Fensterscheiben, das sich in der Nacht angesammelt hat. Ich sehe die Bergspitzen auf der gegenüberliegenden Talseite in orangefarbenes Licht getaucht. Namche liegt noch im Schatten der Kesselwände.

Mein Rücken ist steif und schmerzt, und mir gelingt es nur mit Müh und Not, mich so weit hinabzubücken, dass ich mit den Beinen in Unterhose und Hose schlüpfen und Socken und Stiefel anziehen kann. Ich fühle mich wie ein arthritischer Greis.

Mehrmals habe ich während der Nacht gelben Schleim in zusammengefaltetes Klopapier gehustet. Nun liegen diese Päckchen gammelig auf dem Boden herum.

Nach einem Frühstück mit Milchkaffee, Käse-Tomaten-Omelett und Toast bin ich frisch gestärkt. Ich mache mich auf den Weg zum Markt auf den schüsselförmigen Terrassenfeldern unmittelbar unter dem Zentrum von Namche. Das helle Morgenlicht wandert langsam den Hügel herab, wo malerisch gekleidete Tibeter neben ihren Waren *made in China* sitzen. Im Angebot sind kopierte Nike-Windjacken, Fleece- oder Daunenjacken von North Face, bunte chinesische Textilien, Nike-Schuhe, Fubu-Jeans, Thermosflaschen, Solarlampen, getrocknete Schafsrümpfe und Tierhäute. Manche lachen, als ich sie fotografiere, andere fordern Geld dafür. Die Tibeter mit ihrer wettergegerbten Haut und dem exotischen Aussehen sind besonders fotogen. Einer hält die Kette aus Korallen und Perlen hoch, die er um den Hals trägt, vermutlich will er sie feilbieten.

»Wie viel?«, frage ich ihn. »*Kati?*«

Aber es ist egal, ob ich Englisch oder Nepali mit ihm spreche, er versteht beides nicht. Zeichensprache in Verbindung mit einem Taschenrechner ist hier die Lingua franca.

Als ich ein vages Interesse an der Kette zeige, zieht er den Taschenrechner hervor und drückt auf die Tasten, um mir auf der LCD-Anzeige den Preis zu zeigen. Die Zahlen scheinen auf: 300. Ich ziehe 300 Rupien hervor, woraufhin er mich auslacht und den Kopf schüttelt. Er zeigt auf die Zahl in der Anzeige.

»Dollar«, klärt er mich auf.

Jetzt ist es an mir zu lachen. Schließlich lachen wir beide, weil keiner von uns beiden sich vom anderen über den Tisch ziehen lässt. Er wollte 300 Dollar dafür, und ich bot ihm 300 Rupien, das entspricht fünf Dollar. Aber er hätte nicht mit einer so gewaltigen Summe angefangen, wenn es nicht Leute gäbe, die annähernd den geforderten Betrag bezahlen. Kein Zweifel, dass er gelegentlich einen gutsituierten Käufer findet, der später dann prahlt, er habe einen Tibeter von 300 auf 50 Dollar heruntergehandelt. Und der Tibeter wäre genauso erfreut, weil er in fünf Minuten ein Drittel seines Jahreseinkommens verdient hätte.

Auf drei höhergelegenen Terrassen, einfacher zu erreichen, weil im Zentrum von Namche, ist der nepalesische Markt angesiedelt. Dort preisen Verkäufer frisches Gemüse, Obst, Schachteln mit getrockneten Produkten, Schokoriegeln, Haferflocken, Carlsberg-Bier, Pringle-Kartoffelchips und alle möglichen Utensilien bis hin zum Tigerbalsam an. Einige der Trockenprodukte haben Träger vom Beginn des Wegs in Jiri aus hertransportiert. Doch jetzt, zum Ende der Trekkingsaison, kommen viele Flugzeuge leer herein, um die letzten Trekker zurückzubringen, und können Waren einladen. Anstatt diese auf Lastwagen die ganze Strecke von Kathmandu nach Jiri und von dort weiter auf dem Rücken von Trägern transportieren zu müssen, kann man sie direkt nach Lukla fliegen.

Ich kaufe Klopapier für unterwegs sowie eine Tüte Mandarinen und setze mich dann im Internetcafé im Zentrum von Namche in die warme Sonne. Während ich von einem Schokocroissant abbeiße, erkenne ich zwei Leute aus der Trekkinggruppe wieder, die ich schon in Lukla getroffen hatte. Sie sitzen am Nebentisch.

»Gerade angekommen?«, fragt der bärtige Bruce.

»Gestern.«

»Wie wir«, sagt Bruce. »Wir sind am selben Tag, an dem wir uns in Lukla getroffen haben, nach dem Mittagessen aufgebrochen und haben in Phakdingma übernachtet, bevor wir hier hochgestiefelt sind.«

Seine Frau sieht mir zu, wie ich das Croissant verspeise, und fragt: »Schmeckt das gut?«

»Köstlich«, antworte ich. Es ist schon erstaunlich, wie viel westliches Essen den Weg nach hier oben findet: Pizza, Lasagne, Spaghetti bolognese, Pommes frites, Müsli und frischgebrühter Kaffee. »Seid ihr schon auf dem Markt gewesen?«, frage ich.

»Schon, aber die Einheimischen schieben einen nur herum, irgendwann haben wir aufgegeben«, erklärt Bruce.

»Wir übernachten in Lodges – die Toiletten sind dort nur Verschläge mit einem Loch im Boden. Ich hasse es, wenn ich mich so hinhocken muss«, sagt seine Frau. »Es ist so furchtbar primitiv. Ich verstehe nicht, warum sie keine ordentlichen Toiletten zustande bringen«, fügt sie noch an.

Ich merke, wie mich ihr negativer Strudel hinunterziehen will.

»Dann weiß man wieder zu schätzen, was man zu Hause hat«, will Bruce es ein wenig zurechtrücken, bevor er aufsteht, um daheim in Australien anzurufen.

Seine Frau lässt den Blick durch den Raum schweifen.

»Es tut gut, von der Gruppe weg zu sein«, erklärt sie, während sie die letzten Bissen eines Croissants isst. »Von denen kommt so wenig. Ich bin in Kathmandu krank geworden. Erst Durchfall, dann Erbrechen. Es ist alles so furchtbar schmutzig hier.« Dann untersucht sie ihren Knöchel, der mit einer elastischen Binde umwickelt ist. »Hab mir in Lukla den Knöchel verstaucht, dann bin ich auch noch gestürzt und hab mir dabei den Kopf angeschlagen.«

Ihr macht das alles keinen Spaß.

»Mir tun die Yaks leid«, fährt sie fort. »Sie werden übel behandelt, mit Stöcken geschlagen und mit Steinen beworfen und so.«

Der bärtige Bruce kommt wieder und erzählt ihr, dass zu Hause alles bestens ist. Aber die Litanei von Beschwerden der beiden über die Reise geht so lange fort, bis ich mich entschuldige und gehe. Würde ich das nicht tun, brächten sie es am Ende noch fertig, mich unter ihre schwarze Wolke zu ziehen.

Ich wandere die schmalen Gassen von Namche hinauf, dann den Weg oberhalb der Panorama Lodge entlang zu einer weiteren Lodge, die mit dem »höchstgelegenen Whirlpool der Welt« wirbt. Das klingt sehr verlockend. Doch ich setze meinen Spaziergang den steilen Pfad hinauf fort und lege alle paar Minuten eine Verschnaufpause ein. Der Blick von oben auf Namche lohnt die Mühe des Aufstiegs. Oben auf dem Grat gehe ich über flaches Gelände am Flugfeld von Shyangboche vorbei. Dann geht es wieder bergauf, aber nicht mehr so steil, zum Everest View Hotel, wo die Gästezimmer mit Sauerstoffflaschen ausgestattet sind. Heute Morgen hat in der Bäckerei jemand erzählt, es gebe dort eine Druckkammer für Trekker, meist Japaner, die sich auf den kleinen Flugplatz von Shyangboche einfliegen lassen und dann unter Höhenkrankheit leiden. Das ist allerdings kein Wunder, wenn sie sich mit dem Flugzeug auf fast 4000 Meter Höhe bringen lassen und dann zum Hotel hinaufwandern. Viele müssen mit dem Hubschrauber ausgeflogen werden.

Der Marsch von Namche nach hier oben stellt wieder einmal meinen Rücken auf die Probe. Annabel hatte nicht versucht, mich von meiner Reise abzuhalten. Im Gegenteil. Doch ich hatte eben erst angefangen, wieder selbst Auto zu fahren, und konnte gerade aufrecht sitzen, als ich nach Kathmandu aufbrach. Lange Strecken zu Fuß zu gehen war schon immer mein Zaubermittel für geistiges und körperliches Wohlbefinden. Doch in den letzten Monaten hat sich gezeigt, dass es für mich noch mehr ist als ein Universalheilmittel. Ohne jeden Zweifel habe ich mich mit Hilfe des Gehens unglaublich schnell erholt. Auch tägliches Schwimmen trug dazu bei. Die Ärzte hatten mir gesagt, mit viel Glück würde ich nach einem Jahr wiederhergestellt sein. Es gab viele Tage, an denen ich befürchtete, ich hätte mir den Wirbel erneut gebrochen, weil ich es mit meinen täglichen Übungen übertrieben hatte. Doch fünf Monate nachdem mein zweiter Lendenwirbel in Stücke zertrümmert war, bin ich nun hier und gehe zu Fuß zum Everest-Basislager.

Das Everest View Hotel kann sich einer spektakulären Lage rühmen. Oberhalb des Kesselrandes hoch über Namche, inmitten von Kiefern und an offene Yakweiden angrenzend, bietet es einen prächtigen Blick das Tal hinauf zum Everest. Ich stelle mich auf den Aussichtspunkt. Unendlich weit unter mir tost der Imja Khola durch das Tal. Es geht so steil in die Tiefe, dass mir schwindlig wird und ich Angst bekomme, ich könnte versehentlich über die Kante treten und in den Abgrund stürzen. Bewegung würde meinen Zustand jetzt nur verschlimmern, also setze ich mich ein paar Minuten lang auf einen Felsblock, bis das Gefühl verschwindet.

Nachdem ich mich erholt habe, folge ich zwei Mitgliedern einer amerikanischen Gruppe, die ich in der Kailash Lodge in Monju kennengelernt habe. An ihrer nagelneuen, für extreme Witterungsbedingungen geeigneten Hightechausrüstung sind sie leicht zu erkennen. Einer von beiden zieht, von der Umgebung offenbar nicht sonderlich beeindruckt, ein winzig kleines, aber leistungsstarkes Funksprechgerät hervor.

»Papabär an Teddybär, wie findest du das? Over.«
Keine Antwort.
»Papabär an alle, seid ihr da? Over.« Sein Begleiter tritt näher an ihn hin und starrt auf das Funkgerät.
»Hast du auch die Batterien eingelegt?«, erkundigt er sich.
Der Bediener des Funkgeräts wirft mir verstohlen einen peinlich berührten Blick zu und packt es dann weg. Ich versuche, mir nicht genauer auszumalen, dass jemand namens Teddybär planlos auf den Wegen da unten unterwegs ist. Wir gehen alle auf die Terrasse auf der anderen Seite der Lobby, wo vier Japaner an einem Tisch im Freien sitzen. Die Frauen hängen mit breitkrempigen Sonnenhüten in ihren Sesseln und hören Musik aus iPods, während ihre Männer sich einem Computer widmen, der viel kleiner als ein Laptop ist. Einer hackt auf die Tastatur ein, der andere macht Fotos mit einer Digitalkamera, die an den Minilaptop angeschlossen ist. Zwischendurch wechseln sie sich mit dem Eintippen von Nachrichten ab, die sie vermutlich über die Internetverbindung des Hotels verschicken, wenn sie sich nicht sogar mit ihrem eigenen Gerät über einen Satelliten einloggen können.

Als ich an einem Tisch neben ihnen Platz nehme, fliegt zwischen den Kiefern eine Schar Vögel auf. In der Ferne ist der Everest in Wolken gehüllt. Ich stelle mir vor, wie Menschen gerade dabei sind, seine Flanken zu besteigen. Wie hat Greg Hall, der Bergführer, einmal lauthals verkündet? Jeder, der imstande ist, auf den Straßen von Kathmandu zu gehen, kann auch auf den Gipfel des Everest gebracht werden. Als Edmund Hillary und Tenzing Norgay 1953 den Gipfel bezwangen, hatten sie damit eine der letzten großen Herausforderungen für die Menschheit überwunden, und die Besteigung sorgte weltweit für Schlagzeilen. Ich finde es eine Schande, wie der Berg nun kommerzialisiert und die Leistung der Erstbesteiger des höchsten Punkts der Erde dadurch banalisiert wird.

Der Spätnachmittagsnebel fällt ein, seine ersten Ausläufer schieben sich über den Rand des Tals. Ich mache mich auf den Rückweg nach Namche, ehe er so dicht wird, dass ich nicht mehr zurückfinde. Vor mir schwebt ein Berg im Himmel, unglaublich hoch oben. Die beiden Amerikaner bleiben am Wegrand stehen. Sie haben ein tragbares GPS dabei, mit dem sie nachprüfen können, ob ihre Route noch stimmt. Von ihnen unbemerkt, verweilt ein Stück entfernt eine Herde Tiere, die ich auf den ersten Blick für Ziegen halte. Bis ich den massigen Bock mit seinem dicken, dunklen Fell und dem typischen Buckel sehe und mir klar wird, dass es sich um einen Himalaja-Tahr handelt, ein merkwürdig aussehendes Tier, eine Kreuzung zwischen einer Ziege und einem Steinbock. Der Tahr ist ein Relikt aus prähistorischer Zeit, ein Tier, das in der Lage ist, in einem der entlegensten Winkel der Erde zu überleben. Ich bin erstaunt, dass man diese Spezies so nahe bei Namche findet. Sie sind nicht leicht auszumachen und die ersten wild lebenden Tiere, die ich sehe.

Ich lasse mir auf dem Rückweg nach Namche Zeit und genieße es ausgiebig, wieder in dieser Bergwelt zu sein. Es tut gut, hier zu sein, stundenlang ziellos und allein umherzuwandern, den eigenen Gedanken nachzuhängen, die unweigerlich immer wieder bei meinem Bruder Kevin landen. Als ich acht und er fünf Jahre alt war, besuchten wir gemeinsam ein Internat in Indien. In einem Sommer verbrachten wir sechs Wochen mit meinem Vater in Kaschmir im Himalaja, während meine Mutter mit meinen zwei Schwestern nach Europa reiste. Damals war ich zum ersten Mal im Himalaja. Ich überlege, wie es Kevin gefallen würde, noch einmal hierherzukommen, und auf einen Schlag ist meine freudige Stimmung von der Traurigkeit darüber verdrängt, dass wir dieses Abenteuer unserer frühen Kindheit nicht noch einmal gemeinsam unternommem haben.

Als ich auf den Grat komme, von dem aus man Namche überblickt, ist das Tal bereits hinter dichten Nebelschwaden verschwunden. Von hier sieht es aus, als könne man mit ein wenig Anlauf und einem beherzten Sprung mitten im Ort landen. Aber ich tue es nicht, sondern wandere gemächlich auf dem Weg weiter. Schließlich komme ich frierend und hungrig in der Panorama Lodge an. Ich bestelle bei dem lächelnden Tamangmädchen eine Tomatensuppe. Ein Sherpa hat es sich in halb liegender Position auf der mit einem tibetischen Teppich bedeckten Bank bequem gemacht. Den Kopf auf den angebeugten Arm gestützt, beäugt er mich von oben bis unten. Ich sehe ihm an, dass er auf ein Gespräch aus ist.

»Ich bin schon durch ganz Amerika gereist, fast alle Staaten«, sagt er schließlich. »Ich fahre jedes Jahr hin. Mein amerikanischer Freund ist Arzt und seine Frau Anwältin. Sie besitzen fünf Häuser, und jedes Haus hat fünf Schlafzimmer, jedes mit eigener Toilette.«

Ich löffle meine Suppe und höre höflich zu, als er alle Orte aufzählt, die er in Amerika schon gesehen hat. Er ist schon mehr herumgekommen als die meisten Amerikaner in ihrem eigenen Land. Plötzlich setzt er sich auf, um sich die Zehen zu massieren.

»Mir tun die Füße weh vom Marsch hier hoch«, sagt er.

»Von Lukla?«

»Ja.« Die Jacke, die er nun überzieht, trägt die Namen der sieben höchsten Gipfel der Welt. Dann geht er nach draußen, um nach seinen südafrikanischen Kunden zu sehen.

Ich ziehe meine durchgeschwitzten Kleider aus und trockne Sachen an. Da ich keine Lust auf meine schweren Stiefel habe, streife ich mir ein Paar Wollsocken über und schlüpfe in Sandalen. So mache ich mich auf den Weg nach Namche hinab. In einer der schmalen Straßen treffe ich Ja-Ja-Shelly, eine Frau, die ich auf dem Flughafen in Kathmandu beim Warten auf den Flug nach Lukla kennengelernt habe. Sie war voller Begeisterung über ihre Tour zum Everest-Basislager und über ihren Führer.

»Du siehst aus, als hättest du dich verlaufen«, sage ich zu ihr.

»Nein, nein, ich suche nur Sonam, meinen Führer«, erklärt sie mir. »Ich habe ihm Geld gegeben, damit er sich eine Daunenjacke kaufen kann, und seitdem habe ich ihn nicht mehr gesehen. Er sagte, es würde nur ein paar Minuten dauern und wir sollten uns hier vor der Bäckerei treffen.«

»Du hast ihm eine Daunenjacke gekauft?«, frage ich.

»Ja, ja. Er braucht was Warmes für unsere Tour.« Sie sieht sich voller Sorge um.

»Ich hoffe, er ist nicht durchgebrannt.«

»Vielleicht können wir mal in den Paradise Club schauen«, denkt sie laut. »Er hat mich gestern Abend dorthin mitgenommen.«

Wir gehen durch Namche bis zum Paradise Club und steigen die Treppe hoch in einen dunklen Raum, der mit Yakfellen und ausgestopften Yakschädeln dekoriert ist. Neben der Bar steht ein Fernseher, in dem ein Bruce-Lee-Video läuft. Ein Dutzend Sherpaführer starren auf den Bildschirm, gebannt von Bruce Lees Heldentum. Sie stöhnen bei jedem Schlag, jedem Kick, den Bruce ausführt. Shelly sucht den Raum nach ihrem Führer ab. Es sitzen auch einige Westler in der Bar, aber sie bilden die Minderheit. Abgesehen von den Yakschädeln an den Wänden wirkt die Bar in dieser hochgelegenen Bergregion merkwürdig deplatziert. Sie erinnert mich an die bizarre galaktische Bar in den Star-Wars-Filmen, einen rauchigen, schummrigen Raum, in dem sich allerlei bedrohlich aussehende Gestalten herumtreiben. Einige der wie Außerirdische anmutenden Gäste spielen Billard an einem Tisch, den von der Straße hier hochzuschleppen es vermutlich eines halben Dutzends Träger und mehrerer Wochen Zeit bedurfte. Es würde mich nicht wundern, wenn dies die höchste Billardpartie wäre, die auf der Welt gespielt wird.

Ich studiere die Getränkepreise, die in farbiger Kreide auf der Tafel über der Bar angeschrieben sind. Selbst nach westlichem Standard sind sie nicht niedrig. Ich frage mich, wie die Sherpas es sich leisten können, hier etwas zu trinken, geschweige denn, sich zu betrinken, was manche von ihnen eindeutig bereits getan haben. Als Shelly ohne ihren fehlenden Führer zurückkommt, mache ich sie auf die hohen Getränkepreise aufmerksam.

»Nein, nein«, sagt sie, »das sind die Preise für Westler. Die Sherpas zahlen nur die Hälfte. Ich gebe immer Sonam das Geld, und er zahlt die Getränke für uns beide, dann kostet es viel weniger, ja, ja. Sogar in der Bäckerei haben sie unterschiedliche Preise – angeschrieben werden nur die Preise für die Westler.«

Wir gehen in den Pizza-Hut-Ableger, in dem junge Sherpas Billard spielen, während aus blechern klingenden Lautsprechern westliche Musik dröhnt.

»Bin gleich zurück«, sage ich zu Shelly. »Ich will nur mal sehen, was das Schild bedeutet, auf dem eine Sauna angepriesen wird.«

Der Barkeeper ruft jemanden, der mir die Sauna zeigen soll. Er öffnet eine schwere Holztür zu einer ordentlichen finnischen Sauna mit Wänden, Decke und Bänken aus Holz und runden Flusssteinen auf einem elektrischen Ofen, der Dampf produziert.

»400 Rupien, keine Zeitbeschränkung«, erklärt er mir. »Duschen dort drüben, so viel Sie wollen. Es gibt auch einen Wäscheservice. Bis Sie in der Sauna fertig sind, ist Ihre Wäsche sauber. Sieben Dollar.« Das ist in Ordnung, aber für den durchschnittlichen Nepalesen ist es ein kleines Vermögen.

Shelly gibt die Suche nach Sonam auf, und wir gehen zur Bäckerei, um uns eine heiße Schokolade und einen Schokodonut zu gönnen.

»Ich hab keine Ahnung, wo er ist«, sagt sie, als wir die mit Steinplatten belegten Treppen hinaufsteigen. »Er wollte sich in der Bar mit mir treffen. Andererseits ist es auch ganz gut, dass er mal ein bisschen für sich ist. Wir sind seit Kathmandu die ganze Zeit zusammen.« Als sie das erzählt, wirkt sie ein bisschen von Herzschmerz erfüllt. »Ja, ja«, ergänzt sie, als müsse sie sich selbst davon überzeugen, dass Sonam am besten mal eine Weile allein sein sollte. Dann, als müsse sie sich zwingen, nicht zu intensiv darüber nachzudenken, warum ihr Führer verschwunden ist, ohne sich abzumelden, sagt sie: »Ich habe mit dem Direktor der Schule in Lukla gesprochen. Sie wollen mich ein Jahr lang als Englischlehrerin haben.«

Die Bäckerei ist der wichtigste Treffpunkt in Namche, wo der ganze örtliche Tratsch ausgetauscht wird. Geneviève und Caroline, die beiden Belgierinnen, sind da und unterhalten sich mit zwei Männern, die sie anlächeln. Shelly und ich holen uns die heiße Schokolade und die Schokodonuts und setzen uns zu ihnen an den Tisch. Geneviève stellt uns vor.

»Mark, das ist Andrew«, sagt sie. »Er wohnt in derselben Lodge wie wir.«

Mark steht unerwartet auf und setzt sich neben eine Frau, die allein an einem anderen Tisch liest. Sie ist schlank und sieht ziemlich gut aus. Ihrem Äußeren nach würde ich sie als Nepalesin einordnen. Da Mark nichts sagt, als er sich zu ihr setzt, nehme ich an, die beiden sind ein Paar. Caroline stellt mich nun Ben vor, dem anderen Mann an unserem Tisch. Ihm steht ein breites Dauerlächeln ins Gesicht gebrannt. Wir schütteln uns die Hände, und ich stelle ihnen Shelly vor.

»Ja, ja«, sagt Shelly, als sie gefragt wird, ob sie eine Trekkingtour macht. »Ich gehe erst das Gokyo-Tal hinauf und dann das Everesttal. Ich will ein paar Tage im Kloster von Tengboche verbringen.«

»Tengboche erinnert mich an Disneyland«, meint Ben, der mit einer gewissen Autorität spricht. »Es wird nachts mit Flutlicht angestrahlt, und in einem Andenkenladen kann man Postkarten und Tengboche-T-Shirts kaufen. Er wird von einem Westler betrieben, einem Deutschen namens Michael. Mein Führer hat mir erzählt, er bekommt einen bestimmten Anteil von allen Einnahmen.«

»Ja, ja, da will ich hin und ein bisschen bei dem dortigen Lama bleiben«, erzählt Shelly ungeachtet dieses Kommentars. »Ich traf ihn zufällig auf dem Weg nach Namche herauf, und er sagte, er wisse, dass ich zu ihm kommen werde. Es war unglaublich. Er wusste es, einfach so. Ja, ja. Er hat mich eingeladen, eine Woche zu bleiben.« Obwohl sie aus dem westlichen Kanada kommt, spricht sie mit einem ungewöhnlichen Akzent, als habe sie Englisch erst als zweite Sprache gelernt. Vielleicht hat sie sich diese Sprechweise aber auch nur für Sonam zugelegt und kann nicht so schnell umschalten.

»Ben war eben erst auf dem Island Peak«, sagt Geneviève.

»War es schwierig?«, erkundige ich mich mit aufgerissenen Augen.

»Es ging«, meint Ben lässig.

»Bist du am Seil gegangen?« Es interessiert mich wirklich. Der Island Peak, bei den Einheimischen heißt er Imja Tse, ist ein 6000-Meter-Gipfel und einer der beliebtesten bei Bergsteigern und Trekkern. Von Dingboche aus wirkt der Berg wie eine Pyramide aus Fels und Eis. Er bietet einen der spektakulärsten Ausblicke in der Khumburegion. Ich hatte selbst schon in Erwägung gezogen, ihn zu erklimmen, doch war ich mir nie ganz sicher, wie technisch anspruchsvoll die Besteigung ist.

»Keine Seile«, gibt Ben zur Auskunft. »Und das war überraschend, weil einige Hänge wirklich steil sind, vor allem in Gipfelnähe.«

»Bist du allein gegangen?«

»Ich bin der einzige Kunde, aber ich habe eine Truppe von neun Leuten, die sich um mich kümmern. Sirdars, Träger, Köche und Küchenjungen. Du errätst es, ich muss keinen Finger krumm machen.« Er lacht, und wieder zieht sich ein Grinsen über sein ganzes Gesicht. »Ich habe gehört, du bist Schriftsteller.«

»Ich habe gerade erst damit angefangen«, erwidere ich.

»Schon mal was von John Berger gehört?«

»Nein, da muss ich dich enttäuschen.«

»Ich finde seine Bücher wirklich toll. Aber vielleicht kennst du ...« Es folgt eine Aufzählung weiterer Autoren, die ich auch alle nicht kenne. Ich komme mir völlig ungebildet vor. Er drückt mir ein Buch in die Hand: *Auf dem Weg zur Hochzeit,* ein Roman von John Berger. »Ich bin fertig damit, du kannst es haben.«

»In der Zeit, die ich noch in Namche bin, werde ich das aber nicht schaffen.«

»Dann behalte es«, insistiert er.

»Ben ist Arzt«, erklärt mir Geneviève, die immer darauf bedacht ist, bei allen die guten Seiten gebührend herauszustellen.

»Tatsächlich? Welches Fachgebiet?«, frage ich.

»Och, nur Chirurg«, antwortet Ben.

»*Nur* Chirurg«, wiederholt Geneviève ironisch.

Geneviève und Caroline unterhalten sich jetzt auf Französisch, das wiederum ärgert Ben, der nicht versteht, was sie sagen. Die beiden Frauen stehen auf und verschwinden nach hinten, angeblich auf die Toilette. Aber ihre Mienen verraten eine Art geheime Abmachung.

»Ich habe Geneviève und Caroline weiter oben auf dem Weg getroffen«, erzählt mir Ben. »Ich hatte gehofft, sie hier wiederzusehen.« Sein Lächeln scheint ihm dauerhaft aufgemalt zu sein.

»Wo übernachtest du?«, frage ich ihn.

»In einem Zelt mit meinen Leuten.«

»Komm doch heute zum Abendessen zu unserer Lodge herauf«, lade ich ihn ein.

Er schüttelt den Kopf. »Mein Koch hat schon die Anweisungen für das Abendessen bekommen.«

»Dann auf einen Drink.«

»Gute Idee.«

Ich mag Ben und fände es nett, am Abend mit ihm zusammenzusitzen. Geneviève und Caroline tauchen wieder auf. Ich mache mich zum Gehen bereit und weiß, die beiden Frauen werden Ben schon überzeugen, abends noch auf einen Drink in unsere Lodge zu kommen. Ich verabschiede mich von Mark am Nachbartisch, doch er beachtet mich nicht. Er ist mit der hübschen Asiatin beschäftigt, die neben ihm sitzt. Die Gruppendynamik hier macht mich ganz konfus. Und auch wenn ich für gewöhnlich ein genauer Beobachter bin, bin ich manchmal doch auch ganz schön naiv.

Ja-Ja-Shelly beschließt, weiter nach Sonam zu suchen, ihrem vormaligen Führer, der nun an einer neuen Daunenjacke zu erkennen sein sollte, so er sich nicht mit ihrem Geld aus dem Staub gemacht hat. »Wir sehen uns oben in den Bergen«, sage ich zu ihr.

»Ja, ja«, antwortet sie und tritt hinaus in den Nebel, der Namche einhüllt.

Eine Yakkarawane, die mit Reissäcken beladen nach Tibet zurückkehrt, schlängelt sich durch das Dorf und den Pfad hinauf, der an meiner Lodge vorbeiführt. Die schweren Bronzeglocken, die an den Hälsen der Tiere baumeln, wirken durch den Nebel noch lauter, aber vielleicht liegt es auch daran, dass mein Hörsinn geschärft ist, wenn ich nichts sehe. Die Männer, von denen manche so sehr von der Sonne verbrannt sind, dass ihre Gesichter fast lila aussehen, treiben die Yaks mit *chuui*-Rufen an und heben dazwischen gelegentlich die Arme, als schickten sie sich an, einen Stein zu werfen. Der Transport von Handelswaren von Namche über die hohen Bergpässe zurück nach Tibet bahnt sich langsam, aber stetig seinen Weg.

Im warmen Gastraum der Panorama Lodge warten mehrere andere Trekker auf ihr Abendessen. Alle Altersstufen sind dabei vertreten, allerdings bin ich erstaunt, wie alt manche sind. Ein junger Mann kommt polternd mit mehreren Leuten im Schlepptau herein.

Lautstark behauptet er, daheim in Oregon sei er Bergsteiger und arbeite als Bergführer. Er unterhält sich zwar nur mit seiner eigenen Entourage, die er hier oben kennengelernt hat, doch füllt seine Stimme den ganzen Gastraum aus. Er will sein Geschäft auf Nepal ausweiten und ist auf der Suche nach nepalesischen Partnern.

»Das Problem ist«, meint er, »dass alle, die hier sind, einen Sherpa als Geschäftspartner suchen.«

Zehn weitere Trekker kommen herein. Im Gegensatz zu dem Möchtegern-Bergsteiger auf der Suche nach einem Sherpa-Geschäftspartner gehören diese Trekker zur Gruppe der Bergabgeher. Sie sind von Sonne und Wind gegerbt. Ihre gefederten Hightechstöcke werfen sie in der Ecke auf einen Stapel, dann legen sie ihre Jacken und Tagesrucksäcke ab. Ein einzelner Trekker besetzt eine Seite des Raums. Sie fragen ihn, ob er Platz für sie machen könne. Sie sind sichtlich erschöpft. Ihr Führer folgt ihnen. Der Zwei-Meter-Kerl mit seinem widerspenstigen Haar, das er zu einem Pferdeschwanz gebunden hat, kommt mir wie ein echter Bergsteiger vor. Sein Bart ist wirr, die Hände sind riesig, die Finger mit Narben überzogen, vielleicht die Folge von herabstürzenden Steinbrocken. Er ist schlank und muskulös und hat tiefliegende Augen. Seine Kunden sehen ihm erstaunlich schweigsam zu, wie er einen Plastikstuhl herauszieht. Er hat diesen wilden Blick an sich, den man von Reinhold Messner kennt. Im Gegensatz zu dem jungen Prahlhans mit der lauten Stimme in der anderen Ecke spricht dieser Bergsteiger gar nicht. Er hat es nicht nötig. Seine bloße Anwesenheit ist schon eindrucksvoll genug. Im Vergleich zu ihm wirkt der Angeber wie ein Kleinkind, das gerade anfängt, laufen zu lernen. Die Gruppenmitglieder lehnen sich auf ihren Stühlen zurück, als das Tamangmädchen ihre Getränkebestellung aufnimmt.

Geneviève und Caroline leisten mir beim Abendessen Gesellschaft. Wie schon am Abend zuvor unterhalten wir uns ausgiebig über viele verschiedene Themen. Ich bin gern mit ihnen zusammen. Der riesige Kerl lässt seine tiefliegenden Augen in unsere Richtung wandern, vermutlich in der Hoffnung, Blickkontakt mit Geneviève oder Caroline herzustellen.

»Hast du Ben erzählt, dass du zu Hause eine Freundin hast?«, fragt mich Caroline.

»Ja«, antworte ich wahrheitsgemäß. »Und was ist mit euch?«

Sie schüttelt den Kopf. »Ich habe seit zwei Jahren keinen Freund.«

»Und du?« Dabei sehe ich Geneviève an.

Erst zögert sie, dann sagt sie: »Ich habe einen Freund, ja.«

»Wo?«

»Er lebt in Thailand, wenn er sich nicht gerade um seine Mutter in Italien kümmert.«

Das erklärt ihre geheimnisumwobenen Reisen dorthin. »Was macht er in Thailand?«

»Er meditiert«, sagt sie.

»Die ganze Zeit?«

»Die ganze Zeit.«

»Wie lebt er? Ich meine, womit verdient er das Geld, damit er sich etwas zu essen kaufen kann?«

Caroline mustert Geneviève, während wir auf ihre Antwort warten.

»Er tut nichts. Er ist Eremit.«

»Wirklich?« Ich sehe Caroline an, um ihre Bestätigung zu erhalten.

»Als ich ihn zum ersten Mal gesehen habe, konnte ich ihn mir überhaupt nicht mit Geneviève vorstellen«, erzählt sie und fügt dann schnell an: »Bitte versteh das nicht falsch, Geneviève.«

»Seid ihr schon lange zusammen?«, will ich wissen.

»Zwei Jahre.«

»Wie oft siehst du ihn?«

»Alle paar Monate, wenn nicht gerade Sommer ist und ich Tennis spiele.«

»Aber das kann doch unmöglich gut für ihn sein. Ich meine, er lebt wie ein Asket, und dann, auf einen Schlag, bist du da!«

Ich sehe sie an und erinnere mich dabei an das Bild, wie sie ihre langen, geschmeidigen Beine eingecremt hat. Dann stelle ich mir diesen Mann vor, der monatelang in einer Höhle haust. Plötzlich taucht Geneviève bei ihm auf mit ihren langen Beinen und der Creme in der Handtasche.

»Wie lange seid ihr dann zusammen?«

»Ein paar Tage, ein paar Wochen.«

»Und dann wendet er sich wieder seiner Nabelschau zu, bis du das nächste Mal kommst?«, frage ich. »Das ist keine richtige Beziehung.«

»Und was ist mit dir?«, stellt sie die Gegenfrage. »Du hast eine Freundin, bist aber allein hier. Was tust du hier?«

Es ist keine aggressive Frage, eher eine neugierige, also bin ich bereit, es ihr zu erklären.

»Ich erzähle dir, warum ich allein hier bin«, antworte ich. »Und ich glaube, wenn ich es auf Französisch sage, schaffe ich es, nicht dabei zu weinen.«

»*Oui...?*«, sagt Caroline ermutigend. Also erzähle ich auf Französisch, wie Kevin allein in einem Hotel in Texas gestorben ist. Wie ich sechs Wochen später den Unfall hatte. Dass ich den Umschlag mit ein paar Haarsträhnen meines Bruders bei mir habe. In einer anderen Sprache kann ich besser Distanz zu meinen Gefühlen wahren.

Der laute Bergsteiger aus Oregon macht ordentlich Aufhebens daraus, wie er Wasser aus einem Eimer in eine Wasserflasche pumpt. Er könnte stattdessen auch eine Jodtablette nehmen, das wäre viel einfacher, als Wasser durch einen Filter zu pumpen. Aber es würde nicht für so viel Aufmerksamkeit sorgen, und genau das ist es, was er erreichen will.

»Das tut mir leid«, sagt Caroline, und ihr Gesichtsausdruck spiegelt wider, wie ich mich fühle.

»Das war ein schweres Jahr«, sage ich zu ihr. »Annabel konnte sich nicht freinehmen, um mitzukommen, aber ich hatte ohnehin das Bedürfnis, allein zu sein.« Ich lasse Luft ab. Geschafft. Es fiel mir leichter, es jetzt Caroline zu erzählen als vor nur einer Woche Suzanne in Kathmandu.

Ben kommt dazu. Seit seiner Rückkehr vom Island Peak hat er sich noch immer nicht gewaschen, das Haar auf seinem verwahrlosten Trekkerkopf steht strähnig und fettig in alle Richtungen ab. Er trägt es mit Würde, und das Dauerlächeln in seinem sonnengebräunten Gesicht sorgt für Ablenkung. Die Lodge ist brechend voll. Während wir sitzen und reden, ziehen sich die anderen Gäste nach und nach in ihre Zimmer zurück. Selbst das Häuflein nepalesischer Führer und Träger um den Bullerofen ist schon kleiner geworden. Ich bin auch müde von der Wanderung zum Everest View Hotel hinauf und im Gegensatz zu den drei anderen noch nicht akklimatisiert. Ich sage Gute Nacht und lasse sie allein, um mich in meinen warmen Schlafsack zu kuscheln. Doch auf dem Weg durch die Küche erzählt mir Sherap, dass er und seine Frau jeden Samstagabend zu Lhakpas Mutter zum Essen gehen. Sie kocht eine Suppe mit Momos, den tibetischen Teigtaschen, die sie mit Büffelfleisch füllt. Er fragt mich, ob ich mitkommen möchte. Eine solche Gelegenheit darf man nicht verpassen, auch wenn man müde ist.

Wir gehen nach draußen und beleuchten mit Taschenlampen den Weg. Der Nebel hat sich verzogen, und die Luft ist kühl, der Himmel schwarz und klar und mit Sternen übersät. Neben einer anderen Lodge, die auf derselben Höhe wie die Panorama Lodge liegt, betreten wir ein Haus, das praktisch noch eine Baustelle ist. In einer Ecke des zukünftigen Gastraums steht ein kleiner tragbarer Eisenofen, in dem Kohlestücke glühen. Die große Sherpafamilie hat sich um ein Feuer in der Mitte versammelt. Man heißt mich willkommen, und ich werde Lhakpas Verwandten vorgestellt. Die Mutter, eine Frau mit hartem Gesicht, ist nicht viel älter als Lhakpa. Auch ihre drei Schwestern sind da und ihr jüngster Bruder. Abseits in einer Ecke steht ein Fernseher, auf dem über Satellitenempfang ein indischer Fernsehsender läuft. Man bietet mir klaren Rakshi an, einen Reiswein, und innerhalb von Minuten hat jeder von uns einen Teller mit dampfender Momosuppe vor sich stehen. Dazu wird ein Gericht aus scharfen Chilischoten herumgereicht. Die Suppe schmeckt köstlich. Sie unterhalten sich in ihrer Sprache, doch im Lauf des Abends redet jeder von ihnen aus Höflichkeit auch einmal mit mir. Rechts von mir sitzt ein Ladenbesitzer, den ich auf dem Markt gesehen habe. Ich habe Batterien für meine Kamera bei ihm gekauft. Nun frage ich ihn, ob die Bekleidung von Patagonia und North Face in seinem Laden echt ist.

»Jeden Sommer fahre ich nach New England und kaufe die Textilien direkt beim Hersteller ein«, erklärt er mir. Sein Englisch ist wie das von Sherap fast perfekt. »Ich importiere sie. Sie sind dann immer noch billiger, als wenn man sie in Amerika im Einzelhandel kauft.«

Ziemlich schnell erfahre ich, dass Lhakpas jüngster Bruder in den Diensten von Khumbu Bijuli steht, dem Wasserkraftwerk, das Namche und andere Dörfer mit Elektrizität versorgt. Harry, so klingt zumindest sein Name, wurde drei Monate in Österreich als Servicetechniker für das Kraftwerk ausgebildet.

»Da, wo ich herkomme«, erzähle ich Harry, »muss man in einer wohlhabenden Wohngegend eigens bezahlen, damit die Stromkabel und Telefonleitungen im Boden verlegt werden.«

Der Annapurna-Rundweg westlich von hier wird inzwischen fast lückenlos von kleinen Wasserkraftwerken mit Strom versorgt. Leider hat man manchmal den Eindruck, als seien die Strommasten aus Aluminium absichtlich an den Stellen aufgestellt worden, an denen sie am meisten stören. Elektrifizierung ist, wie Betonwände und Wellblechdächer, für die meisten Nepalesen ein Symbol für Entwicklung, für Westler hingegen zerstört das alles die Ästhetik der mittelalterlichen Dörfer, die auf dem Weg liegen. Die unterirdisch verlegten Stromleitungen in der Everestregion sind im Gegensatz dazu ein Indiz dafür, wie westliche Denkweise und Technologie sich im Khumbu durchgesetzt haben.

Die Unterhaltung bricht ab, sobald in dem indischen Film, der in der Schweiz oder irgendwo in Europa gedreht worden sein muss, eine Actionszene einsetzt. Jetzt donnert ein Jeep voller singender indischer Schauspieler, die kollektiv ihre Hüften schwingen, auf grün gesäumten Landstraßen dahin und fährt schließlich in rasantem Tempo in eine hübsche europäische Stadt mit Straßenbahnen ein. Wie befremdlich das alles ist – ich sehe einen indischen Film, der in Europa gedreht wurde, während ich mich mitten im Himalaja im Kreis einer Sherpafamilie an einem offenen Feuer wärme, Momosuppe esse und Rakshi trinke.

Eine Schar Kinder kommt herein. Sie waren auf einer Geburtstagsparty und tragen Festtagskleidung, die Gesichter sind makellos sauber, das Haar ist ordentlich gekämmt. Jedes Kind hält eine kleine Überraschungstüte umklammert, die die Eltern des Geburtstagskindes spendiert haben. Sie enthalten Papierhütchen, Pfeifen, die sich wie Schlangen aufrollen, wenn man hineinbläst, und anderen Krimskrams. Die Kinder zeigen ihre Schätze stolz ihren Eltern, setzen sich dann auf ein Bett in der Ecke und sehen mit uns anderen fern. Die meisten sind so erschöpft, dass sie innerhalb weniger Minuten einschlafen.

»Chombi, der Wirt der Kailash Lodge in Monju, hat mir erzählt, fast jeder Sherpa könnte auf den Gipfel des Everest steigen«, sage ich zu Sherap. »Glaubst du, das stimmt?«

Sherap zwirbelt die Enden seines schütteren Schnurrbarts und überlegt erst, bevor er mir eine Antwort gibt.

»Ich glaube, das stimmt«, sagt er und lacht. »Vor allem, wenn die Sherpas wie die westlichen Bergsteiger Träger hätten, die vorausgehen und die Basislager einrichten, so dass die Zelte aufgestellt sind und warmes Essen, Thermoskannen mit heißem Tee und Sauerstoffflaschen bereitstehen. Ich denke, unter solchen Umständen könnten die meisten Sherpas den Everest besteigen.« Wieder lacht er und erzählt den anderen in seiner Sprache, worüber wir geredet haben. Auch sie lachen und pflichten ihm bei.

Es ist ein wunderbar gastfreundlicher Abend, eine Mischung aus altmodischer Sherpa-Lebensweise und traditioneller Gastfreundschaft, versetzt mit westlichen Gepflogenheiten und Werten. Ich bin erst seit ein paar Tagen im Khumbu und schon jetzt erstaunt, in welchem Ausmaß sich die Sherpas den Einflüssen aus dem Westen angepasst haben. Ich bedanke mich bei meinen Gastgebern für den Abend und, nachdem ich meinen Augen genügend Zeit gegeben habe, sich an die Dunkelheit zu gewöhnen, um keine Taschenlampe benutzen zu müssen, wandere ich langsam zur Panorama Lodge zurück. Es ist sehr kalt, aber die Luft ist trocken und der Himmel wolkenlos mit einem fast vollen Mond, der Namche in silbriges Licht taucht. Die umliegenden Berge wirken wie geisterhafte Erscheinungen, schweigend, mächtig. Ich bleibe stehen und lasse den Blick auf ihnen ruhen, bis meine Füße so kalt sind, dass ich es im Freien nicht länger aushalte.

Namche – Thame

Beim Frühstück erzählen mir Caroline und Geneviève, sie haben beschlossen, mich nach Thame zu begleiten. Ich habe diesen Abstecher weiter das Tal hinauf eingeplant, um mir einen zusätzlichen Tag für die Akklimatisation zu gönnen und meinen Rücken wieder auf Vordermann zu bringen, bevor ich zum Everest-Basislager aufsteige. Zu oft bin ich in den Bergen, vor allem hier in Nepal, schon allein herumgelaufen. Ihre Gesellschaft wird eine willkommene Abwechslung für mich sein. Ich bin zwar vor allen Dingen hergekommen, um nachzudenken, aber in den kommenden drei Wochen werde ich noch genug Einsamkeit finden.

Wir warten im Gastraum der Lodge auf Ben, der mit der hübschen Asiatin aus der Bäckerei auftaucht. Er geht an mir vorbei, als wäre ich unsichtbar, und legt seine Hände auf Genevièves Arme. Intensiv starrt er ihr in die Augen, das Lächeln wie üblich wie festgebacken. Er ist verliebt. Oder heiß. Oder vermutlich beides.

Caroline kommt aus der Küche. Sie sieht verärgert aus.

»Wir sollen aus unserer Lodge ausziehen«, teilt sie uns leise mit. »Sie sind heute Nacht voll ausgebucht, also hat Lhakpa uns in der Lodge ihrer Schwester untergebracht.«

»Was war gestern Abend los?«, erkundige ich mich. Lhakpas Erklärung, die Lodge sei überbucht, kommt mir unglaubwürdig vor.

»Wir haben noch ziemlich lange im Gastraum gesessen«, antwortet Ben. »Caroline ist ins Bett gegangen, und Geneviève und ich haben geredet. Ich kam mir vor wie in der Jugendherberge, als ich dann über die Mauer klettern musste, um hinauszukommen. Sie hatten das Tor abgeschlossen.«

Lhakpa hat schon genügend Erfahrung mit Trekkern und ihren Abwegen in Liebesdingen, so dass sie Schwierigkeiten lieber gleich im Keim erstickt.

»Bringt eure Rucksäcke in mein Zimmer«, biete ich ihnen an. Ich will möglichst schnell aufbrechen und nicht warten, bis sie ihre Sachen in die andere Lodge gebracht haben. »Ihr könnt später umziehen. Sonst dauert es endlos, und der Tag ist vergeudet.«

Ben macht mich mit der hübschen asiatisch aussehenden Frau bekannt. Sie heißt Laxmi, und es stellt sich heraus, dass sie Amerikanerin ist und ebenfalls Chirurgin. Sie haben sich gestern in der Bäckerei kennengelernt, zusammen mit Mark.

Endlich gehen wir los. Anstatt erst in den Kessel hinabzuklettern und auf der anderen Seite wieder aufzusteigen, entscheiden wir uns für einen Weg, der oben am Rand entlang verläuft. Bald nachdem wir den Kamm erklommen haben, von dem aus man Namche überblickt, befinden wir uns in bewaldetem Gebiet. Ich lasse mich zurückfallen und genieße die Ruhe und den Frieden an diesem perfekten Vormittag mit stahlblauem Himmel und Kiefernwäldern, die mit Vogelgesängen erfüllt sind. Ich gehe langsam und höre schon kurz darauf die Stimmen meiner Begleiter nicht mehr. Dafür machen sich andere Stimmen bemerkbar, diesmal hinter mir. Ich versuche, vor den Verfolgern zu bleiben, und fühle mich zwischen ihnen und den andern vor mir eingeschlossen. Immer wenn ich stehenbleibe, um den Vögeln, dem Plätschern eines Baches, der über den Weg läuft, oder den Glocken der Yaks oder Zopkios zu lauschen, schließt die Gruppe hinter mir so weit auf, dass ich ihr aufgescheuchtes Plappern höre. Schließlich bleibe ich stehen und lasse sie überholen. Sie halten sich eng zusammen und ziehen schnatternd an mir vorbei.

An einem kleinen Bach mit einem Kani, einem Tor, das den Eingang zu einem Dorf markiert, sehe ich mehrere Exemplare des

Himalajafasans, des nepalesischen Nationalvogels. Sie lassen sich nicht erschrecken und erlauben mir einen genauen Blick auf ihr farbenprächtiges Gefieder. Sie sehen aus wie bunte Pfauen, jedoch ohne die riesigen Schwanzfedern. In dem Dorf Pare hole ich die anderen wieder ein. Sie sitzen auf der offenen Terrasse einer Lodge. Die Sonne ist so stark, dass uns schnell warm wird und wir uns genüsslich bestrahlen lassen. Ich höre nur halb zu, während ich die Alpendohlen beobachte, wie sie mit den Windströmungen spielen. Die andere Gruppe zieht geschlossen an uns vorbei, immer noch wird laut geplappert. Die ältere Frau, die die Gruppe führt, weiß anscheinend nicht genau, wo es langgeht, und lässt ihre Schützlinge um das ganze Dorf laufen. Einige Minuten später tauchen sie der Reihe nach in das Dunkel einer Lodge ab, um dort zu Mittag zu essen. Es sieht aus, als wären sie von einem Vakuum aufgesogen worden.

Die Ausblicke hier sind spektakulär, und wir machen eine halbe Stunde Pause, bevor wir Richtung Thame weiterwandern. Laxmi geht neben mir.

»Ich habe diese Nacht nicht gut geschlafen«, erzählt sie mir. »Mark, die Nervensäge, hat mich gestört.«

»Mark, die Nervensäge?« Ich habe Probleme mit dem Gewicht meines Tagesrucksacks und stechende Schmerzen entlang meiner Wirbelsäule, die neu sind.

»Der Typ, der in der Bäckerei saß, als du gekommen bist«, erklärt mir Laxmi. »Alle in Namche nennen ihn ›Mark, die Nervensäge‹. Er hat gestern Nacht an meine Zimmertür geklopft und gefragt, ob ich eine Massage will. Ich war allein im Zimmer. Es war fast zehn, und ich hatte schon ein paar Stunden geschlafen. Ich sagte Nein, aber er kam trotzdem ins Zimmer und schlief in einem der anderen Betten. Ich habe die restliche Nacht kein Auge mehr zugetan.«

»Ich dachte, ihr beide seid ein Paar, als ich euch in der Bäckerei gesehen habe«, erwidere ich.

»Überhaupt nicht«, sagt Laxmi. »Ich bin an dem Vormittag gerade in Namche angekommen und als Erstes in die Bäckerei gegangen. Mark erzählte lautstark, dass er als Arzt in einer Bergsteigerexpedition auf dem Island Peak gewesen sei. Er hörte gar nicht mehr auf, allen in der Bäckerei von der Expedition zu erzählen. Dann fragte er mich, ob ich seine Patienten sehen will. Da wir beide Ärzte sind, vertraute ich ihm. Und ich war neugierig, welche medizinischen Probleme es in Namche gibt. Er behauptete, er sei der Arzt von Namche, aber das stimmte hinten und vorn nicht. Er ist ein Trekker wie wir alle, hat aber dazu noch jede Menge Zeit, was ich nicht ganz verstehe. Ich meine, wer hat schon so lange frei, dass er dauernd in einem Dorf im Himalaja herumhängen kann? Er kommt mir nicht vor, als wäre er in meinem Alter.«

Während sie redet, schwinge ich meinen Wanderstock unter meinem Rucksack durch und greife ihn mit der anderen Hand, so dass der Rucksack darauf aufliegt und der Stock einen Teil der Last von meinem Rücken nimmt. Tatsächlich hatte Mark, die Nervensäge, Laxmi in Namche ein paar Patienten vorgestellt, die aber lediglich Blasen an den Füßen und Durchfall hatten. Da die Lodge, in der er wohnt, einen guten Eindruck auf sie machte, nahm sie ein Bett im ansonsten leeren Schlafsaal. Dort ließ er sie erst einmal allein auspacken und ging in die Bäckerei hinunter. Später am Nachmittag traf Laxmi ihn dort, wie er sich mit Geneviève und Caroline auf Französisch unterhielt. Anscheinend hatte sich sein Interesse von ihr auf die belgischen Frauen verlagert, zumindest, bis ich kam und ihn störte.

»Er erzählt überall herum, dass er vier Sprachen spricht«, ergänzt sie. »Wie man hört, versucht er in Namche dauernd Mädchen aufzureißen, die halb so alt sind wie er. Er ist in den Vierzigern und hat ein Kind in der High School. Er wollte eigentlich nach Lukla, hat seinen Plan aber geändert, als ich ihm erzählte, ich sei unterwegs nach

Gokyo. Auf einmal wollte er auch da hinauf. Ich will nicht, dass er dauernd hinter mir her ist. Gehst du auch nach Gokyo?«

»Nach dem Everest-Basislager«, sage ich.

Beim Gehen erfahre ich mehr über Laxmi. Ihr Vater stammt aus Goa. Er wanderte in die Staaten aus und lernte dort ihre Mutter kennen, die von den Philippinen kommt. Jetzt ist mir klar, warum sie nepalesisch aussieht. Sie ist seit sechs Monaten unterwegs und hat sich eine Auszeit genommen, nachdem sie in Südafrika gearbeitet hat. Danach geht sie in die Staaten zurück.

»Eigentlich sollte ich diesen Monat heiraten«, sagt sie plötzlich. »Mein Freund machte mir im März einen Antrag. Im April beschloss er, den Mount McKinley zu besteigen, und fragte mich nicht einmal, was ich dazu sage. Wir waren zusammen, seit ich 18 bin. Wir gehen beide gern in die Berge. Als wir uns kennenlernten, fand ich ihn auch deshalb interessant, weil er Bergsteiger war. Aber jetzt ist mir klar, dass ihm das Bergsteigen immer wichtiger sein wird und er bereit ist, dafür sein Leben aufs Spiel zu setzen. Das ist diese Egokiste. Wenn man jung ist, ist das in Ordnung, aber er ist jetzt über 30. Irgendwie klappte es nicht mehr mit uns. Deshalb habe ich mich von ihm getrennt.«

Sie macht einen großen Schritt über einen schmalen Wasserlauf, der den Weg kreuzt. Als ich ihr folge, verlagere ich noch mehr Gewicht vom Rucksack auf den Stock, den ich fest mit den Händen umschlossen halte. Da sie inständig von sich erzählt, muss ich mein eigenes Fass an Problemen nicht aufmachen. Und sie ist noch nicht am Ende. Ich erfahre, dass ihre Eltern zwar mit ihrem eigenen Leben glücklich sind, nicht aber mit dem Leben ihrer Tochter. Ihr Exfreund ist Chirurg, aber ein schwarzer Chirurg. Seit sie mit ihm zusammen war, haben ihre Eltern kaum mehr ein Wort mit ihr gewechselt.

»Aber deine Eltern leben selbst in einer Mischehe«, merke ich an.

»Ich verstehe es auch nicht«, meint sie. »Ich denke, sie sind einfach rassistisch. Wie dem auch sei, sie sind glücklich, dass es mit uns aus ist.«

Sie redet weiter über sich, bis wir in die Nähe von Thame kommen, wo die anderen auf uns warten. Caroline fragt mich: »Wie geht es deinem Rücken, Andrew?«

»Nicht so gut«, gebe ich ehrlich Auskunft. Es ist aber auch kein Wunder. Als ich das Krankenhaus verließ, fragte mich der Radiologe, der an dem Tag Dienst hatte, an dem ich mit dem Notarztwagen eingeliefert wurde, ob ich meine CT-Bilder sehen wolle. Ich ging in sein Sprechzimmer, wo die von hinten beleuchteten Negative an der Wand hingen. Er erklärte mir den Grad der Verletzungen. »Ich habe die Bilder gerade einem Kollegen gezeigt. Wenn man sich diese Detailaufnahmen einer Wirbelsäule mit so einem zerschmetterten Wirbel ansieht, würde man annehmen, der Patient sei gelähmt. Sie haben großes Glück, dass Sie nach einer so massiven Verletzung hier aufrecht hinausgehen.«

Ben trägt keinen Rucksack, nicht einmal einen kleinen Tagesrucksack. Ganesh, sein Expeditionskoch, begleitet uns, um dafür zu sorgen, dass Ben nicht hungrig herumlaufen muss. Und er trägt den Tagesrucksack für ihn.

»Gib mir deinen Rucksack«, bietet sich Ben heldenhaft an.

Ich halte an und nehme ihn ab. Er ist vollgestopft mit einer Kamera, Objektiven und einigen Kleidungsstücken. Er muss fünf oder sechs Kilo wiegen. Ich reiche ihn Ben und bedanke mich bei ihm, als er im Gleichschritt neben mir geht. Während wir nun gemeinsam dahinwandern, frage ich ihn, ob zu Hause eine Freundin auf ihn wartet.

»Oh mein Gott, ich kann mir die Frauen nur mit Mühe vom Leib halten«, erwidert Ben und legt dann einen Zahn zu, um zu Geneviève aufzuholen. Ich muss lächeln. Wenn er das Problem hat, dass ihm die Frauen zu Hause zu nahe rücken, verhält es sich im Himalaja für ihn eindeutig andersherum.

Eine halbe Stunde später erreichen wir Thame, ein ruhiges Dorf an einem kleinen Fluss, mit ebenen, eingezäunten Yakweiden und freundlichen Sherpabewohnern. Da es nicht an der direkten Route zum Everest oder zu den Gokyo-Seen liegt, ist es das ursprünglichste Sherpadorf, das ich bisher gesehen habe. Um hierherzukommen, muss man einen Umweg in Kauf nehmen. Wir lassen uns vor einer Mauer nieder und genießen die starken Sonnenstrahlen. Und wir müssen nicht einmal in die Lodge gehen, um unser Essen zu bestellen. Ganesh, Bens persönlicher Expeditionskoch, bringt es uns heraus.

Die Rückenschmerzen, die ich schon in den ersten beiden Tagen hatte, flammen wieder auf. Ich mache mir Sorgen, es könnte mehr sein als weiches Gewebe, das sich gerade neu bildet, vielleicht eine geschädigte Bandscheibe, die gegen den zusätzlichen Druck durch den Rucksack aufbegehrt. Geneviève fällt auf, wie steif ich bin, als ich versuche, mich zu setzen.

»Massage gefällig?«, fragt sie. Am ersten Abend hat sie mir erzählt, dass sie gern mit dem Tennis aufhören und ein kleines Wellnesscenter eröffnen würde, mit gesundem Essen und Massagen.

Sie reicht mir ihre Fleecejacke, damit ich mich daraufliegen kann, und ich strecke mich auf der Mauer aus, so dass sie meinen Rücken kneten kann. Ben murmelt irgendetwas, dass sein Rücken auch schmerzt. Geneviève massiert mich, bis das Mittagessen fertig ist und wir uns zu den anderen setzen. Wir breiten uns am Rand einer sonnigen Grasfläche aus. Ben kann nur mit Mühe seine Hände von Geneviève lassen, die rittlings auf ihm sitzt, das Gesicht ihm zugewandt. Ganesh, der Koch, teilt das Essen aus, es gibt Suppe und Pommes frites. Dann stellt er sich abseits der Gruppe, behält aber seinen Kunden im Auge. Er weiß, dass Ben Geneviève erst vor kurzem kennengelernt hat. Für einen Nepalesen ist es ziemlich verwirrend, dass eine Frau sich nach so kurzer Zeit so aufreizend verhält. Ihre Leggings stellen ihre langen athletischen Beine zur Schau und lassen einschlägige Gedanken aufkommen. Wir anderen geben uns Mühe, das Knistern zu ignorieren.

Durch die hohen Wolken, die wie Wattebäusche aussehen, schieben sich Sonnenstrahlen wie göttliches Licht und erinnern uns daran, dass wir den Rückweg nach Namche antreten sollten, bevor der Nachmittagsnebel ins Tal heraufzieht. Als Laxmi meint, ihre Kunststoffflasche solle mit Wasser gefüllt werden, erledigt Ganesh das für sie.

»Das ist heißes Wasser«, sagt Laxmi zu ihm. »Ich wollte kaltes Wasser. Heißes Wasser kostet extra.« Sie gibt Ganesh die Flasche zurück. Betretenes Schweigen. Ganesh weiß nicht, wie er sich verhalten soll, und steht reglos mit der Flasche in der Hand da.

»Ich bezahle das«, sagt Ben ungeduldig. »Es sind nur 60 Rupien.« Damit ist die unangenehme Situation aufgelöst. Für Ben, der Tausende Dollar bezahlt hat, um mit einer Gefolgschaft von neun Leuten den Island Peak zu besteigen, sind 60 Rupien nichts. Für Laxmi offensichtlich schon, zumindest war es für sie ein Anlass, sich aufzuregen. Kein Wunder, dass den Lodgebesitzern die Expeditionsgäste lieber sind.

Da ich mir das Kloster von Thame ansehen möchte, klettere ich auf eine Anhöhe, um mir einen schnellen Überblick zu verschaffen. Kurze Zeit später rufen die anderen zu mir hoch und geben mir zu verstehen, dass sie nach Namche aufbrechen. Ich mache kehrt und folge ihnen zögernd. Mit meinem noch nicht ausgeheilten Rücken wäre es keine besonders gute Idee, mich allein herumzutreiben, wenn ich noch einen so langen Weg vor mir habe. Im Gegensatz zu den anderen, die alle schon an die Höhe akklimatisiert sind, bekommt Laxmi beim Abstieg wieder Kopfschmerzen. Ben trägt meinen Rucksack und streicht wie ein liebeskranker Kater um Geneviève herum.

»Vor zwei Tagen«, erzählt Laxmi, »habe ich einen Bergsteiger getroffen. Er hat mir zweieinhalb Stunden lang mit seiner Geschichte von der Besteigung der Ama Dablam die Ohren vollgequatscht. Ich weiß jetzt alles über die Schnee- und Eisverhältnisse, die Vorteile der Steigeisen, die er benutzt, und welche technischen Anforderungen die unterschiedlichen Neigungen am Berg stellen. Er erzählte so ausschweifend und langweilig, dass ich mich irgendwann verabschieden musste. Bergsteiger sind alle so. Sie reden die ganze Zeit über nichts anderes als die Besteigungen, die sie schon hinter sich gebracht haben. Kein Wunder, dass es so viele Bücher über das Bergsteigen gibt.«

Während wir den Weg zurück nach Namche hinabwandern, steigert sie sich immer mehr in die Marotten der Männer hinein. »Ich habe noch nirgendwo so viele Typen getroffen, die ziellos umherwandern und nicht wissen, was sie mit ihrem Leben anfangen sollen, wie hier in Nepal«, merkt sie an. »Du solltest nur mal einen Bruchteil von dem Mist hören, den ich hier schon zu Ohren bekommen habe. Man darf wirklich nicht alles glauben, was sie einem erzählen.«

An einer Senke auf dem Weg treffe ich Caroline, die an einer Mani-Mauer Pause macht. Sie ist nicht so zwanghaft gesprächig wie Laxmi und mir deshalb als Wandergefährtin lieber. Obwohl sie nicht viele Worte macht, habe ich bei ihr das Gefühl, es kommt alles an, was ich zu ihr sage. Sie ist zum ersten Mal außerhalb von Europa unterwegs. Wir gehen zu dritt weiter, aber ich halte mich jetzt an Caroline und überlasse Laxmi sich selbst.

»Meinst du, für Laxmi ist es in Ordnung, wenn sie allein ist?«, erkundigt sich Caroline besorgt.

»Absolut. Sie braucht mal Zeit für sich.«

Caroline und ich wandern in angenehmem Schweigen. Gelegentlich treffen wir Himalajafasane, die fast immer paarweise unterwegs sind. Das Gefieder der gut genährten Männchen schillert in allen Farben, das der Weibchen ist nur braun und weiß. Zweimal sehen wir Himalaja-Tahrs in kleinen Gruppen. Sie scheinen unsere Anwesenheit überhaupt nicht zur Kenntnis zu nehmen und klettern zwischen steilen Felswänden herum. Ohne dauernde Unterhaltung achte ich viel mehr auf die natürlichen Geräusche, das Plätschern des Wassers, das Läuten der Yakglocken, die vielen Vogelstimmen, das dumpfe Rauschen des Flusses weit unten. Zwischendurch tauchen einige Alpendohlen pfeifend ab, die Flügel wie kleine Kampfflieger nach hinten angelegt. Eine Schar Schneetauben dreht in engem Formationsflug ihre Runden.

Die Sonne ist hinter den hohen Bergen im Osten verschwunden, und schon befinden wir uns im Schatten, wo es anfängt, dunkel zu werden. Wir umrunden einen Vorsprung mit Felsblöcken, in die tibetische Gebete eingeritzt sind, und auf einmal liegt Namche unter uns, in den Kessel eingebettet wie in eine Wiege. Über dem Thamserku im Osten steigt der Vollmond auf. Beim unerwarteten Anblick der Siedlung, die von hellem Mondlicht überzogen ist, halten Caroline und ich an. Wir sehen dem Vollmond zu, wie er in aller Stille aufsteigt. Es ist ein feierlicher Anblick. Wir sagen beide ein paar Minuten lang nichts. Auf Felsblöcken, in die Schriftzeichen eingeritzt sind, wurden Gebetsfahnen an Bambusstäben befestigt, die nun sanft im Wind flattern. Das Mondlicht scheint so intensiv, dass die Farben der Gebetsfahnen deutlich zu unterscheiden sind. Es ist fast taghell. Der erstarrte Nebel im Tal unter uns schimmert silbern, wo ihn das schräg einfallende Mondlicht trifft, und rotviolett an den Stellen, die der Mond noch nicht bescheint. Selbst Namche wirkt trotz der vielen Lichter aus den Lodges merkwürdig ruhig. Thamserku, Ama Dablam und Kangtaiga heben sich als schwarze

Silhouetten gegen den aufsteigenden Mond ab. Hinter uns, in Richtung Thame, leuchten die Berge im silbrigen Mondlicht gespenstisch weiß.

Wir setzen unseren Abstieg fort, vorbei an der Gompa und dem Weg am oberen Rand des Kessels folgend bis zur Panorama Lodge. Geneviève und Ben sind noch nicht da. Hungrig von der Wanderung, bestellen Caroline und ich in der Küche Suppe und eine Thermoskanne Zitronentee. Die Lodge ist mit großen Trekkinggruppen voll besetzt.

»Ben will, dass Geneviève zu ihm nach Seattle kommt«, erzählt mir Caroline. »Er will sie heiraten.«

»Aber sie haben sich eben erst kennengelernt!«, wende ich ein und kann mein Erstaunen nicht verbergen.

»Obwohl sie mit dem italienischen Asketen zusammen ist, will sie jetzt einen Gehirnchirurgen in Amerika heiraten.« Caroline zuckt mit den Schultern und führt ihre Tasse Zitronentee zum Mund.

»Ben ist kein Gehirnchirurg«, merke ich an, auch wenn ich weiß, dass das spitzfindig ist.

»Egal.«

»Glaubst du, das funktioniert?«

»Keine Ahnung«, sagt Caroline. »Geneviève räumt ein, dass man sich in den Bergen schnell verliebt, das ist die besondere Atmosphäre hier unter den Reisenden. Sie kann nachts nicht schlafen. Sie redet die ganze Zeit von ihm, aber sie hat Angst vor der Zukunft. Was meinst du, wie geht das weiter?«

»Ich glaube, sie geht nach Amerika, aber bestimmt bleibt sie nicht dort«, antworte ich. »Er wird sie zu sehr kontrollieren, aber dazu bedeutet ihr ihre Freiheit zu viel.« Das ist meine ehrliche Einschätzung.

Caroline und ich warten über eine Stunde, bis Geneviève und Ben kommen. Sie hatten unten in der Bäckerei auf uns gewartet.

»Wir haben Mark getroffen«, berichtet Geneviève Caroline auf Französisch. Wieder bemerke ich, dass Ben sich ausgesprochen unwohl fühlt, wenn Caroline und Geneviève Französisch miteinander sprechen. »Er hat der Bäckerei den Rücken gekehrt, sobald er uns hereinkommen sah. Laxmi kam später. Sie hat beschlossen, morgen nach Gokyo hinaufzuwandern.

Im Gastraum ist es voll, Geneviève und Ben finden keinen Platz. Alle Sitzbänke an den Wänden sind belegt, und die nepalesischen Führer, die um den Bullerofen sitzen, haben die Plastikstühle in Beschlag genommen. Lhakpa kommt aus der Küche und bestätigt Geneviève noch einmal, dass heute Nacht in der Panorama Lodge kein Platz für sie frei ist. Ihr Gepäck steht noch oben in meinem Zimmer und wartet darauf, in die Moonlight Lodge von Lhakpas Schwester gebracht zu werden.

Bens Sirdar kommt zusammen mit Ganesh, dem Koch, in den Gastraum. Nach der Lautstärke zu schließen, in der er spricht, hat der Sirdar zu viel getrunken. Als Ben kundtut, er wolle nicht allein mit ihnen in seinem Speisezelt essen, bricht ein Streit aus. Er wird in aller Öffentlichkeit und ziemlich lautstark ausgetragen, so dass es schnell peinlich wird. Lhakpa kommt aus der Küche geeilt und sorgt sich wegen des Krawalls, den diese Außenseiter in ihrer Lodge veranstalten. Geneviève und Caroline haben währenddessen auf Französisch ihre Lage diskutiert.

»Hört zu«, sage ich zu ihnen, ebenfalls auf Französisch, »warum holt ihr nicht einfach eure Sachen und geht in die andere Lodge, die Lhakpa für euch gebucht hat? Dann könnt ihr dort in Ruhe weitersehen.«

Geneviève leitet meinen Vorschlag an Ben weiter, der sich inzwischen mit seinem Sirdar und dem Koch geeinigt hat, dass er in seinem Zelt isst. Die beiden gehen in mein Zimmer, und Caroline und ich warten, bis sie mit dem Gepäck kommen. Mein Rücken macht mir immer noch Probleme. Eine heiße Dusche ist jetzt das Richtige. Und obwohl ich schon die Suppe gegessen habe, bin ich noch hungrig. Ich will früh zu Abend essen, Caroline ebenfalls.

Nach 20 Minuten sind Ben und Geneviève noch immer nicht zurück. Caroline geht zu den Zimmern hoch und ruft nach ihnen, doch vergeblich. Weitere zehn Minuten vergehen, dann bin ich an der Reihe nachzusehen. Der Schlüssel steckt noch in meiner Zimmertür. Ich drücke sie langsam auf. Geneviève und Ben liegen auf meinem Bett, sie hat ihren Pullover hochgeschoben, seine Hände streicheln ihren nackten Körper. Als sie mich bemerken, springen sie beide auf, und Geneviève zieht schnell den Pullover hinunter.

»Das ist nicht fair«, sage ich auf Französisch zu ihr. »Caroline weiß nicht, was los ist. Ich bin müde. Ich will duschen und essen.« Ich werfe Ben einen Blick zu. »Jetzt mal ehrlich, Ben, mach dir einen Knoten rein, bis ihr in ihrer Lodge seid.« Letzteres sage ich ganz schnell auf Englisch und hoffe, dass Geneviève es nicht versteht.

Ben entschuldigt sich, und ich gehe nach unten, wo mir allmählich die Komik der Situation bewusst wird. Als die beiden ein paar Minuten später in den Gastraum kommen, sind sie zerknirscht und laden mich zum Essen in ihre Lodge ein.

»Ich esse hier«, erwidere ich. »Es ist nicht üblich, dass man in einer anderen Lodge isst, selbst wenn es die von Lhakpas Schwester ist. Ich komme in einer Stunde nach.«

Eine Stunde später fühle ich mich wie neugeboren. Sauber, satt und in warmen, trockenen Kleidern wandere ich zur Moonlight Lodge hinüber. Ich brauche keine Taschenlampe. Im Mondlicht ist jeder einzelne Kieselstein auf dem staubigen Weg zu erkennen. Beim Gang durch das schlummernde Namche Bazar fühle ich mich fast wie auf einem anderen Stern.

Caroline, Geneviève und Ben sitzen im Gastraum ihrer Lodge. Auf den ersten Blick wirkt sie ziemlich leer, tatsächlich ist sie aber vollbelegt. Die anderen Gäste sind nur schon alle schlafen gegangen. Ben trägt sein Dauerlächeln im Gesicht. Er hat es doch nicht zum Essen in sein Lager geschafft. Da keine Schlafzimmer mehr frei waren, haben Caroline und Geneviève den Gebetsraum bekommen, komplett ausgestattet mit einer Buddhastatue. Ich bemerke einige Träger, die ungeduldig darauf warten, das Video anstellen zu können. Aber der Eigentümer erlaubt es ihnen nicht, solange sich Trekker im Gastraum aufhalten. Schließlich können sie es nicht mehr erwarten, bis wir gehen, und ziehen Decken hervor, die sie über die tibetischen Teppiche auf den Bänken breiten. Einer zieht seine Schuhe aus, woraufhin ein so intensiver Duft den Raum erfüllt, dass ich mich leider verabschieden muss.

»Ich sollte aufbrechen«, sage ich zu den anderen. »Es ist schon spät. Ihr geht alle morgen weiter?«

Caroline und Geneviève sehen sich an. Sie haben sich immer noch nicht entschieden, was sie weiter tun wollen.

»Treffen wir uns morgen früh in der Bäckerei?«, fragt mich Caroline. »Um neun?«

»Gern.«

Ich will morgen nur bis Khunde wandern, daher muss ich nicht so früh starten. Als ich zur Panorama Lodge zurückgehe, ist es noch stiller als zuvor. Es sind keine Wolken am Himmel, und der Mond steht nun so hoch, dass er die westlichen Flanken von Thamserku und Ama Dablam anstrahlt. Alle umliegenden Berge sind ebenfalls vom gleißenden Mondlicht beschienen. Der Anblick bringt die Sinne in Wallung, eine Welle der Einsamkeit überkommt mich, und meine Gedanken landen unweigerlich bei Kevin.

Als wir noch Kinder waren und in Afrika und Asien lebten, teilten Kevin und ich uns ein Zimmer und oft sogar ein Bett. Er war Schlafwandler, und wir durften ihn keinesfalls aufwecken. In Hongkong klopfte er oft an die Tür des Kochs und weckte ihn. Selbst im Schlaf wollte Kevin mit Ah Wong Karten spielen. Da auch der Koch die strikte Anweisung hatte, Kevin beim Schlafwandeln nicht zu wecken, saß er oft stundenlang in der Nacht, völlig erschöpft, auf der Hintertreppe unseres Hauses und spielte Karten mit einem Jungen, der tief und fest schlief.

Ich stehe fast eine Stunde lang draußen und sauge die Stimmung in mich auf, damit sie möglichst lange in meiner Erinnerung haften bleibt.

Namche – Khunde

Mein Husten weckt mich. Die Oberseite meines Schlafsacks ist schon wieder von Kondenswasser durchnässt. Ich wische das Wasser von der Innenseite der Fensterscheiben und schaue hinaus. Die Morgendämmerung taucht gerade die Bergspitzen in ein leuchtendes Orange. Ich steige aus dem Bett in die kalte Morgenluft und ziehe mich schnell an.

Im Gastraum nimmt Rema, das Tamangmädchen, meine Frühstücksbestellung auf, ein Omelett. Ich verspeise es aber nicht hier, sondern gehe mit meinem Teller in die Küche, wo es, wie ich weiß, wärmer ist, weil ein lebhaftes Feuer im Ofen lodert. Dort verhandeln drei Tibeter gerade mit Lhakpa wegen eines Stapels getrockneter Hammelseiten. Sherap steht daneben und zwirbelt nachdenklich seinen Schnurrbart. Er bietet mir eine Tasse Milchtee an. Ich setze mich auf einen Holzstuhl und verfolge die Verhandlungen. Die Hammelseiten sind so ausgedörrt, dass man ihre Herkunft nur noch an den Hufen erkennt. Die Verhandlungen gestalten sich zäh. Die Gesichter der tibetischen Händler sind vor Konzentration ganz verkniffen, als Lhakpa das getrocknete Fleisch drückt, um die Qualität zu prüfen. So viele Seiten auf einen Schlag zu verkaufen, ist für die Händler wichtig, das erkennt man an ihren Blicken, die von Lhakpa zu den Hammeln und wieder zurück wandern. Aber Lhakpa ist fair, und sie werden sich schließlich handelseinig.

Glücklich, das letzte Fleisch verkauft zu haben, verabschieden sich die Tibeter. Der Markttag ist zu Ende, und für sie ist es Zeit, sich wieder auf den Heimweg zu machen, zurück nach Tibet. Draußen vermischt sich das Geläut der Yakglocken mit den hohen Schreien der Karawanentreiber, die an der Lodge vorbei in Richtung der Bergpässe ziehen, die sie wieder nach Tibet führen, ehe der Winter die Grenze schließt. Ein einziger Schneefall, und die Pässe sind bis zum Frühjahr dicht. Durch das Küchenfenster sehe ich die Treiber wild mit den Armen fuchteln und dazwischen Steine aufheben, die sie nach den mit schweren Reissäcken und anderen Waren beladenen Tieren werfen.

Lhakpa, in Sherpatracht und Schürze, ist der Inbegriff der professionellen Gastgeberin: nicht aus der Ruhe zu bringen und trotz der gastronomischen Ansprüche ihrer Gäste stets höflich lächelnd. Als sie das Omelett sieht, das ich bestellt habe, besteht sie darauf, dass ich als ihr persönlicher Gast ein Sherpafrühstück einnehme. Wieder bekomme ich Momosuppe mit Büffelfleisch. Man kann sich kaum vorstellen, dass seit gestern Abend 60 volle Essen diese mittelalterliche Küche mit nur einem »Brenner« über einem Lehmofen und einem zusätzlichen Kerosinofen verlassen haben.

Bei meiner Ankunft hatte ich zu Lhakpa gesagt, ich würde gern für maximal 20 Tage einen Träger zum Everest-Basislager und zu den Gokyo-Seen anheuern. Heute Morgen stellt sie mir Kumar vor, einen etwa 30-jährigen Rai. Er wirkt verhaltener, älter und erfahrener als der ernste Chandra Rai. Als Lhakpa eine Schüssel Momosuppe vor ihn hinstellt, vermutlich um ihn für den Anfang der Tour zu stärken, lächelt er höflich. Auch wenn er das Gegenteil behauptet, versteht er ein wenig einfaches Englisch. In Verbindung mit meinen paar Brocken Nepali werden wir wunderbar zurechtkommen, auch wenn wir unterwegs sicherlich keine tiefgründigen philosophischen Erörterungen führen können. Ich informiere ihn, dass wir um zehn Uhr nach Khunde aufbrechen.

Nachdem ich gepackt habe, gehe ich zur Bäckerei hinunter, um mich von Ben, Caroline und Geneviève zu verabschieden. Ich bestelle frisch gemahlenen Kaffee und ein Schokocroissant und lasse

Der Blick auf Namche Bazar lässt an ein gewaltiges Amphitheater denken.

Geschäftiges Treiben der tibetischen Händler auf dem Markt von Namche Bazar

Schulkinder in Monjo beim Morgengebet

Der Flugzeuglandeplatz in Lukla

Ein tibetischer Händler in Namche Bazar

Die Gompa von Tengboche vor erhabener Bergkulisse

Straßenszene in Namche

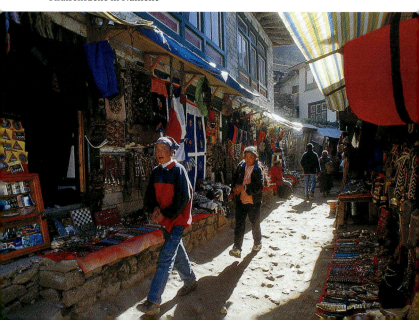

Samstag ist Markttag in Namche Bazar – nepalesische Händler bieten ihre Ware feil.

Die erste Hängebrücke nach Betreten des Sagarmatha-Nationalparks

Oberhalb von Tugla zieht eine Yakkarawane ihres Wegs.

Eine Lodge in Gorak Shep. Im Hintergrund erhebt sich der majestätische Kala Patar.

mir schildern, wie sie die Nacht auf dem Fußboden im Gebetsraum der Lodge verbracht haben. Unter den gegebenen Umständen weiß ich nicht, ob ich das als Glücksfall einordnen soll oder nicht. Caroline wirkt müde, traurig und beunruhigt. Genevièves Gesichtsausdruck entspricht dem von Weibchen jeglicher Spezies, nachdem sie den nachhaltigen lüsternen Annäherungsversuchen des Männchens nachgegeben haben – weniger geprägt von Zufriedenheit als von Erleichterung, dass es vorbei ist. Ben hingegen trägt sein Dauerlächeln im Gesicht. Und noch immer haben sie nicht entschieden, wie es weitergeht. Caroline hat vor, ab Lukla auszufliegen, und wird sicher auch einen Platz bekommen, da nicht mehr so viele Trekker unterwegs sind, die zurückwollen. Die meisten sind schon weg. Ben hat schon die Bestätigung für den Rückflug in der Tasche. Genevieve überlegt noch, ob sie bis nach Jiri hinunterwandert und dann mit dem Bus zurückfährt.

Im Gastraum der Panorama Lodge befindet sich kein einziger Trekker mehr. Alle sind schon aufgebrochen, die einen Richtung Everest, die anderen hinab nach Lukla. Nur ein weißhaariger Mann sitzt noch da. Er scheint absolut keine Eile zu haben.

»Dr. Sandy Scott«, stellt er sich vor. »Ich will nach Pheriche hinauf. Ich habe von hier aus zwei Tage dafür eingeplant. Nicht ganz das, was die Führer oder die Ärzte der Himalayan Rescue Association in Pheriche empfehlen. Aber anscheinend gehöre ich nicht zu denen, die unter der Höhe leiden.«

Sandy Scott, so erfahre ich weiter, hat schon einige Everestexpeditionen als Arzt begleitet und war auch auf dem South Col. Außerdem arbeitet er im Krankenhaus in Pheriche und hat nun die Baupläne für eine Erweiterung der Ambulanz dabei, die von der Himalayan Rescue Association unterhalten wird.

»In meiner ganzen Zeit als Arzt hat es nur wenige Fälle gegeben, von denen ich behaupten kann, ich habe jemandem das Leben gerettet«, erzählt er mir. »Und immer war es hier im Himalaja. Darunter fallen drei oder vier Trekker, die unter extremer Höhenkrankheit litten. Ich habe sie in einen Überdrucksack gepackt und sie mit dem Hubschrauber ausfliegen lassen. Vermutlich hätten sie die Nacht nicht überstanden, wenn ich nicht da gewesen wäre. Einer von ihnen, ein schwerer Mann mit einem ziemlichen Bauch, stieg mit einer Gruppe geradewegs nach Gorak Shep auf und bekam ein schlimmes Hirnödem. Die Koordination funktionierte nicht mehr, er konnte nicht einmal aufstehen. Wir ließen ihn von einem Träger ins Krankenhaus nach Khunde hinabbringen. Dort beschwerte er sich über die 50 Dollar, die der Träger für den Transport verlangte. Stell dir das einmal vor! Er hatte einen Geldgürtel voller Scheine um den Bauch und stritt sich wegen 50 Dollar, die ihm vermutlich das Leben retteten.« Sandy schüttelt den Kopf. »Glaub mir, ich habe hier schon die unmöglichsten Leute erlebt.«

Wir trinken den Tee aus und machen uns zum Aufbruch bereit.

»Hat sich viel geändert, seit du zum ersten Mal hier warst?«, frage ich ihn, während wir in das helle Sonnenlicht hinaustreten.

»Das kann man wohl sagen«, meint Sandy. »Die Sherpas sind sehr modern und weltmännisch geworden. Sie sind mit einer verlockenden westlichen Kultur in Berührung gekommen und haben sich ihr mit großer Begeisterung angepasst.«

Im Hof sortiere ich endgültig, was ich selbst tragen werde und was Kumar für mich übernehmen soll. Während ich mit meinen Sachen hantiere, bekomme ich unweigerlich mit, wie ein Paar, das sich ebenfalls im Hof aufhält, mit seinem potenziellen Träger verhandelt.

»500 Rupien pro Tag ist zu viel«, sagt ein Mann in Mountain-Coop-Ausrüstung zu dem Träger.

»Also gut, 450 Rupien«, lenkt der verzweifelte Träger ein.

»Das ist immer noch zu viel«, wirft die Frau ein. »300 Rupien.« Sie trägt eine Goretexjacke im Partnerlook mit ihrem Mann.

»425 Rupien«, bietet der Träger an.

»Nein.«

»O.K., 300 Rupien«, willigt der Träger immer noch freundlich ein. »Kein Problem.«

»Aber du zahlst Essen und Unterkunft selbst«, erklärt der Mann nun dem zerknirschten Träger. »Und wenn wir einen anderen Träger finden, der uns sympathischer ist, nehmen wir den. Wir zahlen nur tageweise. Solange wir mit dir einverstanden sind, zahlen wir. Wenn wir dich nicht mehr gut finden, bezahlen wir dich nicht mehr, und du gehst.«

Ich muss mir auf die Zunge beißen. Mehr kann ich nicht tun. Dann gehe ich in die Lodge zurück und verabschiede mich von Sandy, Lhakpa, Sherap, dem Tamangmädchen Rema und dem kleinen Raijungen.

Kumar hievt meinen Rucksack hoch, ein kleineres Bündel mit seinen persönlichen Habseligkeiten hat er obenauf befestigt. Dann geht er voraus um den Rand des Kessels von Namche, an der Gompa vorbei und die steilen Hänge hoch zum Kamm, weiter über das Flugfeld von Shyangboche nach Khunde. Das Dorf liegt nicht auf der direkten Route zum Everest-Basislager, sicher einer der Gründe, warum es mir gefällt. In Khunde gibt keine Gompa, dafür aber ein Krankenhaus, und ich bin neugierig, was es zu bieten hat. Es ist ein schöner Weg, und da ich meinen schweren Rucksack nicht selbst tragen muss, ist der zweistündige Marsch das reine Vergnügen.

In großen Höhen sollte man täglich nicht mehr als 300 Höhenmeter aufsteigen, um das Risiko der Höhenkrankheit zu minimieren. 300 Höhenmeter sind schnell erklommen. Khunde liegt 350 Meter über Namche, und obwohl ich drei Nächte in Namche geblieben bin, habe ich nachts immer noch Kopfschmerzen. Am Krankenhaus von Khunde angekommen, streife ich meinen Tagesrucksack ab und setze mich mit dem Rücken zur Sonne, so dass mein nassgeschwitztes T-Shirt trocknen kann. Der Himmel ist wolkenlos, ganz anders als in Lukla, wo er schwarzgrau verhangen ist. Es fällt schwer, in dieser klaren Bergluft und der wärmenden Sonne nicht völlig euphorisch zu werden.

Der Sherpa, der seit mehreren Jahren als Amtsarzt im Krankenhaus von Khunde arbeitet, führt mich dort herum. »Krankenhaus« klingt etwas irreführend für die einfachen Einrichtungen, aber immerhin besitzt man ein Röntgengerät und kann einfache chirurgische Eingriffe vornehmen.

»Sprechstunde?«, fragt jemand hoffnungsvoll. An der Türschwelle steht eine attraktive Trekkerin, die ziemlich fit und sportlich wirkt.

»Später«, sagt der Arzt. Sie tritt wieder in das gleißende Sonnenlicht hinaus, während er sich um einen Patienten kümmert, der eben gekommen ist.

»Ich heiße Andrew«, stelle ich mich vor.

»Jackie.«

»Auf dem Weg noch oben oder nach unten?«, frage ich.

»Nach oben, in einer Gruppe.«

»Wo sind die anderen?«, frage ich und sehe mich dabei um.

»In Namche«, sagt sie. »Ich bin hier heraufgewandert, um mich zu akklimatisieren und mal von den andern wegzukommen. Ich bin als Ärztin dabei.« Sie sieht meinen erstaunten Gesichtsausdruck. »Manchmal ist es schon ein bisschen heftig. Ein zusammengewürfelter Haufen reicher Kunden. Zum ganzen Tross gehören ungefähr 40 Träger und Sirdars.«

Schon wieder eine Ärztin. Diese hier ist Engländerin und lebt in Hongkong.

»Und ihr schlaft in Zelten?«

»Ja, lauter gleiche, leuchtend gelbe Zelte«, sagt sie mit einem Gesichtsausdruck, als habe sie den schlimmen Anblick unmittelbar vor sich. »Auch Arzt?«

»Nein, nur neugierig auf das Krankenhaus.«

Vom Krankenhaus aus überblicken wir das Dorf. Weiter unten erkenne ich Laxmi, die sich durch Steinmauern und Häuser zu uns hocharbeitet.

»Dachte mir doch, dass ich dich hier finde«, begrüßt sie mich, als sie bei Jackie und mir angekommen ist. Ich mache die Frauen miteinander bekannt. Es ist kurios, aber unter den Menschen, die in den Himalaja reisen, sind die medizinischen Berufe besonders stark vertreten, allen voran Ärzte, Krankenschwestern, Physiotherapeuten und Beschäftigungstherapeuten. Dafür trifft man nicht besonders viele Steuerberater, Versicherungsangestellte oder Anwälte.

Jackie verabschiedet sich und geht wieder nach Namche hinunter. Wir haben dieselbe Route vor uns – nach Gorak Shep, unmittelbar vor dem Everest-Basislager.

»Wir sehen uns unterwegs«, meint sie, bevor sie verschwindet.

Ich wende mich Laxmi zu. »Ich dachte, du wolltest direkt nach Gokyo hinauf?«

»Hab's mir heute Morgen anders überlegt.«

»Wo ist dein Rucksack?«

»Ich habe mir heute früh einen Träger genommen«, sagt sie und sieht auf den Weg hinab, den sie eben heraufgekommen ist. »Aber ich finde ihn nicht mehr. Ich habe ihn seit Namche nicht mehr gesehen. Wo schläfst du?«, fragt sie mich.

»Ich habe an die Lodge da gedacht«, antworte ich und deute auf ein Haus in der Nähe. »Das ist für mich am praktischsten. Ich will die beiden westlichen Ärzte treffen, die hier arbeiten, aber sie kommen erst später.«

»Kann ich mich dir anschließen?«

»Klar.«

»Als ich in Khumjung war, das ist das Dorf gleich dort drüben, habe ich in Namche angerufen, um herauszufinden, wo mein Träger steckt«, erklärt mir Laxmi. »Der Wirt der Lodge sagte mir, er sei auf dem Weg hier herauf. Dann erzählte er mir, dass der Widerling Mark, der selbsternannte ›Doktor von Namche‹, sich erkundigt hat, wohin ich gegangen bin, und anscheinend ist er jetzt auch nach Khumjung unterwegs. Das macht mich nicht besonders glücklich. Es kommt mir vor, als stelle er mir nach.«

Es ist schon früher Nachmittag. Wir gehen die etwa 30 Meter zur ersten Lodge. Vor der Tür sitzt ein Sherpa.

»Zimmer, *cha*?«, frage ich ihn.

»*Cha*«, antwortet er ausdruckslos.

»Dürfen wir sehen?«, erkundige ich mich in einfachen Worten.

»Gewiss.« Er steht auf und zeigt mir einen tadellosen Raum.

»Gibt es auch Schlafsäle?«, will Laxmi wissen.

»Ja.«

»Was kostet ein Bett im Schlafsaal«, fragt sie.

Mir kommt es nie in den Sinn, nach dem Preis zu fragen. Selbst in einer luxuriösen Unterkunft wie der Panorama Lodge kostete mein Einzelzimmer mit Doppelbett nur 100 Rupien, weniger als eineinhalb Doller. Die Ausgaben für die Zimmer, egal in welcher Kategorie, sind einfach zu vernachlässigen.

»60 Rupien.«

»Okay«, meint sie.

Damit hat sie soeben einen Dollar gespart. Aber der Vermieter überrascht sie.

»Ist okay«, sagt er. »Es sind keine anderen Leute da, du kannst zum selben Preis auch ein Einzelzimmer haben. 60 Rupien.«

Wie absurd. Eine amerikanische Chirurgin feilscht um einen Dollar, woraufhin der im Vergleich zu ihr arme Sherpa ihr großzügig ein Einzelzimmer zum Preis eines Bettes im Schlafsaal gibt.

Der Besitzer führt uns an getrocknetem Yakdung vorbei, der zur Vorbereitung für den Winter an einer Steinmauer aufgetürmt ist.

Neben dem Dung lagert ein Stapel getrockneter Schafsrümpfe, von tibetischen Händlern angeliefert. Kumar stellt meinen Rucksack in ein Zimmer, und ich informiere ihn, dass ich mit Laxmi nach Khumjung hinabgehe und ihr helfe, ihren Träger ausfindig zu machen. Das Dorf ist nur etwa 20 Minuten Fußmarsch entfernt. Charakteristisch für beide Orte sind die Steinmauern, die die Kartoffelfelder umgeben. Die Lodges für ausländische Trekker sind ähnlich gebaut wie die traditionellen Häuser: rechtwinklige Bauten aus Stein, die Fenster farbig abgesetzt wie am Potala-Palast in Lhasa. Während die älteren Gebäude mit Schiefer und Holz gedeckt sind, haben die neuen Lodges Wellblechdächer, mehr Glasfenster und sind aus Stein und Beton gebaut. Die alten Gebäude haben Mauern aus Stein und einem Gemisch aus Stroh und Lehm. Wie Namche haben die Österreicher auch die benachbarten Dörfer Khunde und Khumjung durch unterirdische Leitungen mit Strom und Telefon versorgt. Man sieht nicht einen einzigen Telefonmasten oder Strommasten. Vor einem traditionell aussehenden Haus entdecke ich an einem Holztor, das in die Mauer eingefügt ist, die um das Grundstück verläuft, eine elektrische Türklingel. Da ich meinen Augen nicht trauen will, drücke ich auf den Klingelknopf und höre aus dem Haus prompt einen lauten Signalton.

Wir gehen die Serpentinen an schulterhohen Steinpalisaden und einer langen Mani-Mauer vorbei nach Khumjung. Über das Dach des Klosters am Fuße des heiligen Bergs der Sherpas, des Khumbila, kann ich auf den Ort für die Himmelsbestattungen sehen, den mir Suzanne auf der Karte gezeigt hatte. Ich fasse an die Brusttasche. Ich fühle den Umschlag – er ist sicher aufbewahrt. In den letzten paar Tagen hatte ich kaum an ihn gedacht.

In Khumjung findet Laxmi ihren Träger. Mit den Rucksäcken von beiden beladen, hatte er für den Aufstieg von Namche hier herauf über eine Stunde gebraucht. Er ist ein junger Rai, auch wenn er eher wie ein Sherpa aussieht. Mit seinen 16 Jahren fühlt er sich noch ein wenig verunsichert, für so eine hübsche junge Frau aus dem Westen, die wie eine Nepalesin aussieht, zu arbeiten.

Laxmi wühlt im Hof einer Lodge ihren Rucksack durch, ich verabschiede mich derweilen und wandere an einer sehr, sehr langen Mani-Mauer entlang, einer der vielen Trockenmauern, in die mit buddhistischen Gebeten versehene Steinplatten eingelegt sind. Gruppen von Oberschülern kommen mir aus der Schule entgegen, die die Hillary Foundation hier unterstützt. Sie sehen aus wie westliche Kinder und verhalten sich auch genauso. Selbst in diesen entfernt liegenden Dörfern mitten im Himalaja tragen sie Jeans, Jacken und Rucksäcke nach westlichem Vorbild und Laufschuhe. Viele sind frech zu mir und machen unfreundliche Bemerkungen. Am Ende der langen Mani-Mauer, der längsten, die ich jemals gesehen habe, höre ich eine tiefe, donnernde Stimme und erkenne den bärtigen Bruce mit seiner Gruppe. Sie gehen im Gänsemarsch dicht hintereinander, der pensionierte Lehrer, den sie als Führer dabei haben, vorneweg. Als sie mich sehen, kommen sie zu mir herüber, um einen Plausch zu halten.

»Bleibst du hier über Nacht?«, fragt mich der bärtige Bruce.

»Nein, oben in Khunde«, entgegne ich und zeige mit dem Finger in Richtung des ein paar hundert Meter entfernten Dorfs. »Übernachtet ihr hier?«

»Ja.«

Ich stelle ihm Laxmi vor, die inzwischen nachgekommen ist.

»Sie ist Chirurgin aus New York«, erkläre ich ihm. Gestern haben sie gesehen, wie mir Geneviève den Rücken massiert hat. »Habt ihr einen Arzt in der Gruppe?«, will ich wissen.

»Nö.«

»Man sollte im Himalaja nie ohne Arzt unterwegs sein«, stachle ich ihn auf. »Höhenkrankheit und so.« Ich ziehe alle Register.

»Wie viel zahlst du für eine Lodge?«, fragt mich Bruce.

»Zwischen 60 und 100 Rupien.«

»Und für den Träger?«

»500 Rupien am Tag«, gebe ich Auskunft.

Ich sehe förmlich, wie er die Zahlen addiert. Wenn er Essen bestellt, sieht er auf den Speisekarten, wie wenig es kostet. Ich weiß nicht, was Bruce für die Reise bezahlt hat, aber ganz bestimmt bewegt es sich nicht im Bereich von zehn bis 20 Dollar pro Tag, wie bei mir. Sie wohnen in denselben Lodges und essen dasselbe Essen. Sie haben Träger für ihr Gepäck und einen australischen Bergführer, aber ich könnte wetten, dass sie für exakt dieselben Leistungen eher um die 100 Dollar bezahlen. Und ich kann mir auch noch aussuchen, mit wem ich zusammen sein möchte, wo ich bleibe und wie weit und wie schnell ich an einem Tag gehe.

Laxmi und ich wandern nach Khunde zurück, ihren Träger im Schlepptau. Er trägt eine Baseballkappe der Chicago Bulls, eine Nike-Windjacke, Nike-Laufschuhe und Levi's Jeans. Wie der Träger von Ja-Ja-Shelley hofft er wahrscheinlich, dass er Laxmis einziger Begleiter auf dem ganzen Trek ist.

Wieder in der Shangrila Lodge in Khunde, setzen wir uns und unterhalten uns mit dem Besitzer Chuldrin. Mir ist peinlich, dass ich ihn auf Pidgin-Englisch angesprochen habe, denn sein Englisch ist hervorragend. Er war schon mehrmals in Amerika, einmal drei Monate, einmal, und zwar erst vor kurzem, fünf Monate. Genau genommen ist er erst seit einer Woche zurück. Er ist adrett angezogen – gebügelte Hose, neue Laufschuhe, ein modisches T-Shirt und eine nagelneue Windjacke. Um den Hals hat er sich in Dandymanier einen Schal geschlungen, das Haar ist ordentlich gekämmt. Wie er hier mit uns im Gastraum sitzt und uns ausführlich von seinen Reisen in die Vereinigten Staaten erzählt, könnte er genauso gut Amerikaner sein. Seine Frau dagegen ist in ihrer schweren Tracht mit der bunten Schürze der Inbegriff einer tibetischen Sherpafrau. Sie ist gut sieben Jahre jünger als Chuldrin, wirkt aber zehn Jahre älter. Das harte Leben, die kalten Winter und die schwere Arbeit fordern ihren Tribut. Ihre schwieligen Hände sind die einer Frau, die alt genug sein könnte, um ihre Mutter zu sein; ihr Gesicht ist von Falten durchzogen. Während Chuldrin blitzsauber ist, als käme er gerade frisch aus der Dusche, sind ihre Hände schmutzig, und ihr Gesicht ist mit Ruß von den Herdfeuern verschmiert. Ich erfahre, dass sie erst 26 ist, genauso alt wie ihr amerikanischer Gast Laxmi, die dem Aussehen nach ihre Tochter sein könnte.

»Sehnst du dich nach Amerika zurück?«, frage ich Chuldrin.

Er legt beide Hände vor das Gesicht, dann an den Hinterkopf und lehnt sich zurück. Er wartet mit der Antwort. Die Frage löst eine sehr emotionale Reaktion bei ihm aus, und er wirkt, als würde er gleich zu weinen anfangen. Seine Frau bringt uns unsere Suppe. Sie macht einen beunruhigten, unglücklichen Eindruck. Das wundert mich nicht weiter. Nach allem, was ihr Ehemann erzählt, ist er nicht besonders begeistert, wieder zu Hause zu sein. Er steht unter dem Eindruck der Begegnung mit einer anderen Welt, mit anderen Menschen, und die Rückkehr in seine Lodge in einem winzigen Dorf im Himalaja ist nun eine Art Kulturschock für ihn.

»Amerikanische Freunde haben für mich bezahlt und mich überall mit hingenommen«, sagt Chuldrin, um meine Frage zu beantworten. »Ich habe in ihrem Haus Fliesen verlegt. Das Haus hat viele Schlafzimmer, und jedes davon hat ein eigenes Badezimmer. Eine Badezimmerfliese kostet 15 Dollar. Eine einzelne Fliese! Ich wurde für jede Stunde Arbeit bezahlt. Hier sitze ich herum und tue nichts. In Amerika arbeiten alle hart, aber hier kann ich nicht arbeiten wie in Amerika. In Amerika zählt jede Stunde. Hier ist es egal, ob etwas einen Tag dauert, eine Woche oder einen Monat. Nun finde ich es hier langweilig. Ich mag Nepal nicht. In Amerika wird man für jede

Stunde bezahlt, die man arbeitet, und alle arbeiten gemeinsam hart. Hier sitzen Verwaltungsbeamte in Büros und lesen Zeitung und trinken Tee. Sie arbeiten nicht. Sie strengen sich nicht an zum Wohl des Landes. Beamte stellen sich dir hier in den Weg, bis du ihnen eine Bestechung bezahlst. Sie tun nichts. Und sie halten dich davon ab, hart zu arbeiten. Hier sitze ich nichtstuend herum.«

Während er spricht, federt sein Bein nervös auf und ab. Aus der Küche, wo seine Frau das Essen zubereitet, hören wir das Klappern von Töpfen und Kochgeräten. Zwischendurch kommt sie in den Gastraum und legt im Bullerofen Yakdung nach. Sie sieht traurig aus.

»Hast du irgendetwas mitgebracht?«, frage ich Chuldrin in der Hoffnung, damit die Unterhaltung in eine andere Richtung zu lenken. Sein bitterer Vergleich zwischen Nepal und Amerika, einem Land, das sie niemals besuchen wird, regt seine Frau ganz offensichtlich ziemlich auf.

Chuldrin nickt begeistert. »Hier bekommst du alles billig, *made in China*. Aber ein paar Sachen habe ich aus Amerika mitgebracht. Zum Beispiel eine Silikonkartusche, die ich zum Fliesenlegen hatte, damit kann ich die Löcher im Dach des Hauses meiner Eltern abdichten. Und Knieschoner. Diese Sachen hatte ich vorher noch nie gesehen.«

»Und die Teddybären?«, frage ich. Mir sind mehrere Teddybären aufgefallen, die wie neu aussehen und fast in Deckenhöhe an Nägeln an der Wand hängen. »Warum bewahrst du sie an der Decke auf?«

»Damit die Kinder sie nicht mit nach draußen nehmen und schmutzig machen.«

Die Teddybären sehen zwar makellos aus, machen aber nicht den Eindruck, als hätten sie Spaß daran, dass sie da oben hängen.

»Und wie ist es, wieder zu Hause zu sein?«, wiederholt Laxmi meine Frage. Erneut legt Chuldrin die Hände vor das Gesicht, dann an den Hinterkopf, und lehnt sich zurück. Er ist wirklich niedergeschlagen.

»Schwierig. Sehr schwierig. Ich kann es nicht erklären. Ich kann euch gar nicht sagen, wie gut es die Amerikaner haben.« Er kämpft gegen seine Gefühlsregungen an. »Ich würde hier gern manches verändern ... aber es ist jetzt schwierig, hart zu arbeiten und nicht nach Stunden bezahlt zu werden. Ich möchte zurück.«

»Es ist für niemanden einfach, dorthin zurückzugehen, wohin er gehört«, sage ich zu ihm, aber er hört nicht zu.

»Ich fahre im Mai wieder hin«, sagt er, »in der Regenzeit, drei Monate. Ich will versuchen, Arbeit zu finden und ein paar tausend Dollar zu sparen. Das würde gehen, wenn ich von meinen Gönnern Essen und Unterkunft umsonst bekäme.«

Seine Frau ist jetzt auch wieder im Gastraum und serviert uns beflissen frittierte Kartoffelscheiben, die wir mit den Fingern essen. Sie weiß ganz genau, worüber ihr Mann spricht, auch wenn sie selbst fast kein Englisch spricht. Sie bleibt in unserer Nähe und verfolgt mit ihrem traurigen Blick jede seiner Bewegungen. Wenn man die beiden betrachtet, würde man sie aufgrund ihres Äußeren, nach der Kleidung, die sie tragen, der Art, wie sie miteinander umgehen, niemals für ein Ehepaar halten. Chuldrin könnte einer von uns Touristen sein. Wie Chombi und Sherap hat er sein ganzes Leben im Tourismus gearbeitet, sich vom Träger zum Sirdar hochgearbeitet. Jüngst hat er für die Trekkingagentur Great Escapes als Sirdar gearbeitet. Ich frage ihn nach der Bezahlung.

»Ich werde monatlich bezahlt, aber nicht besonders gut«, erzählt er uns. »Pro Gruppe bekomme ich aber noch 4000 Dollar, mit denen ich Essen und Unterkunft für die Kunden bezahlen muss. Wenn davon etwas übrigbleibt, gehört es mir. Mein Vater hat 20 Jahre als Koch für Bergsteigerexpeditionen gearbeitet. In Amerika besuchte ich die Feier zum Jahrestag der ersten amerikanischen Everestexpedition. Mein Vater war damals als Koch dabei. Ich wusste das nicht, bis ich ihn auf den Fotos gesehen habe. Er hat mir das nie erzählt. Für ihn war eine Expedition wie die andere.«

Mit Chuldrin kann man sich gut unterhalten. Sein Englisch ist gut, er ist weit herumgekommen und versteht die Denkweise der Westler.

»Wie lange hast du die Lodge schon?«, frage ich ihn.

»Sie gehört einem Freund. Ich habe sie für anderthalb Jahre gepachtet, und meine Frau kümmert sich darum, während ich Trekkingexpeditionen führe. Ich habe ein kleines Apartment in Kathmandu, das ich für 700 Rupien im Monat miete. Es ist nur ein Zimmer mit zwei Betten und sonst nichts, aber mein Bruder und ich können dort schlafen, wenn wir in Kathmandu sind. Und wir lagern dort unsere Trekkingausrüstung.«

»Für Touren hier im Khumbu?«

»In ganz Nepal, sogar in Tibet war ich schon fünfmal, auch am Kailash. Ich fühle mich sehr gläubig, wenn ich nach Tibet gehe, weil die Tibeter sehr religiöse Menschen sind, besonders um den Kailash herum.«

»Zahlt ihr viel Pacht für diese Lodge?«, frage ich neugierig.

»15 000 Dollar.«

»Im Jahr?«

»Ja.«

Ich überlege, wie sehr man unter Druck steht, wenn man in einer Saison so viel Geld verdienen muss, nur um die Pacht für das Haus aufzubringen. Wenn ich es schnell im Kopf überschlage, kann ich mir nicht vorstellen, dass er jemals Profit macht, ohne dass er selbst oder einer seiner amerikanischen Freunde noch etwas dazuschießt.

»Was hast du gemacht, bevor du die Lodge gepachtet hast?«

»Ich war Führer«, sagt Chuldrin. »Meine Frau kümmert sich um unsere kleine Landwirtschaft. Wir ernten Kartoffeln im September und lagern sie in der Erde, dann holen wir sie aus der Erde heraus, trocknen sie und legen sie wieder zurück. Und wir bauen Buchweizen an.«

»Wo hast du deine Frau kennengelernt?«, fragt Laxmi.

»Sie ist aus Khumjung, aber wir waren in derselben Schule.«

»In der Hillary-Schule?«

»Ja.«

»War es eine arrangierte Ehe oder eine Liebesheirat?«, frage ich.

»Eine Liebesheirat.«

Seine Frau kommt mit einer Ladung Yakdung herein, der einen Monat lang draußen an einer der Hauswände getrocknet und dann innen gelagert wird. Sie legt einen Teil davon in den Bullerofen und gießt etwas Kerosin darüber, damit das Feuer wieder auflodert. Die Sonne geht unter, und es wird schnell kalt. Laxmis Träger sitzt auffallend dicht bei ihr. Chuldrin legt eine Kassette in einen kleinen Ghettoblaster und stellt den Strom an, für den er den Lodgetarif in Höhe von 600 Rupien pro Monat bezahlt. Auf der Kassette ist Musik aus dem Westen.

»Ich habe fünf ältere Brüder und zwei ältere Schwestern«, sagt er vor dem Hintergrund der Musik, und es wirkt, als erzähle er es mehr sich selbst als uns. »In unserer Kultur muss der jüngste Sohn die Verantwortung für die Eltern übernehmen.«

Ein Telefon läutet. Auf mich wirkt das befremdlich. Chuldrin dagegen geht mit einer Selbstverständlichkeit zur Theke und nimmt das Gespräch an, als mache er es schon sein Leben lang so. Die Besitzerin der Lodge in Namche will sich erkundigen, ob Laxmis Träger inzwischen eingetroffen ist. Irgendwie hat sie nicht nur erfahren, dass Laxmi die Lodge gewechselt hat, sondern auch, in welchem Dorf und in welcher Lodge sie sich nun aufhält. Laxmi nimmt das Telefon und bestätigt, dass ihr Träger bei ihr ist. Sie hört konzentriert zu und bedankt sich bei der Anruferin für die Informationen.

»Mark ist unterwegs Richtung Gokyo-Tal, er sucht mich«, sagt sie und lässt sich neben mich auf die Bank fallen. »Du willst nicht zuerst das Gokyo-Tal machen, oder? Ich will wirklich nicht allein sein, wenn er mich einholt.«

»Nein, tut mir leid«, antworte ich.

»Dann sollte ich vielleicht mit dir zum Everest-Basislager gehen.«

Ich erwidere nichts auf den Vorschlag. Diese Etappe will ich allein hinter mich bringen. Chuldrin erstickt alle weiteren Diskussionen zu diesem Thema, indem er uns ein riesiges Fotoalbum in die Hände drückt, ein Geschenk der amerikanischen Freunde, die seinen Amerikaaufenthalt finanziert haben. Er hat das Ehepaar bei einer Trekkingtour kennengelernt, er war der Führer einer Gruppe, der sie angehörten.

Die ersten Bilder zeigen einen großen amerikanischen Mann und seine Frau. Sie halten ein riesiges Transparent hoch, auf dem steht: *You made It, Hip Hip Hooray!* Chuldrin strahlt unter einem Cowboyhut hervor. Es gibt Bilder von ihm in der Wall Street in New York, an anderen touristischen Sehenswürdigkeiten im Big Apple, in der Brandung am Strand, auf einer Whale-Watching-Bootsfahrt. Sein Gastgeber ist Pilot bei Delta Airlines. Auf einem Foto hat Chuldrin den Kopilotensitz eingenommen und wird von einer Stewardess bedient. Der Sohn des Amerikaners ist ebenfalls Pilot, er fliegt F-16-Bomber. Andere Fotos zeigen Chuldrin bei Flugshows, auf Cocktailpartys, in einem Wintersportort in Colorado, bei einem Rodeo, in schicken Blockhäusern und auf einer Harley. Das letzte Bild von ihm entstand bei einem Kletterkurs der National Outdoor Leadership School. Das erklärt die Urkunde an der Wand neben dem Telefon, auf der bestätigt wird, dass er einen solchen Kurs absolviert hat. Ich frage mich, was in seiner Frau vorgeht, wenn sie diese für sie befremdlichen Bilder sieht.

Chuldrin hat auch schon ein Jahr in Japan gelebt und später noch einmal drei Monate dort in einer Fabrik gearbeitet. Er ist mehr in der Welt herumgekommen als viele Westler und fand Aufnahme in einen elitären Kreis der nordamerikanischen Gesellschaft. Laxmi denkt dasselbe wie ich. Sie sagt: »Du weißt schon, dass die meisten Amerikaner nicht annähernd so viel gesehen und erlebt haben wie du? Die wenigsten fliegen Business Class oder haben die Möglichkeit, die Wall Street anzusehen, auf Whale Watching zu gehen oder an Kletterkursen teilzunehmen.«

Chuldrin zuckt mit den Schultern.

»Hast du Kinder?«, fragt ihn Laxmi.

»Diesen Jungen und eine Tochter.« Dabei zeigt er auf eine geflochtene Wiege in einer Ecke des Raums, über die eine Decke gebreitet ist. Das Baby war bisher so still, dass wir es noch überhaupt nicht bemerkt haben. Ein Mann, der ganz offensichtlich geistig zurückgeblieben ist, kommt herein. Er lächelt uns an und spielt mit dem kleinen Jungen in der Wiege.

»Sein Bruder ist genauso«, erklärt Chuldrin Laxmi und mir. »Er ist im Krankenhaus, aber die Ärzte finden nicht heraus, was für eine Krankheit er hat.« Der Schwachsinnige zeigt auf die beiden Kinder, dann auf sich selbst und streckt dann zwei Finger hoch. Damit will er uns sagen, dass er ebenfalls zwei Kinder hat. Im Gegensatz zu Chuldrin scheint der Mann unendlich glücklich und zufrieden zu sein. Wir sehen ihm zu, wie er unermüdlich mit Chuldrins Sprösslingen spielt.

»Heute habe ich bei der Hillary-Schule in Khumjung die Schüler gesehen«, erzähle ich Chuldrin. »Was machen die, wenn sie mit der Schule fertig sind?«

»Das kommt auf die Eltern an«, erwidert Chuldrin.

»Aha, und was würdest du dir für deine Kinder wünschen?«

Da muss er nicht lange überlegen.

»Dass sie einmal etwas Besseres werden als ich«, antwortet er. »Ich war nur Träger, als ich aus der Schule kam. Bei meinen Kindern hängt es davon ab, wie ich sie unterstützen kann. Vielleicht Arzt oder Pilot, wenn ich genügend Geld sparen kann. Früher dachte ich, ein Pilot sei so etwas wie ein Gott. Aber in Amerika ist jeder Pilot. Es ist ganz einfach, eine Pilotenlizenz zu bekommen.«

Chuldrins Frau serviert uns gebratene Nudeln. Ich stelle mir vor, wie sehr sie sich gefreut haben muss, ihren Ehemann nach fünf Monaten allein wieder zu haben. Doch dann musste sie feststellen, dass sie mit einem Fremden verheiratet ist, der teure Laufschuhe, eine eng anliegende Windjacke und einen Schal um den Hals trägt. Mit einem Mann, der sie kaum eines Blickes würdigt.

Wieder läutet das Telefon, und Laxmi gerät in Panik.

»Was mache ich, wenn das Mark ist?«, fragt sie. »Was ist, wenn er anruft und sagt, dass er auf dem Weg hierher ist?«

Doch Chuldrin spricht erst selbst einige Minuten in das Telefon und reicht es dann an seine Frau weiter. Man sieht, dass sie nicht an das Gerät gewöhnt ist. Befangen hält sie den Hörer und starrt ihn an, als würde das den Kommunikationsprozess erleichtern. Doch als sie zu sprechen beginnt, ändert sich ihr ganzes Gebaren. Sie lächelt erst und bricht schließlich in Lachen aus. Auf einmal ist sie stolz und glücklich.

»Ihr Bruder«, erklärt Chuldrin, »er ist gerade von seinen Sponsoren aus Oregon nach Khumjung zurückgekommen.«

Später, nachdem wir gegessen haben und bevor wir uns Gute Nacht sagen, erkundige ich mich bei Laxmi über den Schwachsinnigen, der so liebevoll mit den Kindern gespielt hat. Er hat selbst zwei Kinder, und es interessiert mich, ob diese automatisch auch geistig behindert sein müssen. Doch Laxmi verneint.

»Es kann von Jodmangel der Mutter während der Schwangerschaft kommen«, klärt sie mich auf.

Das Einschlafen fällt mir schwer. Dauernd muss ich daran denken, wie Chuldrins Frau strahlte, als sie die ferne Stimme ihres Bruders hörte. Sie ist glücklich, dass ihr Bruder in der Welt herumkommt, während sie zu Hause bleibt und für ihren Mann putzt und kocht, wenn er da ist, und im Ofen Yakdung nachlegt. Doch anders als ihr Mann respektiert ihr Bruder sie dafür, ist sogar stolz auf sie.

Kevin war stolz auf mich, weil ich mich entschieden hatte, auf eine berufliche Karriere zu verzichten, und lieber das Abenteuer suchte, und auch er respektierte mich, so wie ich bin. Die Abgeschiedenheit hier verstärkt das Gefühl der Einsamkeit, das der Verlust meines Bruders in mir auslöst.

Zweimal stehe ich in dieser unruhigen Nacht auf und gehe nach draußen zum Pinkeln. In Khunde herrscht jetzt Totenstille. Dank des Vollmonds über mir erkenne ich deutlich das unten liegende Tal und die sich hoch auftürmenden Berge.

Khunde – Tengboche

Am Morgen wandern Laxmi und ich zum Krankenhaus hinauf. Außer uns haben keine Trekker in Khunde übernachtet. Es ist immer wieder erstaunlich, wie leicht man die ausgetretenen Pfade verlassen kann, selbst hier im Khumbu. Da wir vor den Sprechzeiten im Krankenhaus ankommen, gehen wir zur Arztwohnung und klopfen dort an die Tür. Vom Amtsarzt weiß ich schon, dass es sich bei den Ärzten aus dem Westen um ein Ehepaar handelt, Amerikaner, von irgendwo aus dem Mittleren Westen. Eine große Frau, die wie eine gestreckte Version der Titelfigur aus *Annie Get Your Gun* aussieht, öffnet. Ihre Beine sind unglaublich lang, das blonde Haar trägt sie in Zöpfen. Trotz eines Gürtels mit breiter Cowboyschnalle rutschen ihr die Jeans über die knochigen Hüften. Sie sieht aus, als habe sie vergessen, ihren Colt umzuschnallen.

»Sind Sie die Ärztin?«, frage ich. Sie nickt und runzelt die Stirn.

»Wir haben erst ab neun geöffnet«, sagt sie kurz angebunden.

»Wir dachten, Sie sind während der Sprechzeiten vielleicht zu beschäftigt, also sind wir früher gekommen«, erkläre ich ihr. »Laxmi hier ist auch Ärztin.«

»Wir empfangen vor neun Uhr keine Trekker, auch nicht, wenn sie Ärzte sind«, kontert sie.

Niedergeschmettert trotten wir zur Lodge zurück. Ich hatte mich wirklich darauf gefreut, die beiden Ärzte von Khunde kennenzulernen.

Um neun versuchen Laxmi und ich es noch einmal.

»Wir möchten Sie nicht bei Ihrer Arbeit stören«, sage ich schnell zu Annie Get Your Gun. »Sie haben sicher viel zu tun.«

Laxmi und ich werden hineingewinkt, wo wir nun auch Annies Mann sehen. Er erinnert mich an einen schlaksigen Schuljungen mit Pickeln, der einmal Arzt werden möchte, wenn er groß ist. Irgendjemand, vermutlich Annie persönlich, hat ihm einen Topf auf den Kopf gesetzt und abgeschnitten, was darunter an Haaren hervorstand.

Wir begreifen schnell, dass beide, Annie und ihr Mann, die Nase voll haben von Trekkern und Ärzten, die helfen wollen.

»Die Ärzte sollen einfach daheim bleiben und dort ihre Arbeit machen«, meint Annie. »Sie kommen für einen Tag, eine Woche oder einen Monat und verschwinden dann wieder.«

Ihr Urteil klingt etwas hart.

»Nicht alle können es sich leisten, zwei Jahre ehrenamtlich zu arbeiten«, erwidere ich. »Aber vielleicht möchten sie wenigstens in der kurzen Zeit, die sie dafür abzweigen können, ihren Beitrag leisten.«

»Trotzdem sollten sie lieber daheim bleiben«, sagt ihr Mann unwirsch. »Uns erschwert das nur die Arbeit. Sie kommen her, erledigen ihre gute Tat des Tages und verschwinden wieder. Und wir dürfen hierbleiben und die Infusionsflaschen halten. Durch diese kurzen Auftritte stören sie nur die langfristige medizinische Versorgung, die wir leisten.«

Laxmi hatte schweigend zugehört. »Kennt ihr Mark, den Arzt unten in Namche?«, meldet sie sich schließlich zu Wort.

»Der *Doktor von Namche*, wie er sich gern nennt?«, fällt Annie ein. »Der ist wirklich eine Strafe. In diesem Land treiben sich so viele verlorene Seelen herum, darunter auch Ärzte, die herausfinden wollen, wer sie sind. Die Mitarbeiter der amerikanischen Botschaft nennen ihr Büro in Kathmandu das ›Auffanglager‹, weil es so viele Amerikaner gibt, Typen vor allem, die ziemlich austicken und dann nach Hause geschickt werden müssen. Mark ist einer von dieser Sorte. Posaunt ständig herum, wer er ist und was er kann. Es gibt Gerüchte, dass er in den Staaten ziemlichen Mist gebaut hat und deshalb nun hier herumhängt. Im Moment ist die hiesige Polizei hinter ihm her, weil er ohne Genehmigung auf den Island Peak gegangen ist.«

»Aber er erzählt überall, dass er der Expeditionsarzt war«, sagt Laxmi und wirkt ehrlich überrascht.

»Er hat gefragt, ob er mitkommen darf«, erklärt uns der Mann, »aber sein Name stand nicht auf der Teilnehmerliste für die Genehmigung. Deshalb hat er nun die Polizei am Hals.«

»Gut«, merkt Laxmi an.

»Ja?« Annie zieht eine Augenbraue hoch.

»Er belästigt mich«, erzählt ihr Laxmi, »und folgt mir sogar hier herauf.«

»Er ist echt ein Idiot«, pflichtet Annie ihr nickend bei. Durch die gemeinsame Abneigung gegenüber Mark scheinen wir etwas Boden bei ihr gutgemacht zu haben. »Dauernd ist irgendwas mit Frauen. Wir haben schon etliche Beschwerden über ihn gehört. Viel schlimmere Geschichten als deine. Ihr könnt euch denken«, sagt Annie, »dass er das Vertrauen, das man ihm als Arzt entgegenbringt, für seine Zwecke ausnutzt.«

Um das Gespräch auf ein anderes Thema zu bringen, mache ich eine Bemerkung über die unglaubliche Infrastruktur in dem winzigen Dorf Khunde, das über ein Krankenhaus mit zwei Ärzten verfügt sowie über unterirdisch verlegte Stromkabel und Telefonleitungen. Ich schätze, der Ort hat nicht viel mehr als 100 Einwohner.

»Einige dieser Leute sind wohlhabender, als wir es je sein werden«, sagt der Mann. Offensichtlich hat er aber keine Lust, sich ausführlicher über das soziale Gefüge im Dorf zu unterhalten.

Ich hatte so viel von dem Krankenhaus in Khunde gehört, aber dieses Treffen ist nicht besonders aufschlussreich. Und die beiden lassen keinen Zweifel daran, dass sie mit ihrem Programm weitermachen wollen.

»Danke, dass Sie sich Zeit für uns genommen haben«, sage ich zum Abschluss. »Wir sollten los, ich muss es heute noch nach Tengboche schaffen.«

»Dauert zwei Stunden«, meint Annie Get Your Gun. »Selbst meine Mutter, die zu Besuch hier war, hat nur fünf Stunden gebraucht, und sie ist über 70.«

Damit wimmelt sie uns endgültig ab, obwohl kein einziger Patient im Krankenhaus ist.

Laxmi und ich verlassen Khunde und wandern durch Khumjung, in der Hoffnung, nicht auf Mark zu stoßen, der sich wohl irgendwo hier herumtreibt. Ich sehe zum Kloster von Khumjung und zum heiligen Berg der Sherpas hoch, dem Khumbila, der über uns aufragt. Noch nie erhielt jemand die Erlaubnis, diesen fast 6000 Meter hohen Gipfel zu besteigen, der über den Dörfern Khumjung, Khunde, Thame, Phortse, Pangboche und Chukhung, aus denen die meisten Höhensherpas stammen, thront. Oberhalb von Khumjung liegt der Ort für die Himmelsbestattungen, den Suzanne mir in Kathmandu als besondere spirituelle Stätte vorgeschlagen hat, an der ich meines Bruders gedenken kann, indem ich den Inhalt meines Umschlags verbrenne. Allerdings dominiert gerade Laxmis Wunsch, Mark aus dem Weg zu gehen, das aktuelle Geschehen, also schiebe ich den Gedanken an Kevin erst einmal beiseite und gehe weiter.

Von Khumjung bewegen wir uns bergab nach Sanasa. Als sich der Weg teilt, halten wir an.

»Und du bist sicher, dass du nicht erst nach Gokyo willst?«, versichert sich Laxmi erneut.

»Ganz sicher.« Diese Etappe will ich wirklich allein machen.

»Ich wünschte, ich hätte auch einen älteren Träger«, fügt sie dann an. »Meiner kommt mir ein bisschen unkonzentriert vor.« Dabei beäugt sie ihren Raiträger skeptisch und schaut dann den Weg hoch, der über eine steile Steintreppe bergauf führt. Ihre engen

Kletterhosen betonen ihre schlanke Figur. Dicht hinter ihr folgt ihr beflissener junger Träger. Ich kann nichts dafür, aber ich fühle mich wirklich erleichtert, dass ich nicht dieselben Probleme mit einem hormongesteuerten Kumar habe. Ich sehe ihnen zu, wie sie den Weg, der in die vertikal aufsteigende Felswand gemeißelt ist, aufwärts gehen, und hoffe nur, dass Mark, die Nervensäge, sie nicht ausfindig macht.

Kumar und ich überqueren den Dudh Kosi. An einem menschenleeren Wegabschnitt bleibe ich stehen und sehe mir noch einmal das schmale, türkisfarbene Flussband an, das sich leuchtend aus dem Tal abhebt. Die senkrechten Wände sind so steil und liegen so eng zusammen, dass an einer Stelle, an der ein massiger Felsblock von oben herabgestürzt ist und sich in der Felsspalte verfangen hat, ein natürlicher Bogengang entstanden ist. Der Blick durch den engen Hohlweg, der die undurchdringliche Pforte zum oberen Dudh-Kosi-Tal bildet, macht deutlich, warum wir den Umweg am Bhote Kosi entlang und über Namche machen mussten, um zum Everest-Basislager aufzusteigen.

Weiter oben treffen wir einen Mann, der gerade den Weg ausbessert. Er hält in seiner Arbeit inne, um eine Trekkinggruppe zu grüßen und den Teilnehmern Geld für die Instandhaltung des Weges abzuverlangen, das sie in eine große Holzkiste legen sollen. Hastig kommen sie seiner Bitte nach. Ich tue dasselbe, um mich nicht den verbalen Anfeindungen auszusetzen, die er zwei einzelnen Trekkern nachsendet, die, ohne zu zahlen, unbekümmert an ihm vorbeiziehen. Die Reparaturarbeiten am Weg sind ein Trick, vor dem mich ein befreundeter Autor und Fotograf schon in Kathmandu gewarnt hat. Chris Beall hatte mir erzählt, dass die Erde, die hier von einer Seite des Wegs auf die andere geschaufelt wird, der am meisten bewegte Haufen Dreck in ganz Nepal ist, wenn nicht auf der ganzen Welt. »Das ist seine Masche«, sagte Chris, »der Kerl bewegt schon seit Jahren denselben Erdhaufen hin und her.« Die Methode funktioniert, und der Schwindler hat damit schon ein kleines Vermögen gemacht.

Nach der Überquerung des Flusses Phunki beginnt der lange Aufstieg zum Kloster Tengboche. Im intensiven Sonnenlicht ist es heiß und trocken, also halte ich an, nehme meinen Rucksack ab und ziehe meine Fleecejacke aus. Ich leide noch immer unter Rückenschmerzen, die mich beunruhigen. Ein halbes Dutzend gut gebaute Männer mit riesigen Rucksäcken ziehen an uns vorbei.

»Andrew?«, macht sich eine fragende Stimme bemerkbar. Eine Frau mit einem beeindruckenden Rucksack sieht mich eindringlich an. Ich brauche ein paar Sekunden, bis ich sie wiedererkenne.

»Christina«, hilft sie mir auf die Sprünge.

»Neuseeland?«, frage ich ungläubig. Sie nickt bestätigend. Ich kann es nicht glauben.

»Christina, wie kommst du hierher?«

»Ich wollte die Annapurna-Runde gehen, aber dann habe ich in einem irischen Lokal in Kathmandu diese britischen Soldaten getroffen«, erklärt sie, »und sie haben mich überredet, lieber mit ihnen zum Everest-Basislager aufzusteigen. Wir sind von Jiri aus losmarschiert. Ich kann einfach nicht glauben, dass ich dich hier treffe.«

Ein weiterer kräftig gebauter Mann kommt des Weges und mustert mich im Vorbeigehen genau.

»Ich auch nicht«, sage ich. Wir haben uns vor drei Jahren in Te Anau in Neuseeland kennengelernt. Sie war damals Krankenschwester und lebte in London. Ich hatte ihr einiges von meiner Ausrüstung für den Milford Track geliehen, den sie ging, während ich auf dem Kepler Track unterwegs war. Sie hatte ein Auto und nahm mich von Christchurch nach Kaikorua mit. So verbrachten wir ein paar Tage zusammen und erzählten uns, wie es unter Reisenden üblich ist, viel voneinander.

Wir gehen nebeneinander weiter, eskortiert von einem der britischen Soldaten, der sich so dicht an Christina hält, dass er unsere Unterhaltung mithören kann.

»Bist du in die Medizin eingestiegen?«, erkundige ich mich. Sie hatte vor, Medizin zu studieren und, wie ihr Vater und ihre Brüder, den Arztberuf zu ergreifen.

»Nein, ich hab es dann doch nicht getan«, erzählt sie. »Von Neuseeland bin ich nach Australien gereist, dort habe ich einen Holländer kennengelernt. Ich bin eine Weile geblieben, doch als wir nach Europa zurückgekehrt sind, hat sich zwischen uns etwas verändert.«

Der Schweiß tropft uns von der Stirn, als wir den Aufstieg nach Tengboche bewältigen. Christina fragt mich nach jedem einzelnen Familienmitglied. Schließlich ist sie bei Kevin angelangt. »Wie geht es deinem Bruder? Er hat doch zwei Kinder, nicht wahr?«

»Katie und Cooper«, erzähle ich ihr, erstaunt, dass sie sich das alles gemerkt hat. Doch weiter sage ich nichts. Die Wanderung bergauf ist schwierig und anstrengend, und ich hoffe, damit ist das Thema beendet und wir konzentrieren uns auf den Weg. Doch Christina lässt nicht locker. »Und dein Bruder?«, hakt sie nach. »Kevin, stimmt's?«

»Mein Bruder ist dieses Jahr gestorben«, antworte ich. Irgendwie hilft mir die Quälerei des Aufstiegs, die Worte aus mir herauszupressen.

Christina hält an und greift nach meinem Arm.

»Oh, Andrew, das tut mir so leid«, sagt sie. »Seid ihr euch sehr nahe gewesen?« In diesem Moment müssen wir zur Seite treten und eine Yakkarawane vorbeilassen.

»In mancherlei Hinsicht schon«, antworte ich. Aber ich möchte nicht über Kevin sprechen, nicht hier, inmitten von britischen Soldaten, Yaks und Straßenbaubetrügern. »Aber wir sind ... wir waren auch sehr unterschiedlich.«

»Wie alt sind seine Kinder?«

»Katie ist vier und Cooper zwölf.«

»Es muss furchtbar für sie sein.«

Christina sagt eine Weile nichts mehr, und wir arbeiten uns schweigend den Hang hinauf.

»Und du hast einen Weg gefunden, wie du damit umgehen kannst, Andrew?«

»Das braucht Zeit und muss sich erst setzen«, erkläre ich. Wir steigen weiter auf. Und etwas anderes will ich jetzt auch nicht. Ich will ihr nicht erzählen, was ich weiß, was jeder weiß, der einen geliebten Menschen verloren hat und alle nur denkbaren Gefühlslagen durchlebt. Wut. Trauer. Reue. Enttäuschung. Ich will ihr nicht erzählen, dass ich nachts aufwache und in meinem Bauch dieses schwarze Loch spüre. Nach seinem Tod war ich wochenlang wie gelähmt.

Ich starre auf meine Stiefel und scharre im Staub herum.

»Irgendwann«, sage ich, »kommt der Moment, in dem du aufwachst und der Schrecken starrt dir nicht mehr ins Gesicht.«

»Wie ist er ...?«, fragt Christina.

»Herzinfarkt.« Ich halte an und stütze mich auf meine Wanderstöcke, um Luft zu holen. Dabei deute ich auf das grüne Tal hinab. »Schön, nicht wahr?«

Christina lässt den Blick über das Tal schweifen und sagt nichts. Ich glaube, sie versteht, dass es für mich nicht der passende Zeitpunkt ist, über Kevin zu sprechen. Es gibt Dinge, die kann man niemandem erzählen. Wie die Schuldgefühle, die mich immer noch plagen. Kevin war bereits mehrere Wochen krank gewesen. Sogar bettlägerig. Er hatte es für eine Grippe oder etwas Ähnliches gehalten und sich geweigert, zum Arzt zu gehen. An seinem Geburtstag lag er immer noch im Bett, also besuchte ich ihn und brachte ihm ein Geschenk mit. Ich saß am Fußende seines Bettes und unterhielt mich mit ihm. Da er sonst immer so viel um die Ohren hatte, war es eine der seltenen Gelegenheiten, unbegrenzt Zeit mit ihm zu verbringen.

Und es war der letzte Tag, an dem ich ihn lebend sah. Ich hatte Kevins Energie und Ehrgeiz immer bewundert. Als Teenager hatte er sich geschworen, mit 30 Millionär zu sein. Und alles sprach dafür, dass er einmal ziemlich wohlhabend sein würde. Er arbeitete hart, aber gerade zu dem Zeitpunkt, als er starb, hatte er angefangen, die Dinge lockerer anzugehen. Er sprach sogar davon, sich zur Ruhe zu setzen. Im Gegensatz zu ihm war mir der Erfolg nie geheuer. Immer wenn sich abzeichnete, ich könnte mit etwas Erfolg haben, hörte ich damit auf und fing etwas anderes an. Geld bedeutete mir nie so viel wie meine Freiheit. Mein wertvollster Besitz war meine Unabhängigkeit. Kevin heiratete, wurde Vater, kaufte in Bermuda ein schönes Haus am Strand, gründete und leitete einen erfolgreichen Verlag. Zwischendurch hatte er sein Haus vermietet, um sich dadurch das Kapital für einen Anbau zu beschaffen. Er wollte gerade wieder einziehen. Aber es war in seinem Verlag auch die hektischste Zeit des Jahres, mehrere Publikationen sollten parallel erscheinen. Er stand unter enormem Druck, und am Wochenende musste er zu einer Konferenz in Dallas, Texas. Tina, seine Frau, machte sich Sorgen, weil er immer noch krank war, und vereinbarte für den Freitag vor seiner Abreise einen Arzttermin für ihn. Sie hatte sogar meine Mutter angerufen und sie gebeten, dafür zu sorgen, dass Kevin auch wirklich hingehen würde. Tina wartete in der Arztpraxis auf ihn, aber Kevin erschien nicht. Am Abend reiste er zur Konferenz. Geplant war, dass er sich am Montag mit Tina in New York treffen würde. Sie wollten dann gemeinsam verschiedene Dinge für das Haus kaufen. An diesem Tag fand man ihn tot in seinem Hotelzimmer in Dallas. Eine einsamere Art zu sterben kann ich mir nicht vorstellen, in einem anderen Land, in einem Hotelzimmer, weit weg von zu Hause.

Und deshalb habe ich Schuldgefühle.

Ein Träger kommt leichtfüßig bergab, der leere Tragekorb baumelt an seinem Hinterkopf. Ich erzähle Christina von meinem Unfall und wie besorgt Annabel war, weil ich diese Reise plante.

»Annabel?«, fragt Christina nach, als ich fertig bin.

»Meine Freundin«, erkläre ich ihr. »Sie ist Sportärztin und Orthopädin und kommt aus Neuseeland.« Ich kann mich noch lebhaft an Annabels Gesichtsausdruck erinnern, als sie meine CT-Bilder anschaute. Sie stand kurz nach meiner Einlieferung neben mir im Krankenhaus. Ich konnte meine Beine nicht bewegen und hatte schier unerträgliche Schmerzen. Als ihr der Radiologe die Bilder zeigte, wusste ich ohne weitere Erklärung, dass es viel ernster um mich stand, als man mir bisher zu verstehen gegeben hatte. Ein Chirurg wurde hinzugezogen. Er besah sich die Aufnahmen und sagte, er könne nichts tun, eine Operation sei zu riskant. Man könne nur abwarten, dass die zertrümmerte Wirbelsäule von selbst so gut wie möglich wieder zusammenwachse.

Während meiner Genesung gab mir Annabel das Selbstvertrauen, immer wieder die Grenzen auszuloten. Als ich noch am selben Tag, an dem ich das Krankenhaus verließ, mit dem Schwimmen anfing, trug ich ein Stützkorsett. Ich konnte gerade mal wie ein Hund schwimmen und nur mit Mühe den Kopf über Wasser halten. Oft habe ich mir zu viel zugemutet und konnte mich dann tagelang nicht bewegen. Doch Annabel nahm mir immer wieder die Angst, ich könnte mir den Wirbel erneut gebrochen haben. Sie half mir herauszufinden, wie weit ich gehen konnte.

Annabel hat schon zweimal den Everestmarathon als Ärztin begleitet und den Annapurna-Rundweg schon zehn Jahre vor mir bewältigt, als es dort noch ziemlich unzivilisiert zuging. Auch sie liebt den Himalaja und versteht, warum ich wieder hierherkommen musste.

Von meinen anderen Beweggründen für diese Reise, von dem Umschlag in meiner Brusttasche, erzähle ich Christina nichts.

»Wo bleibst du in Tengboche?«, fragt sie mich.

»Weiß ich noch nicht. Bist du bei den Soldaten im Zelt?«

»Nicht zwingend«, erwidert sie trotz des stattlichen Soldaten, der ihr wie eine Anstandsdame nicht von der Seite weicht.

Wir folgen einer Kehre im Wegverlauf und treten durch ein steinernes Kani, ein Eingangstor. An seinen Innenwänden ist auf jeder Seite eine Reihe von Gebetsmühlen angebracht. In diesem Moment rückt ein Hubschrauber in unser Blickfeld, dessen Nase eben über dem Bergkamm auftaucht. Dieser Anblick passt überhaupt nicht hierher. Der gleißende Fremdkörper bildet das genaue Gegenstück zu den zerbröckelnden Steinmauern und den verblichenen buddhistischen Malereien. Schwerfällig zieht eine weitere Yakkarawane, beladen mit Trekkingausrüstungen, an uns vorbei.

Das Kloster von Tengboche ist eine riesige Anlage, an der gerade neue Anbauten entstehen. Es wirkt erhaben, fast wie eine kleinere Ausgabe des Potala-Palastes in Lhasa. Baumaterial, Stahlträger und lange Holzbretter liegen verstreut vor den Gebäuden herum. Baufällige Lodges, die zum Klosterbesitz gehören, aber verpachtet sind, bilden die Abgrenzung zu einer offenen, grasbewachsenen Weidefläche. Zwei dieser heruntergekommenen Lodges schützen den Hubschrauberlandeplatz vor Winden, die das Tal herabfegen. Es ist ein merkwürdiger Ort, in dem ultramodernes und traditionelles Leben aufeinanderprallen.

Mit Filmkameras bewaffnete Männer klettern in den Hubschrauber, während die Turbinen starten und die Rotoren sich zu drehen beginnen. Mehrere Trekker und Nepalesen sehen dabei zu. Die Triebwerke des Helikopters heulen lauter auf, und er hebt zögerlich ein Stück von dem staubigen Boden ab. Zunächst steigt er aber kaum in die Höhe, sondern bewegt sich ruckend vorwärts, lässt sich erst ein

Stück weit in das Tal fallen und holt sich dort den notwendigen Schwung, damit er in die richtige Fluglage kommt.

Christina ist auf einmal verschwunden, vermutlich mit den britischen Soldaten, die auf der anderen Seite der Weidefläche ihr Lager aufschlagen. Ich wandere durch ein Band ausgewachsener Kiefern zu einer schlampig gebauten Lodge. Doch was ihr an Bausubstanz fehlt, macht sie durch den Ausblick, den sie bietet, mehr als wett. Ich sehe das ganze Tal hinab bis zum Everest View Hotel, zu dem Dorf Khumjung und der militärischen Kommandostelle auf dem Hügel über Namche. Dahinter erheben sich die Ama Dablam und andere wuchtige Himalajaberge, wobei mir nicht klar ist, welcher von ihnen der Everest ist.

Der Besitzer zeigt mir eine Bruchbude von Schlafzimmer. Aber es hat ein Glasfenster, das den spektakulären Talblick freigibt. Das Haus steht so nahe am Abgrund, dass ich lediglich einen Schritt vor die Tür machen kann. Ein weiterer Schritt nach vorn, und ich wäre schon halb in Namche. Kumar wirft meinen Rucksack auf die Holzdielen, und ich folge ihm in die mittelalterliche Küche, wo ich eine Suppe und frittierte Kartoffelscheiben bestelle. Neben dem Ofen im Gastraum, der gleichzeitig auch als Schlafsaal dient, sitzt ein Trekker und liest. Ich grüße ihn, aber er reagiert nicht. Schalenbergstiefel, Steigeisen und nicht nur ein Eispickel, sondern gleich zwei, alles am Fußende seiner Schlafstelle angehäuft, zeigen an, dass es sich um einen echten Bergsteiger handelt. Ganz eindeutig ist er nicht ein simpler Rucksacktrekker wie ich. Das erklärt auch sein distanziertes Verhalten.

Um mich von dem ungemütlichen Schweigen abzulenken, lese ich ein Flugblatt, in dem die Renovierungsarbeiten erklärt werden, die in Tengboche gerade im Gang sind. Das von einem Deutschen verfasste Blatt trägt einen professionell wirkenden, sorgsam formulierten Text, der die Geschichte Tengboches darstellt und mit

Zeichnungen der Bauten, die neu entstehen, einen Ausblick auf die Zukunft gibt.

Ich erfahre, dass das Kloster von Tengboche noch gar nicht so alt ist – es wurde 1916 gegründet. 1933 wurde es durch ein Erdbeben nahezu zerstört und neu errichtet. Am 19. Januar 1989 brannte das Kloster bis auf die Grundmauern ab und wurde in den folgenden Jahren dank Spenden wiederaufgebaut. Jetzt finden umfangreiche Erweiterungsarbeiten statt. Das Haupthaus beherbergt eine Gebetshalle, den Dokhang, mit einer riesigen Statue des Sakyamuni Buddha. 50 Mönche leben hier, und jedes Jahr besuchen an die 25 000 westliche Touristen Tengboche. Auf dem Blatt sind eine Internetseite und eine E-Mail-Adresse genannt, um die Weiterleitung von Spenden zu vereinfachen.

Ich esse zu Ende und bringe mein Geschirr in die dunkle Küche, wo Kumar sitzt, glücklich sein *Dal Bhaat* löffelt und mit den Kindern des Besitzers spielt. Er macht das in allen Lodges so, ist immer hilfsbereit und beschäftigt sich gern mit den Kleinen. Aus einem Radio quäkt nepalesische Musik. Ich frage nach einem Snickers-Riegel, der verlockend hinter der Glasscheibe einer verschlossenen Vitrine liegt. Er kostet genauso viel wie mein Zimmer, ein Drittel von Kumars Tagesverdienst. Mit leisen Schuldgefühlen stecke ich ihn in die Tasche und gehe nach draußen, um mich ein wenig umzusehen.

An Tschorten, den Schreinen, die zum Gedenken an tote Bergsteiger errichtet wurden, flattern Leinen mit Gebetsfahnen im Wind. Ein Kolkrabe krächzt beim mühelosen Gleiten auf dem Luftstrom, der über den Kamm zieht. Während er seine Flügelspitzen im Wind ausrichtet, starrt mich der große Vogel mit seinen schwarzen Knopfaugen an. Ich habe den Snickers-Riegel ausgepackt und beiße winzigste Stücke ab, damit ich möglichst lange etwas davon habe. Der Rabe hofft währenddessen, dass mir kleine Krümel auf den Boden fallen. Er gleitet so dicht an mir vorbei, dass ich die Hand ausstrecken und ihm den Schokoriegel hinhalten könnte, damit er ihn mit seinem imposanten Schnabel greifen kann.

Der Blick den Dudh Kosi hinunter zum Eingang des Sagarmatha-Nationalparks ist, wie von Jamie beschrieben, wirklich atemberaubend. Obwohl ich heute mehrere Stunden gegangen bin, befinde ich mich auf der gleichen Höhe wie Khunde, knapp über 3800 Meter über dem Meeresspiegel. Hinter mir fließt der Imja Khola vom Khumbugletscher herab. Auf der anderen Seite des Tals schneidet sich der Weg von Sanasa nach Phortse Tenga und hinauf nach Gokyo auf spektakuläre Weise in den Berg.

Man muss sich nicht wundern, dass genau dieser Grat 1916 als Standort für ein imposantes Kloster ausgewählt wurde. Der Blick von hier ist einzigartig, und aus strategischer Sicht wäre er einer Festung würdig, sollte irgendjemand das Gefühl haben, man müsste eine so unwirtliche Gegend verteidigen. Die Jahrhunderte davor war hier einfach deshalb keine Gompa gebaut worden, weil hier oben niemand lebte. Die höchstgelegenen Dörfer waren Khunde und Khumjung sowie Phortse auf der anderen Seite des Dudh Kosi. Doch seit jedes Jahr Tausende von Trekkern zum Everest-Basislager pilgern, verwandelten sich die höhergelegenen Sommerweiden in feste Ansiedlungen, die das ganze Jahr über bewohnt sind.

Am Ende einer Reihe von Gebetsfahnen ist eine Gedenktafel angebracht. Sie erinnert an einen Mann, von dem ich schon ein Buch gelesen habe.

Russische Lhotse-Expedition
Vladimir Bashkirov
28.01.52 – 27.05.97
Im Gedenken an einen großen Bergsteiger
und lieben Freund

Es gibt keinen Hinweis darauf, wer die Gedenktafel an diesem Steinhaufen angebracht hat – aber welche Traurigkeit und welcher Schmerz liegen in diesen einfachen Worten. Bashkirov gehörte zu einer russischen Gruppe, die im Frühjahr 1997 den Lhotse besteigen wollte. Schlechtes Wetter zwang die Teilnehmer zur Umkehr. Auf dem Rückweg kam Vladimir Bashkirov, der damals beste Höhenkletterer Russlands, ums Leben. Als einer der zehn Bergsteiger der Expedition, die den Lhotse ohne Sauerstoff bestiegen hatten, stieg er zusammen mit dem Expeditionsleiter Anatoli Bukrejew ab, der ins Lager funkte, er brauche Sauerstoff für Bashkirov. Zwei Teamkameraden kamen den beiden vom russischen Höhenlager aus mit Sauerstoffflaschen entgegen, doch es war zu spät. Bashkirov starb kurz nachdem sie ihn mit dem Sauerstoff erreicht hatten. Er war 45 Jahre alt. Was mich am meisten bedrückt, ist die Vorstellung, wie sehr andere unter seinem Tod gelitten haben müssen, vor allem, weil der Anlass so sinnlos erscheint – auf einen Berg zu klettern, nur weil es ihn gibt.

Dünne Wolkenstreifen hoch oben zeigen einen Wetterwechsel an. Ein leichter Wind weht und bewegt wie von Geisterhand die Gebetsfahnen. Plötzlich hallt das Dröhnen von Rotoren von den Felswänden wider. Ich entdecke einen Hubschrauber, der sich, von der Sonne angestrahlt, hell gegen die im Schatten liegenden Berge im Hintergrund abhebt. Vor dem Kloster verschwindet er in einer Staubwolke. Ich bewege mich in diese Richtung, weil ich sehen will, was da los ist.

Eine Japanerin sitzt teilnahmslos vor einer Lodge, eine Sauerstoffmaske vor dem Gesicht. Zwei gutgekleidete, mit verspiegelten Sonnenbrillen ausgerüstete Sherpas helfen ihr nun, aufzustehen und in den Hubschrauber zu steigen. Ein dritter trägt die Sauerstoffflasche. Die ausladenden Rotoren drehen sich weiter, und schon Sekunden nachdem die Frau eingestiegen ist, hebt der Hubschrauber ab und befördert sie schnell in niedrigeres Gebiet nach Kathmandu. Dort wird sich ihr Höhenproblem hoffentlich geben.

Gleich nachdem dieser Hubschrauber verschwunden ist, taucht ein nächster auf. Er fliegt das Tal hinauf nach Pheriche, wo in der Ambulanz der Himalayan Rescue Association zwei Ärzte stationiert sind. Auch sie haben Funkkontakt nach Kathmandu und können einen Hubschrauber anfordern, wenn Patienten evakuiert werden müssen. Neben dem Lärm der Hubschrauber, die das Tal hinauf- und hinabfliegen, ertönt das gleichmäßige Klopfen von Steinmetzhämmern, und man hört, wie große Baumstämme in Bretter zersägt werden. Die Arbeiten an den Erweiterungsbauten des Klosters von Tengboche nehmen unverdrossen ihren Fortgang.

Da ich reichlich Zeit habe, mache ich mich daran, den steilen Vorsprung zu erklimmen, von dem aus man einen guten Blick auf Tengboche hat. Der Nordhang ist mit Schnee und Eis bedeckt. Ich klettere den rutschigen Weg bis zu einer Felsplatte hoch, über der absolute Stille liegt.

Genau das hatte ich gesucht.

Doch mit der Ruhe ist es bald wieder vorbei, als der Hubschrauber von oben aus dem Tal zurückkommt und einen weiteren kranken Trekker, der in zu kurzer Zeit zu hoch aufgestiegen ist, in tiefere Gefilde transportiert. Jetzt verschwindet die Sonne hinter den Bergen im Südwesten. Trotz der Kälte bleibe ich auf meinem luftigen Refugium über dem Rest der Welt sitzen. Gegen Abend legt sich die Geschäftigkeit um die Lodges und das Kloster. Die Sonne illuminiert die Spitzen der Himalajaberge im Norden und Osten, erwischt noch die Ränder des Thamserku im Süden und strahlt den eindrucksvollen Monolithen Ama Dablam an.

Unter mir ist das Kloster von Tengboche in Flutlicht getaucht. Der Anblick ist befremdend. Ein künstlich angestrahltes Kloster mitten im Himalaja, zehn Tagesmärsche oberhalb der nächsten

Straße und dennoch durch Strom, Telefon und Internet mit der Außenwelt verbunden. Gebetsfahnen, die an hohen Holzpfählen befestigt sind, flattern im Wind und tragen mit jeder Welle ihre Bitten fort. Vielleicht sind sie als Kommunikationsmittel genauso effektiv wie das Internet, zumindest wenn es um die Verständigung mit einer anderen Welt geht. Die Fenster sind vom warmen Licht aus dem Inneren der Lodges erhellt. Selbst nicht zu sehen, aber diese surreale Szenerie vor Augen, fühle ich mich fast allwissend und allgegenwärtig. Vielleicht fühlt es sich so an, wenn man tot ist. Vielleicht schweben wir dann in trüber, kalter Luft und haben einen allumfassenden Blick auf die Welt unter uns.

Noch Wochen nachdem Kevin gestorben war, kam es mir vor, als sei er immer noch bei mir. Überall spürte ich ihn. Ich fing sogar an, seine Hemden zu tragen. Der Umschlag mit seinem Haar steckt in der Brusttasche eines karierten Flanellhemds, das ursprünglich ihm gehörte. Ich empfinde es als wohltuend, dass ich in etwas eingehüllt bin, das meinem Bruder gehört hat, dass ich von seiner Aura umgeben bin. Es ist für mich ein Schutzschild vor der Außenwelt.

Obwohl ich schon vor Kälte zittere, verweile ich auf dem Felsvorsprung, bis der Mond die schneebedeckten Bergkuppen gegenüber von Namche bescheint. Dahinter reckt die Ama Dablam ihren mächtigen Finger schemenhaft den Sternen entgegen. Der Mond scheint so durchdringend, der Himmel ist so klar, dass die Berge Schatten werfen.

Danach hatte ich mich gesehnt – eine Weile einmal keine Lodges, keine Trekker, kein Gefolge an Sherpas und Rais um mich. Jetzt spüre ich einen Geist, den ich in diesen Bergen schon öfter wahrgenommen habe. Es ist ein gütiger, freundlicher Geist, genau das, worauf ich gehofft, was ich mir gewünscht hatte.

Als der Mond höhersteigt, befinde ich mich nicht mehr im Schatten und kann den Weg hinunter auf dem rutschigen Kamm gut erkennen. Ich bewege mich auf dem eisglatten Pfad nach Tengboche hinab. Der Geist folgt mir. Ich wandere vorbei an dem illuminierten Kloster durch das Kiefernband. In der mondhellen Nacht kann ich sogar die Farben der Bäume unterscheiden. Es ist ganz still. Auf der anderen Seite des steil abfallenden Dudh-Kosi-Tals, in Khumjung und Khunde, blinken ein paar elektrische Lichter.

Da es schon zu spät ist, um noch Essen zu bestellen, krieche ich in meinem windigen Zimmer am Fuße des Himalaja, weit, weit weg von allen, die ich liebe, in meinen Schlafsack. In Kevins Hemd gekuschelt und sein Haar nahe an meinem Herzen, sehe ich durch das Fenster die Sterne und die Schneeberge, die im Schein des Mondes leuchten.

Sie scheinen zum Greifen nahe.

Tengboche – Debuche

Gut erholt wache ich auf. Durch die vereiste Fensterscheibe erkenne ich auf der Namche gegenüberliegenden Seite die hell bestrahlten Gipfel von Kongde und Teng Kanpoche, deren Wände über dem Tal von Thame hängen. Die aufgehende Sonne erreicht langsam ihre schneebedeckten Hänge, wo die Farben von intensivem Orange in Hellgelb und schließlich strahlendes Weiß wechseln.

Ich habe schon überall auf der Welt die Sonne aufgehen sehen. Mit meinen Eltern lebte ich in Europa, Kanada, Afrika und Asien, ich wechselte regelmäßig Schulen und Wohnungen, Länder und Kontinente. Es war immer schwer, Freunde zu finden und sie dann wieder zurücklassen zu müssen. Irgendwann schotteten meine Geschwister und ich uns nach außen hin ab, weil wir schon im Voraus ahnten, wie weh es uns tun würde, wenn wir erst enge Freundschaften schließen würden und dann fortgehen müssten. Das einzig Beständige in unserem Leben war unsere Familie. Mein Bruder, meine zwei Schwestern und ich waren uns ungewöhnlich nahe. Wir waren, außer unseren Eltern, die Einzigen, die wussten, dass ein solches Leben mit all den Reisen, den ständig wechselnden Schulen und Ländern möglich ist. Zwischen meinem Bruder und mir herrschte eine eher stillschweigende Nähe, die auf dem grundlegenden Wissen basierte, wie sehr wir uns von anderen Leuten unterschieden. Nach außen zeigten wir diese Nähe nicht. Trotz der gleichen Erziehung waren Kevin und ich sehr verschiedene Menschen. Er war ehrgeizig und getrieben von dem Streben nach materiellem Erfolg. Ich studierte rein aus Interesse Philosophie und hängte dann ein Aufbaustudium in Internationaler Wirtschaft an, damit ich in

Entwicklungsländern arbeiten konnte. Meine jüngeren Geschwister zogen mit meinen Eltern nach Bermuda, während ich eine Stelle bei den Vereinten Nationen in Tansania antrat. Ich reiste dauernd und veränderte mich oft beruflich. Kevin wurde mit Frau, Familie, eigener Firma und Hypothek sesshaft. Ich bin zwar der Älteste von uns Geschwistern, könnte aber in mancherlei Hinsicht der Jüngste sein – nicht bereit, Verantwortung zu übernehmen, ein Abenteurer, vielleicht ein Dilettant, der sich so durchmogelt. Ich bewunderte Kevin dafür, dass er solche Energien dareinsetzte, mit seinem Verlag erfolgreich zu sein, und er beneidete mich um meine Freiheit. Doch im Lauf der Jahre lebten wir uns auseinander. Ganz tief in seinem Innersten, das weiß ich, hatte er Achtung vor meinen Entscheidungen, er konnte es nur schwer zeigen. Und das war ein weiterer grundlegender Unterschied zwischen uns beiden. Meine Stärke ist die Kommunikation. Er ließ sich nicht in die Karten schauen und behielt seine Gefühle für sich. Er trug eine Unmenge an Widersprüchen in sich und viel Angst, die er nicht herausließ. Ich dagegen muss sofort reden, wenn mich etwas beschäftigt, muss es herauslassen.

Es ist eine Ironie des Schicksals, dass Kevin meine Mutter rettete, als sie einen Herzinfarkt hatte. Sein Anruf erreichte mich in Norwegen. Es stand nicht gut um sie. Ich flog sofort nach Bermuda. Sie lag einen ganzen Monat lang im Krankenhaus auf der Intensivstation und hatte mehrere Infarkte sowie einen Herzstillstand. Kevin ergriff die Initiative und holte uns Geschwister zusammen, um mit dem behandelnden Arzt über ihren Zustand zu reden, der uns sagte, sie würde sterben und das sei der natürliche Gang der Dinge. Doch Kevin bestand darauf, dass sie sofort von einem anderen Arzt untersucht würde. Mit diesem sprachen wir noch am selben Abend, und er erklärte uns, es gebe nur eine Chance, nämlich sie so schnell wie möglich mit dem Hubschrauber in das Johns-Hopkins-Krankenhaus in Baltimore zu transportieren. Sie brauche eine Bypassoperation. Die Bypassoperation verlief erfolgreich, zwei Wochen später war sie schon wieder auf Bermuda und erholte sich gut. Heute, einige Jahre später, führt sie ein ganz normales Leben. Kevin hatte damals den Mumm, den Arztwechsel durchzusetzen. Aber er unternahm nichts, um sein eigenes Leben zu retten.

Als ich den Gastraum der Lodge betrete, wecken meine Schritte den schweigenden Bergsteiger im angrenzenden Schlafsaal. Ich sage *bonjour*, doch er ignoriert mich wieder. Gäbe er sich auch so reserviert, wenn ich eine hübsche Frau wäre? Nach Laxmis Information würde er mich stundenlang mit der Schilderung seiner schwierigen Gipfelbesteigungen, dem perfekten Zusammenwirken seiner Eispickel beglücken. Doch mich übersieht er geflissentlich, während er seinen Schlafsack in seinen mittelgroßen Rucksack packt, in seine Schalenbergschuhe steigt und in Shorts über seiner langen blauen Thermounterhose schweigend von dannen zieht. Da er allein ist, nehme ich nicht an, dass er sich aufmacht, um einen Gipfel zu erklimmen. Aber was tut er dann, allein mit seinen beiden Eispickeln? Einen gefrorenen Wasserfall hochklettern? Durch das Fenster sehe ich, wie er zu den Bergen aufblickt, als würde er die Bedingungen abschätzen. Vielleicht ist er ja einer wie Jamie, der nur im Himalaja herumwandert, nicht unbedingt Gipfel stürmen muss, sondern einfach über Pässe geht und die Einsamkeit an unberührteren Orten als meinem kleinen Felsvorsprung über Tengboche findet. Vor zwei Wochen hätten er und ich uns einen Wettstreit um ein Bett in Tengboche geliefert. Jetzt ist Dezember und die Zahl der Trekker, die noch unterwegs sind, so gering, dass er es sich nun leisten kann, schon genervt zu sein, wenn er die Lodge mit einer weiteren Person teilen muss.

Nach dem Frühstück schlendere ich zum Kloster hinüber. Die Gebetshalle ist bis vier Uhr nachmittags geschlossen, und da Michael, der Deutsche, nicht vor Ort ist, findet keine Führung statt. Anscheinend ist er momentan der Einzige, der sich dem widmet. Aber der Souvenirladen ist geöffnet und bietet Tengboche-T-Shirts, Tengboche-Gebetsfahnen und Tengboche-Postkarten feil. Ich nehme eine Gebetsschnur in die Hand.

»Du wollen?«, fragt mich der in Safrangelb und Ocker gewandete Lama.

»Sie sind aus Plastik«, erwidere ich, nachdem ich die Perlen genauer untersucht habe. Wären sie aus Holz gewesen, hätte ich in Erwägung gezogen, sie zu kaufen.

»Du wollen Gebetsperlen aus Holz?«, fragt er mich, als könne er meine Gedanken lesen. Teufel noch mal, vielleicht kann er das wirklich. Immerhin ist er ein Lama, der im Souvenirladen einer Gompa sitzt. Er greift unter seine Kleider und zieht sehr abgenutzte und mit Flecken überzogene Gebetsperlen aus Holz hervor. »Du wollen?«

»Sicher«, antworte ich, obwohl ich eigentlich nicht so recht weiß. Ich frage mich, ob es seine persönlichen Gebetsperlen sind.

»500 Rupien gut«, schlägt er vor.

Er nimmt mein Geld, gibt mir die Perlen und legt noch eine Postkarte mit dem amtierenden Rinpoche, dem leitenden Abt, gratis dazu. Ich bin mir nicht ganz sicher, ob ich Schuldgefühle haben sollte, weil ich ihm seine persönlichen Gebetsperlen abgekauft habe.

Trotzdem stecke ich sie ein und gehe in die Lodge zurück. Inzwischen ist Kumar verschwunden.

»Wo ist mein Träger«, frage ich den Wirt der Lodge.

»Pangboche«, erklärt er mir, ohne aufzusehen. Er ist gerade damit beschäftigt, ein Radio zu reparieren.

»Kumar ist in Pangboche?« Da ich voll und ganz davon abhängig bin, dass er meinen Rucksack trägt, kann ich nicht aufbrechen. Aber ich will nicht herumhängen und noch eine Nacht hier verbringen. Ich verlange die Rechnung. Der Mann rechnet alles mit einem

Taschenrechner zusammen. 880 Rupien. Normalerweise rechne ich nicht nach, aber da ich reichlich Zeit habe, tue ich es ausnahmsweise. Ich komme auf nur 680 Rupien. Er rechnet ebenfalls nach und kommt nun auf dieselbe Summe wie ich. 680 Rupien, das ist eine Differenz von 200 Rupien. Das sind zwar nur drei Dollar, lächerlich, ich weiß, aber absichtlich übers Ohr gehauen zu werden ist nicht schön.

Jamie hatte mir geraten, an Tengboche vorbei in einen kleinen Ort namens Deboche zu gehen. »Dort findest du die Ama-Dablam-Lodge. Sie wird von einer Frau namens Mingma geführt. Ich weiß, es wird dir gefallen, dich mit ihr zu unterhalten, Andrew.« Also informiere ich den Lodgebesitzer, wohin ich gehe, und bitte ihn, es Kumar auszurichten, damit wir uns dort treffen können.

Ohne meinen Rucksack wandere ich an den Lodges vorbei, die dem Kloster gehören, aber als Einnahmequelle an einheimische Sherpafamilien weiterverpachtet sind. Durch Rhododendronwald, der mit Spanischem Moos durchwoben ist, folge ich dem abwärts verlaufenden Weg. Wo kein Sonnenlicht hinfällt, liegt Schnee auf dem Boden. Bald schon erreiche ich die dreistöckige Ama-Dablam-Lodge, die ganz allein auf einer ebenen, von Bäumen umgebenen Weidefläche liegt. Jetzt, am Vormittag, sind die Trekker, die hier übernachtet haben, schon wieder unterwegs, und diejenigen, die heute bleiben wollen, kommen erst später an. In der leeren Küche begrüßt mich ein gutgekleideter Mann, der gerade den Boden fegt. Ich frage nach Mingma.

»Ich bin Mingma«, antwortet er.

»Aber ich dachte, Mingma sei eine Frau«, erwidere ich.

»Diese Mingma ist nicht mehr hier«, sagt er. »Sie ist jetzt in der Lodge in Tengboche.« Wieder ein Sherpa, der fast perfekt Englisch spricht. »Möchtest du eine Tasse Kaffee oder Tee?«

»Tee.«

Ich folge ihm zu einem großen Herd aus Lehm mit vier Kochstellen. Selbst für die relativ gehobenen Verhältnisse hier im Khumbu ist das eine Luxusküche. Aus den beiden Öffnungen, aus denen Holzscheite herausstehen, lecken Flammen. Ein etwa 13-jähriger Junge kommt herein, die Arme mit Feuerholz beladen, das er in den Ofen schichtet. Ich hatte gedacht, dass es im Nationalpark nicht erlaubt ist, Feuerholz zu sammeln.

»Du hast hier eine schöne Lodge.« Ich setze mich mit Mingma an einen Holztisch, während mir sein Koch aus einer Thermoskanne heißen Milchtee eingießt. »Gehört sie dir?«

»Ich habe sie von einem Freund gepachtet, der selbst für eine Trekkingagentur in Kathmandu arbeitet«, antwortet Mingma. »Er hat keine Zeit, sich um die Lodge zu kümmern. Soll ich sie dir zeigen?«

Er führt mich in den blitzsauberen Gastraum, in dem auf der einen Seite ein Ofen steht und auf der anderen Glasvitrinen mit einer Auswahl an Schokolade, Bier, Pringle-Kartoffelchips, Whiskey und Rum. Das Stockwerk darüber beherbergt mehrere Zimmer und eine Toilette mit richtiger Kloschüssel, Modell »Hocke«. Ein Schild an der Tür weist darauf hin, dass man sie nur nachts benutzen soll.

»Wir müssen das Wasser herauftragen«, erklärt mir Mingma, als er meinen verwunderten Blick bemerkt. »Deshalb ist es einfacher, wenn die Leute die Toiletten draußen im Freien benutzen. Aber nachts ist es in Ordnung, wenn sie drinnen bleiben.«

Ich werfe einen Blick in eines der Einzelzimmer und beschließe spontan, die Nacht hier zu verbringen. Mingma zieht sofort ein schnurloses Telefon hervor und ruft in der Trekkers Lodge in Tengboche an, um dort Bescheid zu geben, dass er einen Träger hinschickt, der mein Gepäck holt. Kumar soll man ausrichten, wo er mich findet, falls er irgendwann wieder auftaucht.

»Wie lange haben Sie das Telefon schon?«, frage ich ihn, als wir wieder in die Küche hinuntergehen. Ich kann das immer noch nicht ganz fassen, insbesondere die unterirdisch verlegten Stromleitungen und Telefonkabel.

»Hier in dieser Lodge seit zwei Monaten, aber in Tengboche schon seit zwei Jahren«, erklärt mir Mingma voller Stolz. »Ich hätte gern eine eigene Lodge«, sagt er, als wir uns an den Tisch setzen. Der Junge arbeitet währenddessen fieberhaft über einer der Kochstellen am Herd. »Aber das würde viel Geld kosten. Man darf im Park keine Bäume mehr fällen, also muss man das ganze Bauholz aus Phakdingma herschaffen. Und es ist teuer, Holz von Phakdingma hierherzubringen.«

Er gießt mir eine Tasse dampfend heißen Tee ein.

»Und das ganze Feuerholz, das ihr benutzt, kommt das von außerhalb des Parks?«, erkundige ich mich.

»Wir dürfen abgestorbenes Holz sammeln, aber keine Bäume fällen«, sagt Mingma. »Einige Rais kommen und hacken im Wald Bäume an. Nach einiger Zeit kommen sie wieder und sagen, die Bäume sind tot. Man könnte das Problem lösen, indem man mit den Einnahmen durch den Tourismus im Nationalpark die Kosten für Kerosin bezuschusst, dann wäre es einfacher und billiger, das Holz durch Kerosin zu ersetzen.« Er schüttelt den Kopf. »Aber wir Sherpas, die wir hier leben, haben noch nie etwas von den Eintrittsgebühren für den Park gesehen. Die 650 Rupien, die die Touristen bezahlen müssen, damit sie in den Park dürfen, gehen an die staatliche Finanzbehörde.« Darüber kann er sich richtig echauffieren. »In unserem Land herrscht zu viel Korruption. Aber die Kommunistische Partei in Namche tut viel für uns. Die Kongresspartei hat uns von den Hunderttausenden Rupien nichts gegeben.« Das Thema macht ihn wütend, und er kneift die Augen zusammen. »Es gibt in Nepal viele reiche Leute, aber auch viele, die am Abend, wenn sie sich hinlegen, nicht wissen, woher sie am nächsten Tag ihr Essen bekommen.«

»Und du, Mingma, was ist dein Traum?«. Ich hoffe, die Frage beendet seine Schimpftirade auf die Regierung seiner Majestät in Nepal. Kommunisten hin und her, viele Nepalesen sind von der Ineffizienz und Korruption der nepalesischen Regierung so enttäuscht, dass die Maoisten sich eine mächtige Basis schaffen konnten. Selbst die königliche Familie findet im Volk keine Unterstützung mehr, vor allem seit der heutige König an der Regierung ist. Er hat den Thron von seinem Bruder übernommen, nachdem dieser auf tragische Weise von seinem unter Drogen stehenden Sohn ermordet worden war.

»Mein Traum wäre es, eine sehr gute Lodge zu bauen, so wie diese hier, aber in Lobuche«, vertraut mir Mingma an. »Dem Besitzer dieser Lodge habe ich 150 000 Dollar angeboten, aber er wollte nicht verkaufen.« Er sieht sich um. »Für ihn ist das eine gute Investition, je länger er sie behält, umso mehr ist sie wert. Heute kann man im Nationalpark kein Land mehr kaufen, man kann es nur noch vom Staat pachten. Dazu muss man Schmiergelder bezahlen. Vielleicht 10 000 Dollar. Aber es würde sich lohnen.« Mingma zuckt mit den Schultern. »*Khe garne?*«, fragt er. »Was tun?«

Ich erzähle ihm von den Gerüchten, die ich über Michael, den Deutschen, im Kloster von Tengboche gehört habe.

»Stimmt es, dass er Führungen macht und das Geld für sich behält?«

»Die Sherpaführer neiden es Mike, dass sie ihren Trekkinggruppen nicht mehr selbst das Kloster von Tengboche zeigen können«, meint Mingma. »Mike kann den Buddhismus sehr gut in Englisch und Deutsch erklären, viel besser als die Trekkingführer. Kann schon sein, dass er Geld aus den Führungen für sich behält, aber das ist schon in Ordnung, er bringt ja auch viele Touristen her. Wenn er sich Geld nimmt, kann er es sich leisten, hierzubleiben. Außerdem besorgt er viele Spenden.«

Zwei Sherpafrauen kommen herein und trinken mit uns Tee. Der Junge, der die ganze Zeit schuftet, bereitet nun das Mittagessen für sie zu. Mingma merkt, wie ich ihn beobachte.

»Der junge Koch ist Santos Rai. Er ist Waise und hat seine Mutter und seinen Vater nie gesehen«, erzählt mir Mingma. Er kam auf der Suche nach Arbeit her. »Anfangs holte er nur Wasser, dabei trug er manchmal 70 Liter von der Leitung hierher, 20-mal am Tag.« Ich kann es nicht glauben. Das Kind ist kaum größer als 1,50 Meter. »Dann kehrte und putzte er, und schließlich half er in der Küche. Heute bekommt er als Hilfskoch 2000 Rupien im Monat.«

30 Dollar. Soweit ich das sehe, ist er der alleinige Koch. Er greift mit den Händen in Blechdosen und streut die darin enthaltenen Kräuter und Gewürze in brodelnde Kochtöpfe. Er wirkt selbstsicher, lächelt freundlich, und seine Augen funkeln lebhaft.

Mein Rucksack trifft ein, getragen von einem kaukasisch aussehenden Träger mit dunkler Haut. Er ist Chetri. Die Brahmanen als Priesterkaste und die Chetris als Kriegerkaste stehen an der Spitze des hinduistischen Kastensystems. Dieser arme Chetri hat den weiten Weg von seinem tiefer gelegenen, wärmeren Dorf in das unwirtliche Tal herauf auf sich genommen, um Gelegenheitsjobs als Träger zu finden. Ich gebe ihm für das Tragen meines Rucksacks 50 Rupien und nehme schnell wieder von dem kurzzeitigen geizigen Ansinnen Abstand, sie Kumar von seinem Lohn abzuziehen. Der Chetri bleibt in der Lodge, trägt Wasser und übernimmt alle möglichen Arbeiten, in der Hoffnung, es könne sich eine lukrative Tätigkeit als Träger für einen anderen Trekker ergeben. Vermutlich ist es auch das, was Kumar gerade tut.

Mingma hat mit seinen Duschen geprahlt, und ich bin neugierig, was es damit wirklich auf sich hat. Der kleine Santos zeigt mir draußen an der Rückseite einen Holzverschlag, in den aus dem zweiten Stock der Lodge ein Plastikschlauch verlegt ist. Bevor er weggeht, führt er mir noch vor, wie man das Wasser aufdreht. Ich ziehe mich aus und warte in dem hölzernen Kabuff. Nackt in einem schattigen, feuchten und bitterkalten Duschabteil zu stehen ist der Gesundheit nicht unbedingt zuträglich. Ich probiere am Wasserhahn herum und zweifle, ob ich Santos' Anweisungen richtig verstanden habe. Um meine Füße warm zu halten, werfe ich meine getragenen Kleider auf den eisigen Boden und stelle mich darauf. Endlich höre ich ein Glucksen. Aus dem Hahn tropft erbärmlich wenig Wasser auf meinen Kopf. Aber es fühlt sich herrlich an. Ich lasse das Wasser über meinen Körper laufen, seife mich ein; gleichzeitig knete ich mit den Füßen meine Kleider durch, um das warme Wasser maximal auszunutzen. Ich bin gerade gut eingeseift, als das Tröpfeln aufhört. Schaudernd und ratlos, was zum Teufel jetzt los ist, kann ich die Augen nicht öffnen, weil mir sonst die Seife hineinläuft. Ich taste nach dem Wasserhahn und rüttle daran. Nichts. Dann höre ich Santos einen Warnschrei rufen. *Tato pani!* Er hat gerade einen zweiten Eimer heißes Wasser von der Küche in den Behälter im zweiten Stock hinaufgeschleppt. Nun tröpfelt die nächste Ladung warmes Wasser aus dem Hahn.

Am frühen Nachmittag gehe ich wieder nach Tengboche zum täglichen Vier-Uhr-Gebet in der Gebetshalle des Klosters. Von der Lodge aus ist es ein leichter halbstündiger Spaziergang. Unterwegs überhole ich eine Karawane schwer beladener Yaks, die in dieselbe Richtung zieht. Die Zungen hängen ihnen heraus, und ihre Bäuche pulsieren vor Anstrengung. Ein Tier höre ich im Vorbeigehen laut mit den Zähnen mahlen.

An einer der Lodges in Tengboche erkenne ich die australische Gruppe wieder. Die Trekker sitzen mit verdrießlicher Miene auf dem Vorplatz. Ihre lachenden Führer und Träger servieren gerade das Mittagessen. Der bärtige Bruce bietet mir einen Stuhl an.

»Schon lange hier?«, fragt er.

»Seit gestern«, antworte ich. »Und ihr?«

»Ah yeah, gerade angekommen, Kumpel. Wo wohnst du?«

»In Deboche«, teile ich ihm mit. »Ich habe dort eine wirklich gute Lodge gefunden. Alles ist so sauber, dass man vom Fußboden essen könnte. Porzellantoilette im zweiten Stock. Warme Duschen.« Ich zeige ihm mein Haar, das unter der Baseballkappe noch nass ist.

»Schande!«, schreit der bärtige Bruce. »Warum sind *wir* eigentlich nie in den guten Lodges? Wir zahlen doch wirklich genug.« Jetzt ist er auf dem Jammertrip. »Das hier ist eine echte Absteige.«

»Heute ist nicht sein Tag«, warnt mich seine Frau.

»Der Träger muss meine Rasierwasserflasche auf dem Weg nach hier oben zerbrochen haben«, erklärt Bruce. »Meine ganzen Klamotten sind damit getränkt. Verfluchter Gestank. Ich habe eine Magenverstimmung, und das rosa Klopapier aus China, das sie verkaufen – ich schätze, ich habe davon 1000 Splitter im Arsch.«

Jetzt ergreift seine Frau das Wort.

»Und wenn man das weiße Klopapier kauft«, fügt sie an, »ist das so dünn, dass man gleich darauf verzichten könnte.« Sie sagt das ziemlich affektiert, rümpft dabei die Nase und wischt sich die Hände mit einem Taschentuch ab.

»Selbst ist der Mann«, meint Bruce und reicht eine Dose Pringle-Chips herum. »Ich rühre das Essen hier nicht an. Einer von uns hatte gleich nach unserer Ankunft eine Lebensmittelvergiftung. Überall Müll. Ein Glück, dass das unsere letzte Nacht ist. Morgen geht's hier raus.«

»Weiter geht ihr nicht?«, erkundige ich mich. Ich finde, dass die Tour ab hier erst richtig interessant wird.

»Yeah. Einigen von uns ist es zu kurz, anderen ist es schon zu viel. Einer aus unserer Gruppe versucht immer noch, zu uns aufzuholen. Die Jüngeren warten jeden Tag mehrere Stunden, bis die Letzten angekommen sind, und dann gibt es Nachzügler, die ein oder zwei

Tage hinterherhängen.« Die beiden Eheleute sehen sich an. Nun ist sie an der Reihe.

»Wir haben das fast vor einem Jahr gebucht«, beklagt sie sich. »Wir haben uns aus dem Material, das uns der Führer geschickt hat, über die Tour informiert, aber nichts darin hat uns auf das hier vorbereitet. Da weiß man plötzlich wieder, was man daheim hat.«

Ich sehe den Weg hinab und werde Zeuge, wie ein Rabe auf dem Rücken eines mageren Kalbs landet und etwas aus dem Fell des Tieres pickt. Dem Kalb scheint es recht zu sein. Ein geistig zurückgebliebener Mann geht auf dem offenen Gelände umher und sammelt Müll auf, den er in den Weidenkorb auf seinem Rücken wirft. Die ebenfalls australische Führerin, eine Frau in mittlerem Alter, steht etwas abseits der missgestimmten Truppe und starrt durch ein Fernglas in Richtung Ama Dablam. Ich setze mich von dem Ehepaar ab und gehe zu ihr hinüber, um zu sehen, was sie so genau beobachtet.

»Vier Bergsteiger sind fast auf dem Gipfel«, sagt sie, ohne das Fernglas abzusetzen.

Die Ama Dablam ist mit Abstand der eindrucksvollste unter den von hier aus sichtbaren Himalajagipfeln, auch wenn sie »nur« 6856 Meter hoch ist. Von unserem Blickwinkel aus scheint sie vertikal aufzuragen, ihre senkrechten Flanken und messerscharfen Grate hängen über fein ziselierten Schneesäulen. Die Führerin reicht mir das Fernglas. Beim Durchsehen erkenne ich vier Pünktchen. Von hier sieht es aus, als wären schwarze Pfefferkörnchen auf einen Untergrund aus weißem Schnee geblasen worden und an der aufrechten Eiswand kleben geblieben. Unter den vier Punkten zieht sich ein riesiger Spalt horizontal die ganze Breite des Gipfels entlang. Die Spitze wirkt wie abgeschnitten und erweckt den Eindruck, als wäre sie im Begriff, gleich abzuheben. Das Unterfangen ist schon von hier unten respekteinflößend, dort oben muss es wahrlich beängstigend sein.

»Ihr geht morgen zurück?« Ich gebe ihr das Fernglas zurück. Sie nimmt es und beobachtet die Bergsteiger weiter.

»Yeah«, sagt sie. »Erste Gruppe, die ich geführt habe. Nächstes Mal mache ich es anders, ohne die Vermittler. Hab's schon mit unseren nepalesischen Führern besprochen. Wir verhandeln mit ihnen direkt. Ich meine, wir haben hier alle gesehen, was Übernachtung, Essen und Führer und Träger kosten. Wir haben ordentlich Aufpreis bezahlt für die Firma, die die Reise in Australien organisiert hat, und die nepalesischen Tourveranstalter hier vor Ort. Irgendjemand verdient mit diesen Kunden eine Menge Geld, und das bin ganz sicher nicht ich. Ich schätze, die tatsächlichen Kosten pro Teilnehmer liegen irgendwo zwischen zehn und höchstens 15 Dollar, aber die Leute haben viel, viel mehr bezahlt.«

Während sie redet, beobachtet sie unablässig die schwarzen Punkte am Berg.

Ich verbringe den Nachmittag vor der Lodge, schaue zwischendurch nach den Bergsteigern auf der Ama Dablam und beobachte die anderen Trekker um mich herum. Die Bergsteiger führen ein Rennen gegen die Zeit, da die Wolken dichter werden und schließlich dunkle Schleier die höheren Gipfel verhüllen. Es ist nur eine Frage der Zeit, bis sich die gleichen Wolken über der Ama Dablam zusammenziehen. Weiße Streifen, die sich um den steilen oberen Teil verdichten, schieben sich bereits vor die Bergsteiger, als sie sich der Spitze des Massivs aus nahezu senkrechtem Fels und Eis nähern.

Eine Gruppe Japaner trifft geschlossen ein. Sie setzen sich auf eine blaue Plastikplane, die ihre Sherpaführer für sie ausgebreitet haben. Die Teilnehmer ziehen artig ihre Wanderstiefel aus, bevor sie in Strümpfen auf die Plane treten und sich selbst Tee holen, der von ihrem Personal hübsch angerichtet wurde. Doch die gepflegte Zeremonie wird jäh unterbrochen, als mehrere vorbeiziehende Yaks ihren Treibern entkommen, wie die sprichwörtlichen Elefanten im

Porzellanladen mitten durch die Idylle brechen und Geschirr wie Trekker mit gleichem Eifer durcheinanderwirbeln. Es ist schwer zu sagen, wer in die größere Panik ausbricht, die Japaner, die Yaks oder deren Treiber. Durch die ganze Verwirrung zu Tode erschreckt, bleibt der letzte Yak mitten auf der Plane stehen und lässt mehrere imposante Haufen fallen. Die distinguierte japanische Teepause endet im Chaos, gewaltige Hufe stampfen Tee, Essen und Yakdung auf der Plane zu einem Brei. Während die Yaks eingefangen und fortgetrieben werden, bringen sich die Japaner auf Strümpfen in sichere Entfernung.

Währenddessen sind die Bergsteiger kurzzeitig auf dem Gipfel der Ama Dablam zu erkennen. Sie halten sich nur einen Moment dort auf und nehmen dann sofort den steilen Abbruch zu der riesigen Gletscherspalte in Angriff, die die weiße Haube dieses beeindruckenden Gipfels durchschneidet. Wir sehen ihnen von unten noch eine Stunde lang zu. Auch ohne aktuelle Nachrichten oder Radiomeldungen können wir uns denken, was da oben los ist. Die Bergsteiger befinden sich in einem Wettrennen gegen die sich zusammenballenden Wolken. Die höheren Gipfel sind bereits hinter dichten schwarzen Wolken versteckt, die schwer mit Schnee beladen sein müssen. Bei genauem Hinsehen ist auf einer kleinen, schneebedeckten Felsschulter ein winziges orangefarbenes Zelt auszumachen. Es sieht so aus, als würden die Bergsteiger es noch erreichen, bevor der Sturm loslegt.

Um vier Uhr blasen zwei junge Lamas an einem der oberen Klosterfenster in Muschelhörner, um den ungefähr 50 wartenden Trekkern den Beginn des Gebets anzukündigen. Die inneren Gompa-Tore werden geöffnet, und wir ziehen ehrerbietig unsere Schuhe und Stiefel aus, ehe wir in den Gebetsraum vorgelassen werden. Den großen Saal dominieren satte Schattierungen von Ocker und Safran, die Wände bedecken hochglänzende Mandalas, religiöse

Kunstwerke, die in Primärfarben leuchten. Wir Westler nehmen eng nebeneinander Platz. Das Sitzen auf dem kalten Boden, mit dem Rücken gegen eine Wand gelehnt, ist ungemütlich. Die Lamas ziehen in einer Prozession ein und setzten sich an die ihnen zugeordneten Plätze auf erhöhten Holzbänken. Zum Schutz gegen die durchdringende Kälte tragen sie schwere, ockerfarbene Gewänder. Ein junger Lama gießt jedem von ihnen Tee ein, aus den Bechern steigt der Dampf auf. Unter den Lamas sind alle Altersstufen vertreten. Der ranghöchste Lama ist vermutlich in den Fünfzigern, die Jüngsten sehen aus, als wären sie gerade einmal zehn. Die Atmosphäre ist ziemlich entspannt. Ein paar der jungen Lamas kichern über irgendeinen esoterischen Witz. Zimbeln und Becken kommen zum Einsatz, gelegentlich, wohl nach Lust und Laune, schlägt ein Junge eine große Trommel. Ebenso willkürliche Töne werden durch das Blasen unterschiedlichster, merkwürdig geformter Horninstrumente erzeugt, die eine Kakophonie an Geräuschen schaffen. Ich bleibe, so lange ich es aushalte, doch mein Rücken ist durch das gekrümmte Sitzen ohne Stütze überfordert. Mit Bedauern steige ich über die anderen Trekker zum Ausgang, wo ich meine Schuhe anziehe und mich auf den Weg nach Deboche hinunter mache.

Auf meiner Wanderung durch den dichten Rhododendronwald, in dem das Licht gedämpft ist, treffe ich Kumar. Er ist nach Tengboche unterwegs. Mit seinem Hut und dem ausgemergelten Gesicht erinnert er mich an einen kleinen Kobold. Wir wechseln ein paar Worte. Er wusste nicht, dass ich nach Deboche umgezogen bin. Offensichtlich hatte er für den Besitzer der Trekkers Lodge aus Gefälligkeit Waren zu einer höhergelegenen Lodge getragen und hat dafür jetzt etwas Geld und Essen gut. Ich hatte mir einen Träger gewünscht, der so zurückhaltend wie möglich ist, aber Kumar schießt fast über das Ziel hinaus.

»Wann gehst du morgen in Dengboche los?«, fragt er.

»Neun Uhr.«

»Ich komme vor neun Uhr«, verspricht er.

Nun bin ich nicht mehr der einzige Trekker in Mingmas Lodge. Im Gastraum sitzen drei Westler, unter ihnen ein gesprächiger Bergsteiger, der laut und praktisch pausenlos redet. Er trägt Gamaschen, und um den Kopf hat er sich in Piratenart einen Schal geschlungen. Sein Vortrag dreht sich ausschließlich um seine Bergsteigerabenteuer.

»Das hättet ihr sehen sollen«, sagt er laut. »Der Schnee war so tief!« Dazu hebt er die Hand, um uns die Schneehöhe anzuzeigen.

Gestern Abend war ich enttäuscht, weil der einzige Trekker in der Lodge nicht mit mir sprechen wollte, nicht einmal ein *bonjour* war ihm zu entlocken. Heute ist diese Quasselstrippe da. Ich war zu verwöhnt. Am Morgen hatte ich die Lodge ganz für mich allein, und nun will ich sie mit niemand anders mehr teilen. Ich will lieber in der Küche essen. Dort treffe ich Santos an, der wie gewohnt am Herd steht und kocht. Eine der Kochstellen ist eine dreiteilige Anordnung von Kupferbehältern, in denen Rakshi destilliert wird, der hier getrunkene Alkohol. Santos reicht mir ein Glas Milchtee.

»Kostet nichts«, erklärt er mir großzügig. Doch da es gar nicht sein Tee ist, den er da verschenkt, ist seine Freigebigkeit nicht ganz echt.

Einer der drei Trekker kommt vom Gastraum in die Küche und bestellt eine Pizza mit doppelter Portion Yakkäse. Hinter ihm kommt Mingma herein.

»*Nak*käse«, verbessert er ihn.

»Nakkäse?«, fragt der Trekker erstaunt nach.

»Yaks sind die männlichen Tiere, Naks die weiblichen«, erklärt Mingma. »Ich habe noch nie gehört, dass ein männlicher Yak Milch für Käse gibt.« Er sagt dies mit einer reichlichen Portion Ironie.

»Aber alle sagen Yakkäse«, verteidigt sich der Westler.

»Und alle irren sich«, erwidert Mingma stoisch.

»Was ist eigentlich der Unterschied zwischen einem Zopkio und einem Zum?«, erkundige ich mich, als der Trekker weg ist. Die Frage beschäftigt mich schon seit Tagen.

»Beide stammen von einem Yak und einer Kuh ab, aber der Zopkio ist ein Ochse, die Zum ein weibliches Tier«, sagt Mingma.

»Und die Zum gibt Milch?« Mingma nickt.

»Also könnten wir Nakkäse essen oder Zumkäse?«

»Oder Kuhmilchkäse oder Büffelkäse oder sogar Ziegenkäse«, ergänzt Mingma lächelnd. Er bietet mir aus einer dampfenden Schale eine gekochte Kartoffel an. Während er seine sorgfältig schält, esse ich meine mit Schale. »Wir haben in diesem Gebiet 15 verschiedene Kartoffelsorten«, erzählt er. »Manche sind süß, manche klein, manche rund, manche rot, aber wir schälen sie alle. Sherpas sind Kartoffelexperten, auch wenn wir die Schale nicht essen.«

Mingma hat zwei Kinder, beide sind in einem englischen Internat in Kathmandu. Neben ihm sitzt eine Frau, die ihm hilft. Ich kann sie nicht einordnen. Und dann ist da noch eine jüngere Sherpafrau mit frischem Gesicht, die zweite Frau des Lodgebesitzers. Dieser, Chef von Wilderness Travel in Kathmandu, ist geschieden und nun mit der hübschen jungen Frau verheiratet, die gerade zu Besuch hier ist.

»Wie viel Pacht zahlst du für die Lodge«, frage ich Mingma, als die Frau des Besitzers gegangen ist.

»500 000 Rupien Pacht pro Jahr.« Das sind ungefähr 7000 Dollar.

»Dazu kommen noch Strom, einheimische Träger zum Wasserholen, mein Personal und die Träger, die Nachschub aus Jiri, Lukla oder Namche bringen.«

»Und das Pony, das ich draußen gesehen habe?«, erkundige ich mich. »Gehört das dir?«

»Mein Mercedes«, scherzt er. »Ich vermiete es an Touristen, die an Höhenkrankheit leiden, damit sie nach Namche kommen. Nur

150 Dollar. Es ist ein Mercedes, kostet aber weniger als ein Hubschrauber.« Wieder muss er über seinen eigenen Witz lachen. »Meistens brauchen Japaner meinen Mercedes. Sie gehen viel zu schnell das Tal herauf, weil sie nicht lange Urlaub haben.« Beim Gedanken daran bricht er in Gelächter aus. »Japaner sind wie Eier. Wenn du sie fallen lässt oder fest drückst, sind sie schon kaputt.«

»Und die Nepalesen, wie sind die?«, frage ich.

Mingma überlegt eine Weile und antwortet dann mit breitem Grinsen: »Nepalesen sind wie Kartoffeln. Lass sie fallen, drücke sie, kein Problem. Sie bleiben Kartoffeln.« Dieser zutreffende Vergleich bringt ihn noch mehr zum Lachen.

Ich muss an das britische Armeeinternat in Singapur denken, auf dem ich mit 15 war. Dort waren auch einige nepalesische Jungen, die Söhne von Gurkha-Offizieren. Einer von ihnen, Jhalak Rai, war mein bester Freund. Bei drei Mahlzeiten täglich bekam er Oberschenkel vom Umfang meines Brustkorbs. Alle nepalesischen Jungen gediehen durch das nahrhafte Essen prächtig und waren die Stars in der Rugbymannschaft der Schule. Ihre heldenhafte Statur machte sie unbesiegbar.

Santos bereitet für die drei hungrigen Trekker im Gastraum Pizza, Momos und ein Gemüseomelett zu. Dafür braucht er Unmengen Feuerholz, eben legt er ein paar Scheite nach, damit das Feuer kräftig lodert.

Mingma besteht darauf, dass ich seinen Rakshi probiere. Ich nehme das Glas, das er mir reicht. Als ich ihn frage, warum er nicht mittrinkt, antwortet er: »Ich habe gestern Abend mit Freunden zu viel getrunken.« Ich sehe zu der nicht einzuordnenden nepalesischen Frau, die mit uns am Tisch sitzt. »Das ist meine Schwester«, stellt Mingma sie vor. »Sie ist 25 und will nicht heiraten, es sei denn einen gesunden und wohlhabenden Engländer.« Mit Nachdruck fügt er an: »Aber keinen Nepalesen.«

Einer der Trekker kommt in die Küche und erkundigt sich, wie viel die Zimmer kosten. Mingma sagt es ihm. »Das ist teurer als in Namche«, beschwert sich der Trekker, doch Mingma zuckt nur mit den Schultern.

»Was trinkst du?«, fragt mich der Trekker und starrt dabei auf das Glas mit der klaren Flüssigkeit.

»Rakshi, das ist hier gebrauter Alkohol«, antwortet Mingma an meiner Stelle und reicht ihm ein Glas. Der Trekker lehnt ab. »Kostet nichts«, bietet Mingma großzügig an und hebt die Schale mit den gekochten und mit Nakkäse überbackenen Kartoffeln hoch. »Nimm dir eine, ist auch gratis.«

Der Trekker bedient sich und geht wieder in den Gastraum zurück, wo der Bergsteiger noch immer seinen Monolog hält.

Santos kocht, serviert allen das Abendessen, setzt sich dann – die Szene könnte aus Oliver Twist von Charles Dickens stammen – auf einen Stuhl neben dem Ofen und kratzt zusammen, was an Essensresten übriggeblieben ist. Zwischendurch sieht er unter seiner Baseballkappe heraus zu mir auf, dann huscht ein breites, schlitzohriges Grinsen über sein Gesicht. Tagsüber habe ich gesehen, wie er auf Knien die Holzdielen in der Küche geschrubbt hat. Hier ist es, ganz anders als in den Lodges in Tengboche, blitzsauber.

Zwischen Santos und Mingma entzündet sich eine lebhafte Diskussion. Ich verstehe nur wenig, bemerke aber, dass sie hitziger wird. Frustriert frage ich Mingma, worum es geht.

»Wir diskutieren über unsere unterschiedlichen Kulturen«, sagt er. »Santos ist Rai und Hindu und ein bisschen Buddhist, dazu kommt noch ein wenig lokaler Glaube. Der Träger, der heute Morgen deinen Rucksack gebracht hat, ist Chetri und Hindu. Wir sind Sherpas und Buddhisten. Wir vergleichen unsere Kulturen.«

Damit kehren sie zu ihrer Diskussion zurück, und ich gehe, um nach meiner Wäsche zu sehen, die im Gastraum auf der Leine über dem Eisenofen hängt. Es ist unglaublich, aber der geschwätzige Bergsteiger ergeht sich immer noch in seinen Berg- und Reiseerlebnissen.

»Ach, Afghanistan ist schön. Aber Iran? Mein Gott, dort ist es wunderbar, aber gefährlich. Kaschmir ist auch nett.«

Meine Kleider fühlen sich trocken an, sogar Kevins dickes Baumwollhemd. Ich nehme sie von der Leine und fasse das Bündel zwischen meinen Armen. Bevor ich mich zum Schlafen zurückziehe, gehe ich noch einmal zum Pinkeln hinaus. Der Mond versteckt sich noch hinter der Ehrfurcht gebietenden Silhouette der Ama Dablam, doch der Thamserku wird schon von seinem Licht bestrahlt. Der Himmel ist nun klar. Ich frage mich, ob die vier Bergsteiger wohl wach sind und was sie von ihrem winzigen Zelt auf dem Vorsprung unterhalb des Gipfels aus erkennen können. Sind wir hier unten nur ein paar blinkende Lichter unter den Wolken? Diese Minuten allein, wenn ich draußen stehe, mir die Berge des Himalaja ansehe, den Himmel, die kühle, frische Luft spüre, das dumpfe Donnern des Flusses unten im Tal höre, das sind die Höhepunkte meiner Reise in diese Bergwelt.

Als ich zu zittern beginne, gehe ich in mein schmales Zimmer, das durch lose zusammengefügte dünne Bretter von den anderen abgetrennt ist. Nachdem ich auf dem kleinen Holzbett in meinen Schlafsack geschlüpft bin, krame ich meine Wachsohrstöpsel hervor. Etwas anderes bleibt mir nicht übrig, will ich nicht Opfer des geschwätzigen Bergsteigers sein, der nach wie vor im Gastraum monologisiert. Natürlich kann es sein, dass er ein hervorragender Bergsteiger ist, aber meiner beschränkten Erfahrung nach sind die wirklich guten Bergsteiger eher bescheiden und zurückhaltend, was die Schilderung ihres Könnens betrifft. Doch wie formulierte Laxmi es bei der Beschreibung ihres früheren Verlobten? »Bergsteiger haben ein großes Maul und ein noch größeres Ego.« Bis die

Ohrstöpsel richtig sitzen, höre ich noch die Worte des geschwätzigen Bergsteigers durch die dünnen Wände dröhnen.

»Oben in den Bergen, auf dem Pass, hatte ich meine Gamaschen an, aber trotzdem fiel mir der Schnee in die Stiefel, so hoch lag er ...«

Ich streife die Kapuze meines Mumienschlafsacks über den Kopf und ziehe sie eng zusammen.

Debuche – Pheriche

Wieder wache ich von meinem eigenen Husten auf. Erst ist es nur ein Kratzen im Hals, aber dann, nachdem der Husten einmal eingesetzt hat, ist er nur schwer wieder abzustellen. Ich stehe auf, ziehe mich an und gehe in die Küche. Im Ofen lodert schon ein Feuer, und Santos ist eifrig bei der Arbeit. Er ist anscheinend als Einziger schon wach. Ich setze mich nahe an den warmen Ofen und bitte ihn um ein Nakkäse-Omelett.

»Du wollen Chapatti?«, fragt mich Santos.

»Bitte.« Chapatti ist ein einfaches Fladenbrot, aber man braucht einige Übung, um es richtig zuzubereiten. Außerdem bestelle ich noch eine kleine Kanne Milchtee. Ich sehe Santos zu, wie er eine Tasse holt und mir eingießt. Ich halte den Becher in beiden Händen. Der Dampf steigt mir ins Gesicht.

»Das von mir«, sagt er, als er eine weitere Thermoskanne Milchtee bringt. Dann widmet er sich der Zubereitung meines Omeletts und des Chapati. Ich bewundere seine flinke Arbeitsweise. Weil er so klein ist, wirkt er viel jünger, als er tatsächlich ist. Die Baseballkappe hat er sich schräg aufgesetzt, was sein Schlitzohrlächeln noch verwegener macht. Nach wenigen Minuten ist das Nakkäse-Omelett fertig, und er serviert es mir. Doch als er das Chapatti wendet, ist er gar nicht glücklich.

»Oh, Chapatti nix gut. Nicht springen.«

»Nicht springen?«, frage ich nach. Ich stehe auf, um mir sein Chapatti anzusehen, das nicht springen will, als mir plötzlich klar wird, was er meint. Es ist nicht aufgegangen. »Kein Problem, ich esse es auch so.« Ich nehme mir ein Stück von dem heißen Fladen und lasse es auf meinen Teller mit dem halb aufgegessenen Omelett fallen.

Mingmas Schwester kommt herein und wirft einen schnellen Blick auf meinen Teller. »Chapatti ist nix gut?«

»Es ist nicht aufgegangen«, erwidere ich. »Santos wollte mir erklären, dass das Chapatti nicht gesprungen ist. Kannst du ihm erklären, dass Chapattis nicht *springen,* sondern *aufgehen?*«

Sie sagt es ihm, und er versteht sofort. Die Schwester sieht mich an.

»Nur Affen springen«, sagt sie.

Santos lacht und fügt hinzu: »Nur Affen springen – und ich.«

Wir lachen alle zusammen über seinen Scherz. Santos nimmt ein Handtuch, das an einem Nagel hängt, und wischt sich den Schweiß vom Gesicht. Es ist dasselbe Handtuch, mit dem er das überschüssige Fett und Öl vom Omelett abgetupft hat, bevor er es mir servierte.

Der Führer einer vorbeiziehenden Trekkinggruppe kommt in die Küche und fragt, ob er Mingmas Telefon benutzen darf. Er will eine Lodge in Namche vorbuchen. Als Kumar eintrifft, packe ich meine Sachen, zahle meine Rechnung und gebe Santos ein ordentliches Trinkgeld. Draußen ist es grau, fast schwarz, und Sturmwolken verdecken die Berge. Jetzt herrscht kein Zweifel mehr, dass die vier Bergsteiger mitten im Schneesturm stecken und in ihrem kleinen orangefarbenen Zelt auf dem Vorsprung unterhalb des Ama-Dablam-Gipfels ausharren müssen, bis sich das Wetter ändert.

Fast zeitgleich mit Kumars und meinem Abmarsch beginnt es zu schneien. Es ist ein grauer Tag mit deprimierender Stimmung, die der nun einsetzende Schneefall noch verstärkt. Die Flocken, Vorboten auf das, was noch kommt, platschen auf den harten Boden. Bald treffen wir auf ganze Heerscharen nepalesischer Träger, die Ausrüstung aus den Bergen heraustragen. Als sie an uns vorbeigehen, bleibt ein Geruch von Rauch und Fett hängen. Ihre Trekkerkundschaft kommt eilig bergab gelaufen, um dem drohenden schlechten Wetter zu entfliehen. Es ist nicht gerade ermutigend, in Berge zu marschieren, über denen schwarze Schneewolken hängen. Viele der abwärts kommenden Trekker tragen Gamaschen, ein Anzeichen, dass weiter oben viel Schnee liegt. Wir treffen auch einen kleinen Jungen, der meine Laune hebt, als er mir ein hölzernes Kaleidoskop zeigt, das ihm ein Tourist geschenkt haben muss. Er ist unglaublich stolz auf seinen Besitz und hüpft munter weiter, dabei immer ein Auge am Prisma.

Wir überqueren eine Hängebrücke, die über den Fluss auf die andere Talseite führt, und steigen dann langsam nach Pangboche auf. Dies war einmal das höchstgelegene dauerhaft besiedelte Dorf. Dann kamen auch im Winter Trekker, und es entstand Bedarf nach einer noch weiter oben gelegenen Station, die Unterkunft und Mahlzeiten bietet. Auf beiden Seiten des Weges reiht sich eine Lodge an die andere, das ganze nebelverhangene Dorf entlang. Es wirkt weniger wie eine Sherpagemeinde als wie ein Spalier aus Unterkünften. Aus Blechdosenkaminen steigen Rauchsäulen auf. Durch das Fenster sehe ich im Innern einer Lodge ein paar Trekker, die sich zwecks Abwehr der Kälte eng zusammengesetzt haben. Ich hatte zwar geplant, in Pangboche zu übernachten, doch keine dieser Lodges wirkt einladend genug auf mich, um mich hier zu halten. Also gehe ich einfach weiter, und Kumar, vielleicht noch ein wenig besorgt wegen meiner Rüge bezüglich seines gestrigen Verschwindens, bleibt an meiner Seite.

Die Landschaft ist öde und der Tag trüb, hoch oben toben Stürme, in Bodenhöhe zieht sich der Nebel. Alles wirkt monochrom, von den Bergen bis zum Erdboden nur Weiß, Pechschwarz oder Grau. Hier steht kein einziger Baum, und die Büsche und Sträucher heben sich in dieser gewaltigen Landschaft kaum ab. Es ist eine surreale Landschaft, kein Platz für Menschen, und dennoch bewege ich mich, mitten im Dezember und in einem aufziehenden Schneesturm, weiter in sie hinein. Ein Träger kommt mir von oben entgegen, eine Trekkerin in einem Bambuskorb auf dem Rücken. Der Rest der Gruppe stapft schweigend im Gänsemarsch hinter den Führern her. Ich sehe ins Tal hinab, wo ich eben noch war. Der Anblick ist nicht so erhebend wie in den letzen paar Tagen, als die Sonne warm auf die Haut schien und der Fluss im hellen Licht blinkte. Weiter das Tal hinauf komme ich an einzeln stehenden Lodges vorbei, deren Türen und Fenster zum Saisonende bereits verriegelt sind. Vor mir taucht ein weiterer Gedenkstein zur Erinnerung an einen Bergsteiger auf.

Im Gedenken an
Michael Knakkergaard Jørgensen
Dänemark
Makalu-Expedition
30.04.1998

Jørgensen, ein angesehener Führer und Bergsteiger, hatte 1995 als erster Däne den Everestgipfel bezwungen. Er galt als sicherer Bergsteiger und war Leiter der achtköpfigen Makalu International Expedition. Nachdem die Gruppe von der tibetischen Seite aus den Makalu-Gipfel erreicht hatte, kam Jørgensen beim Abstieg ums Leben, als sein Seil riss. Er stürzte 150 Meter in die Tiefe.

Ich bleibe stehen und lege eine Gedenkminute für ihn ein. Das alles, der Schneesturm, die verrammelten Lodges, der graue Tag, kommt mir wie ein Omen vor. Dennoch setze ich meinen Weg fort, überschreite einen windgepeitschten Kamm und bewege mich von dort langsam wieder nach unten, Richtung Pheriche, das durch den Nebel kaum zu erkennen ist. Der Ort ist im Prinzip nichts weiter als ein ebener Fleck zwischen dem Fluss und einem höhergelegenen

Grat, der die Täler von Khumbu und Lhotse voneinander trennt. Nur Yakweiden, von Steinmauern umfriedet, und ein paar niedrige Steinhäuser unterbrechen die Ödnis. Auf einer Holzbrücke, die sich freitragend über den reißenden Fluss spannt, ziehen Trekker an mir vorbei, die sich eng zusammenhalten. Sie sehen elend aus, als wünschten sie sich nichts sehnlicher, als möglichst schnell von hier wegzukommen. Zwischen den einzelnen Personen ist nicht mehr als ein Meter Abstand. Geführt werden sie von jungen, forsch wirkenden Sherpas, die das Neueste an Bergbekleidung tragen.

Kumar folgt mir mit taktvollem Abstand, während ich mich mühsam den Weg durch Pheriche hocharbeite. Der Ort wirkt verlassen. Die ersten Lodges, die ich passiere, sind geschlossen, Türen und Fenster mit Läden verrammelt. Ich gehe weiter, bis ich das Hinweisschild auf die Himalayan Rescue Association entdecke. Die Tür ist ebenfalls verschlossen, aber auf einem Zettel steht *Bin zum Mittagessen*. Da es zum Warten zu kalt und ungemütlich ist, gehe ich zur nächstgelegenen Lodge, die etwa 20 Meter entfernt ist. Eine Frau, die im Freien eine Nak melkt, beobachtet, wie ich durch das Fenster sehe.

»Sie bleiben?«, fragt sie mich und öffnet mir die Tür. In dem düsteren Raum ist sie kaum zu erkennen, weil ihr Gesicht und ihre Hände schwarz vor Schmutz sind. Das Innere der Lodge ist schäbig und dreckig.

»Vielleicht«, sage ich zu ihr. Ich will mich erst nach dem Essen entscheiden.

Sie nimmt meine Bestellung einer Gemüsesuppe auf und verschwindet dann in die Küche. Dafür kommen zwei kleine Jungen und ein kleines Mädchen aus der Küche heraus. Ihnen allen hängen gelbe Rotzfäden aus der Nase. Erst spielen sie eine Weile im Raum, dann gehen sie in den Hof hinaus. Ich sehe ihnen durch das Fenster zu. Beide Jungen tragen Hosen mit einem breiten Schlitz auf der

Rückseite. Als einer der beiden in die Hocke geht, öffnet sich automatisch der Schlitz. Mit einem Lächeln im Gesicht lässt er einen Kothaufen auf die Erde fallen. Der andere Junge sieht ihn an, hebt den Haufen auf und wirft ihn weiter weg. Dann springen alle drei Kinder wieder in die Küche, wo gerade mein Essen zubereitet wird.

Ich werde mir eine andere Lodge suchen.

Als die Himalayan Rescue Association ihre Ambulanz öffnet, trete ich in einen Raum, der Wartezimmer und Behandlungsraum zugleich ist. Ein junger nepalesischer Träger erzählt von einer Benommenheit, die aber inzwischen wieder weg ist. Die Ärztin, ein Kanadierin, untersucht ihn, kann aber im Moment wenig für ihn tun. Er lächelt, als wäre er mit ihrer bloßen Aufmerksamkeit zufrieden. Was auch kein Wunder wäre, denn sie sieht umwerfend aus, eine großgewachsene, schlanke, junge Frau mit vollen Lippen und dunklem Haar. Mir fällt auf, dass ihre langen Finger mit Narben überzogen sind, als wären sie schon über viele Felswände geschrammt. Anscheinend ist sie tatsächlich Bergsteigerin. Sie fragt den Träger, ob er sonst noch Beschwerden hat, woraufhin er ihr von Ohrenschmerzen berichtet. Der nepalesische Assistent fungiert als Dolmetscher.

»Seit wann hat er die Ohrenschmerzen schon?«, erkundigt sich die Ärztin.

Der Assistent vermittelt Frage und Antwort.

»Seit ein paar Jahren.«

Die Ärztin händigt ihm eine Salbe aus und lässt sich eine Handvoll Rupien bezahlen, die er aus seinen Jeanstaschen hervorkramt. Glücklich, dass er eine Behandlung bekommen hat, zieht er ab.

Als Nächste ist eine imposante, wohlhabend wirkende Sherpafrau an der Reihe, die fast die Statur eines Mannes hat und die traditionelle Sherpakleidung mit bunter Schürze trägt. Das Haar ist zu Zöpfen gebunden. Die Ärztin fragt sie, wo sie lebt. Das erstaunt mich, denn Pheriche kann nicht viele Einwohner haben, und dieser Frau gehört die größte Lodge im Ort, die keine 50 Meter entfernt ist. Ich habe sie bereits auf dem Weg durch das Dorf vor ihrer Lodge gesehen. Ich frage mich, ob die Ärztin während ihres zweimonatigen Aufenthalts hier wirklich so zurückgezogen gelebt hat, dass sie nicht einmal ihre Nachbarin kennt.

Die Frau leidet unter ständigem Husten und wird von der Ärztin untersucht. Als sie um die Bezahlung des Einheimischentarifs gebeten wird, zieht sie ein paar zerfledderte Rupienscheine hervor. Aber sie reichen nicht. Als sie lächelt, blinken eine ganze Reihe von Goldzähnen aus ihrem Mund. Doch sie kommt so davon, während der arme nepalesische Träger das komplette Honorar gezahlt hat.

Aus der Schlange folgt nun ein Sherpaführer, der der Ärztin erzählt, er habe zwei japanische Kunden, die unter Verstopfung leiden.

»Sie sollten froh sein«, meint die Ärztin dazu. »Wo sind sie?«

»In ihren Zelten«, antwortet der Führer.

»Dann sag ihnen, sie sollen herkommen, wenn sie eine Behandlung wollen«, meint sie. »Den kurzen Weg können sie sicher gehen. Und wenn sie Verstopfung haben, kann Bewegung sowieso nicht schaden.«

Der Führer verabschiedet sich, um seinen Kunden die Nachricht zu überbringen. Als Nächster bin ich an der Reihe.

»Ich habe diesen Dauerhusten«, erkläre ich der Ärztin überflüssigerweise, denn ich huste schon, seit ich eingetreten bin. »Seit meiner Ankunft in Lukla etwa vor einer Woche.« Sie gibt mir eine Flasche Hustensaft.

»Das sollte Abhilfe schaffen, damit Sie nachts schlafen können«, sagt sie. »500 Rupien.« Sieben Dollar! Mehr als zehnmal so viel, wie die nepalesischen Patienten bezahlen müssen, aber die Klinik muss sich irgendwie finanzieren. Und sie bietet sowohl den Einheimischen als auch den Trekkern medizinische Versorgung.

»Gibt es viele schwere Fälle von Höhenkrankheit?«, frage ich sie.

»Seit ich hier bin, mussten schon an die 30 Leute mit dem Hubschrauber hinausgebracht werden«, erzählt sie mir. »Das ist fast jeden zweiten Tag einer. Im selben Zeitraum haben wir etwa 400 Patienten behandelt. Eigentlich wären wir schon weg, aber wir haben beschlossen, noch ein paar Tage zu bleiben. Übermorgen hören wir auf.«

Draußen ist es bitter kalt, und ein grimmiger Wind pfeift durch das Tal und den öden Weiler Pheriche. Früher boten die groben Steinbehausungen, deren Besitzer überwiegend in Khunde leben, den Yakhirten Unterschlupf, die während der Sommermonate ihre Tiere hier hochtrieben.

Um drei Uhr nachmittags hält die Ärztin im neu gebauten Wintergarten vor dem HRA-Gebäude ihre tägliche Höhenkrankheit-Sprechstunde ab. Der Wintergarten ist eine feine Sache, wenn die Sonne scheint. Ohne Sonnenstrahlen dringt lediglich der Wind durch die Spalten zwischen den einzelnen Glaselementen und grob gehobelten Holzbrettern. Heute sind wir nur zu acht, darunter drei der britischen Soldaten, mit denen Christina unterwegs ist. Einer von ihnen hat Probleme mit der Höhe und möchte deshalb die Ärztin konsultieren. Er erzählt mir, dass Christina nach mir Ausschau gehalten hat und nun mit dem Rest der Gruppe in Dingboche ist.

»Geht ihr heute noch dorthin?«, frage ich und spiele mit dem Gedanken, dasselbe zu tun, um mich noch einen weiteren Tag zu akklimatisieren.

»Nein, wir sind nicht ausgebildet, uns oberhalb der Schneegrenze zu bewegen«, erwidert ein anderer der Soldaten. Er bemerkt meinen perplexen Gesichtsaudruck. »Um nach Dingboche zu kommen, müssten wir über den Kamm, und dort oben liegt Schnee.«

Ich sehe durch die schmutzigen Fenster auf den Kamm, der keine 200 Meter höher Pheriche von Dingboche trennt.

»Aber man ist in einer halben Stunde dort, und es liegt kaum Schnee.«

»So sind die Vorschriften«, sagt der Soldat. »Wenn wir keine Schneeausbildung haben, dürfen wir den Kamm nicht überqueren. Wir müssen außen herumgehen, aber dann kämen wir in die Nacht.«

»Und ihr habt auch keine Ausbildung, damit ihr nachts gehen dürft?«, frage ich und versuche dabei, nicht spöttisch zu klingen. Auf diese Frage gibt er mir keine Antwort.

Draußen schneit es nun stärker. Auf den Gipfeln türmt sich die weiße Masse wie auf einem aktiven Vulkan, der schwarzen Rauch speit. Die Berge sehen mächtig und zornig aus, und ich wollte jetzt auf keinen Fall irgendwo dort oben sein. Ich frage mich, ob die vier Bergsteiger von der Ama Dablam noch immer in ihren Zelten festsitzen. Aber es gibt keine Möglichkeit, das herauszufinden. Die umherwirbelnden Wolken verhüllen sogar die Felsschultern der gigantischen Berge. Wenn die Gipfel mit ihrem spektakulären Anblick das Auge nicht magisch anziehen, richtet sich der Blick ganz von selbst auf den Boden. Ohne erhellende Sonnenstrahlen erscheint die Landschaft schroff, unwirtlich und deprimierend.

Ich mache mich auf den Weg in die größte Lodge von Pheriche, die der Sherpafrau gehört, die eben in der Klinik war. Sie hält in der Küche Hof. Die Lodge wirkt zunächst leer, doch dann höre ich im Gastraum die drei britischen Soldaten. Ich bleibe in der Küche und notiere meine Bestellung, einen Sherpaeintopf, in ein Orderbuch, auf dessen Umschlag meine Zimmernummer gekritzelt ist. Ein Sherpamädchen, anscheinend die Tochter, bereitet auf einem Kerosinofen emsig das Essen zu. Kumar wirft meinen Rucksack in mein Einzelzimmer und verschwindet. Ich weiß, dass er in eine der kleineren Lodges geht, wo er sich wohler fühlt und sicher in Kürze damit beschäftigt ist, Gemüse zu schneiden, Wasser zu holen oder sich sonst irgendwie nützlich zu machen. In großen Lodges wie dieser hier wird er nicht so freundlich behandelt und fühlt sich deshalb nicht so wohl.

Yangtze Sherpas Tochter Tzangpo serviert mir Sherpaeintopf aus Gemüse, Kartoffeln, Reis und jeder Menge Knoblauch. So mit Kohlenhydraten aufgetankt, wage ich mich noch einmal in den Sturm hinaus und wandere durch die Siedlung in Richtung Everest. Es ist schon fast dunkel, und in der Dämmerung erkenne ich mehrere Yaks, die seelenruhig auf einer nahegelegenen Weide wiederkäuen. Außerdem fällt mir ein anderer einsamer Trekker auf, der ebenfalls allein unterwegs ist und in Gedanken versunken auf dem Pfad Steine mit dem Fuß kickt.

Als es so dunkel ist, dass man schon fast nichts mehr sieht, gehe ich in die Lodge zurück und setze mich im Gastraum zu ein paar Nepalesen, die sich um den Ofen gruppiert haben. Mehrere Träger stecken die Köpfe über einer Frauenzeitschrift zusammen und kichern beim Anblick halbnackter Models. Für einen abgeklärten Westler nichts Besonders, sind die Anzeigenfotos von Frauen in Unterwäsche für die Raijungen ganz schön aufregend.

Zwei gut gekleidete Sherpamänner halten in der Küche Distanz zu den herumalbernden Raiträgern. Beide haben langes, gepflegtes Haar, das Oakley-Sonnenbrillen aus dem Gesicht halten. Sie tragen Jeans, einer ein Poloshirt von Ralph Lauren und Wildlederstiefel. Ihre Körpersprache unterscheidet sich völlig von jener der Träger. Schließlich wendet sich einer von ihnen an mich: »Woher kommst du«, fragt er mit perfekter amerikanischer Aussprache.

»Das errätst du nie«, erwidere ich.

»Bermuda«, sagt er. Ich bin platt.

»Woher weißt du das?«, frage ich.

»Ich kann Gedanken lesen.« Er sieht meinen ungläubigen Blick. »Ich habe schon einmal jemanden aus Bermuda getroffen, und er sagte auch, das würde ich nie erraten.«

Dann erzählt er mir auf seine souveräne Art, er sei Tzangpos jüngerer Bruder und sein älterer Begleiter sei ihr Ehemann. Er hat an der Universität in Kathmandu studiert, seine Familie stammt aus Khunde.

Als er ein Junge war, hat sein Großvater die Yaks der Familie im Sommer zum Weiden hier heraufgetrieben. Inzwischen haben sie ein Haus in Kathmandu, ein Restaurant in Thamel, ein Exportgeschäft und eine weitere Lodge in Dingboche, die sie verpachten. Kurzum, sie sind reich, und das nicht nur nach nepalesischen Maßstäben, sondern auch nach westlichen. Anhand der Zahl der Übernachtungen, die er mir nennt, rechne ich aus, dass allein diese Lodge während der drei Spitzenmonate mindestens 100 000 Dollar abwerfen muss.

Für diese elitären Sherpas bin ich als Einzeltrekker von keinem besonderen Interesse. Der Bruder beginnt eine Unterhaltung mit Tzangpos Mann, und ich mache mich auf den Weg ins Bett.

Da mich nachts immer noch Höhenkopfschmerz plagt, bin ich täglich einem Konflikt ausgesetzt. Einerseits ist es wichtig, zur Vorbeugung gegen die Höhenkrankheit große Mengen Wasser zu trinken, andererseits hasse ich es, wegen einer vollen Blase nachts aufstehen und in die eiskalte Nacht zum Pinkeln hinausgehen zu müssen. Da ich einen warmen Schlafsack habe, schlafe ich sogar hier oben in den Bergen nur in Unterhose. Auf dem Boden neben mir stelle ich ein Paar Flipflops bereit, so dass ich ganz schnell hineinschlüpfen und die Zeit außerhalb des warmen Schlafsacks auf ein Minimum reduzieren kann.

Wie üblich wache ich nach einigen Stunden mit einer zum Bersten gefüllten Blase auf. Ich schlüpfe aus meinem dreilagigen Schlafsack, fühle mit den Zehen nach den Flipflops, ziehe sie an, suche die Türklinke, ziehe die Tür auf und taste mich den dunklen Korridor entlang bis zur Haustür. Als ich hinaustrete, ist es überraschend hell, und ich nehme an, wir haben Vollmond. Doch als ich auf den Boden blicke, stelle ich fest, dass ich keinen Schatten werfe. Ich bücke mich, berühre den Boden und weiß plötzlich, warum es so hell ist. Es liegen mehrere Zentimeter Schnee. Ich überquere den Fußpfad und gehe durch das Tor zur Außentoilette. Aber ich sehe nicht ein, warum ich bis dorthin stolpern soll, wenn eine Schneebank am Haus es ebenso tut. Ich will gerade zu pinkeln anfangen, als ich ein Brummen höre, das sich nach einem Bären anhört. Als ich herumfahre, erkenne ich eindeutig einen braunen Grizzly, der sich eben in Bewegung setzt. Ich drehe mich um und renne los. Die Flipflops rutschen auf dem Schnee. Ein schneller Blick über die Schulter, und ich bin mir sicher, dass ein Grizzly hinter mir her ist. Es gelingt mir gerade noch, die Holztür des wackeligen Plumpsklos aufzureißen, mich hineinzuflüchten und sie hinter mir wieder zuzuschlagen, bevor das Tier mich eingeholt hat.

Mit dem Rücken lehne ich mich gegen die Tür des Kastens, mein Atem rast. Irgendwo in diesem stockdunklen, engen Kabuff muss sich ein nicht abgegrenztes Loch über einer Pyramide an Exkrementen befinden. Ich bin mir nicht sicher, was schlimmer ist, in das Loch zu stürzen oder von einem Bären zerfetzt zu werden. Durch die plötzliche körperliche und mentale Beanspruchung macht sich mein Höhenkopfschmerz mit äußerster Wucht bemerkbar. Ich ignoriere das Hämmern in meinem Kopf und mein Herzklopfen und nehme mein Gewicht langsam von der Tür weg. Draußen höre ich das Tier heftig atmen. Doch die Schritte, mit denen es die Toilette umkreist, hören sich eher nach Hufen an als nach Bärentatzen. Und als ich die Situation mit etwas mehr Ruhe überdenke, fällt mir ein, dass es im Himalaja gar keine Bären gibt, oder? Im Dunkeln tappend, versuche ich, die Mitte des Kubus zu meiden, wo sich das Loch befinden muss, halte mich tunlichst dicht an den Seitenwänden und sehe durch das Glasfenster an der Rückseite. Dort erkenne ich die haarigen Umrisse eines gigantischen braunen Yaks, der das Klo auf der Suche nach mir umkreist. Dieser hier hat keine Hörner, und mit seinem Buckel und dem zotteligen Fell kann man ihn wirklich leicht mit einem Grizzly verwechseln, besonders in einer so dunklen Nacht wie dieser. Und er brummt.

Die Temperatur ist auf einige Grad unter null gesunken, und ich stehe in Unterhose und Flipflops im Freien, vor Kälte bibbernd. Wenn ich nicht bald aus dieser Toilette herauskomme, brauche ich mir keine Sorgen mehr zu machen, ob mich nun ein Grizzly oder ein Yak in Stücke reißen wird, denn ich werde langsam erfrieren. Und während es nichts Ehrenrühriges an sich hat, bei der Besteigung des Everest dem Kältetod zum Opfer zu fallen, wäre es so ziemlich das Peinlichste, was man sich vorstellen kann, in Flipflops und Unterhose in einem schäbigen Außenklo, von einem hornlosen Yak in die Enge getrieben, zu erfrieren.

Durch die Ritzen in der Tür erspähe ich eine Steinmauer unmittelbar vor der Toilette. Ich schätze die Entfernung ab, stoße die Tür auf und stürze auf die Mauer zu. Mit den Flipflops rutsche ich auf den schneebedeckten Steinen aus, schaffe es aber irgendwie, schnell genug über die Mauer zu klettern und auf der anderen Seite hinunterzuspringen. Ich rapple mich auf und renne, so schnell ich kann, zur Öffnung in der Einzäunung, dann den Fußweg hinauf und zurück in die Lodge, bevor der Yak mich aufspürt.

Wieder in meinem Zimmer, schließe und verriegle ich die Tür, streife den Schnee ab und ziehe die nasse Unterhose aus. Schweißgebadet und keuchend vor Anstrengung lege ich mich in den Schlafsack und schwöre mir, in Zukunft nur noch in Thermounterwäsche zu schlafen, für den Fall, dass mir noch einmal ein angriffslustiger Yak mitten in der Nacht beim Pinkeln auflauert.

Während ich im eisigen Dunkel noch immer keuche, bete ich nur, dass mich niemand bei dieser dämlichen Aktion beobachtet hat.

Pheriche – Dingboche

Beim Frühstück treffe ich einen anderen Trekker, einen Amerikaner, der schon seit drei Monaten in Nepal unterwegs ist. Wegen der Kälte sitzt er zusammengekauert am Tisch, die Kapuze seines Sweatshirts hat er über den Kopf gezogen, so dass man nur sein Gesicht sieht. Ein Mehrtagebart lässt ihn älter wirken, als er ist. Er kommt mir vor wie einer der »Herumirrenden«, die zwischen den Eisfeldern und Felsspalten des Himalaja ihr wahres Selbst suchen. Als er an der Tasse mit heißem Tee nippt, beschlagen seine Brillengläser. Die Atemzüge zwischen seinen Sätzen hören sich an, als würde er gleich seine Seele aushauchen.

»Auf dem Weg hinauf nach Gorak Shep oder hinunter?«, frage ich ihn. Ich habe inzwischen Erfahrung genug, um »Gorak Shep« zu sagen anstatt »Everest-Basislager«. Kaum ein Trekker nimmt sich das moderne Everest-Basislager als Ziel, die meisten wollen zum alten Basislager, nach Gorak Shep, auf 5170 Metern. Und erst einmal dort angelangt, treibt es den Großteil noch weiter hinauf, zu dem Buckel namens Kala Patar, der noch 500 Meter höher liegt, auf 5600 Metern.

Dieser Trekker ist auf dem Weg nach unten und kann es kaum erwarten, von den Bergen fortzukommen.

»Ich kann das Essen nicht mehr sehen«, sagt er. »Und wenn ich diesen Yakscheißerauch noch länger einatmen muss, werde ich ernsthaft krank.« In dem Moment bringt ein Träger eine Armladung getrockneten Yakdung herein und schichtet ihn in den Heizofen.

Tzangpos Bruder trägt heute Morgen einen Pferdeschwanz. Seine einzige Aufgabe in der Lodge scheint im Erstellen der Rechnungen zu bestehen, und eben addiert er meine. Während ich bezahle, werfe ich einen Blick über die Schulter, um sicherzugehen, dass niemand hört, was ich fragen möchte. Die Lodge ist fast leer, und die britischen Soldaten schlafen noch.

»Hat euer brauner Yak, der auf der Weide draußen bei der Toilette, die Angewohnheit, Leute zu verfolgen?«, erkundige ich mich.

»Ja, das tut er ständig«, antwortet der Sherpa und wirft sein Haar über die Schulter nach hinten.

Da taucht Kumar auf, diensteifrig und startklar.

»Bis jetzt«, sage ich zu ihm, »habe ich immer entschieden, in welche Dörfer wir gehen. Heute bist du an der Reihe.« Kumar lächelt. Ich bemerke, dass er zum ersten Mal eine winddichte Hose und gute Wanderstiefel trägt.

»Dingboche«, sagt er. Das bedeutet einen halbstündigen Umweg über ein abgelegenes Seitental, das nicht auf dem Weg zum Everest liegt, was wiederum bedeutet, dass sich die Tour dadurch verlängert und somit auch sein Job.

»Okay«, antworte ich. »Und du suchst auch die Lodge aus«, ergänze ich und bin gespannt, wohin er mich führen wird.

»Gut«, sagt er mit glücklichem Lächeln.

Der Tag heute ist heller als gestern, doch die Berge sind immer noch hinter aufwallenden Wolken verborgen, die an messerscharfen Kämmen vorbeistreifen. Aber es wirkt nun alles etwas heiterer, vielleicht, weil der Boden überall mit Schnee bedeckt ist, ein Hinweis darauf, dass Weihnachten in nicht mehr allzu großer Ferne liegt. Der Schnee erhellt die Landschaft, versteckt den dunklen, nackten Fels. Ich versuche mir auszumalen, was die britischen Soldaten, die keine Befugnis haben, über Schnee zu gehen, heute tun werden. Theoretisch dürfen sie sich keinen Schritt aus der Lodge bewegen. Vielleicht hatten sie es deshalb nicht so eilig, aus dem Bett zu kommen. Plötzlich hört man in der Ferne das mächtige Donnern einer Lawine. Auf den ersten lauten Widerhall folgen weitere. Vielleicht haben die britischen Soldaten gar nicht so unrecht, ihre Anweisungen gewissenhaft zu befolgen.

Wenn der Himmel aufreißt, leuchten die Schneefelder hell im Sonnenlicht, dann wieder sind sie nur triste, graue Flächen unter tiefschwarzen Wolken. Hunderte Alpendohlen spielen in der Thermik, die sich am Grat zwischen den beiden Tälern bildet. Das ist ein magischer Anblick. Von der Kammhöhe aus habe ich freien Blick, abwärts Richtung Tengboche und aufwärts in die beiden Täler, die sich Richtung Everest-Basislager auf der einen und Richtung Chukung auf der anderen Seite hinaufziehen. Meine verzagte Stimmung von gestern löst sich auf, als die vorerst noch vereinzelten Flecken blauen Himmels allmählich zahlreicher werden und der Schnee unter meinen Füßen im warmen Sonnenlicht langsam schmilzt. Der Weg nach Dingboche führt an zahlreichen Tschorten und Mani-Mauern vorbei. An markanten Vorsprüngen wehen Gebetsfahnen. Dünne Nebelschleier hängen so hartnäckig in den niedriger gelegenen Taleinschnitten, als seien sie mit Aquarellfarben aufgemalt. Ganz anders sieht es um die Gipfel von Ama Dablam und Thamserku aus, wo der Jetstream die Wolken jagt. Die windzugewandten Seiten der beiden Berge sind relativ klar, die windabgewandten hingegen wie dauernd wechselnde Kaleidoskopbilder, die sich aus aufgewühlten, schwarzen Wolken bilden.

Die Schreie der Alpendohlen werden immer wieder vom Donnerhall der Lawinen unterbrochen, die an nicht einsehbaren Stellen von den Berghängen abgehen. Als der Schnee schmilzt und die Luft sich im Schein der Sonne erwärmt, entwickelt sich ein durchdringender Gestank feuchten Yakdungs. Mehrere riesige, zottelige Yaks mit bodenlangem Fell und langen, buschigen Schwänzen weiden auf den Hängen über Dingboche. Während man sie mitten in der Nacht schon einmal mit einem Grizzly verwechseln kann, ähneln sie mit ihrem großen Buckel bei Tageslicht eher einem Bison. Seit Lukla trage ich einen Holzstock griffbereit bei mir, um einen Yak, wenn er mich zu lange anstarrt, damit in die Flucht zu schlagen.

Wie in meinem Trekkingführer steht, befindet sich Dingboche in nicht so exponierter und dem Wind ausgesetzter Lage wie Pheriche, und da hier die Lodges nicht so dominieren, vermittelt der Ort den Eindruck einer ursprünglichen Yakhirten-Ansiedlung. Vom Grat aus kann man erkennen, wie erstaunlich gut sich Dingboche in die Landschaft einfügt. Die runden Felsblöcke und die Hütten der Yakhirten bilden eine stimmige Einheit mit der Berglandschaft.

Kumar sucht eine Lodge nach seinem Geschmack aus. Die Besitzerin und ihre Belegschaft in der Küche sind ausgesprochen freundlich, allerdings frage ich mich beim Anblick des Gewirrs an Stromkabeln an den Wänden, wie lange es dauert, bis es einen Kurzschluss gibt. An der Wand des Gastraums hängen mehrere Urkunden. Eine weist Sonahishi Sherpa als Mitglied der National Geographic Society aus. Ein Foto zeigt den Besitzer der Lodge, anscheinend ein Höhenbergsteiger, mit Jimmy Carter und seiner Frau. Ein Schreiben von Mountain Travel bestätigt Sonams Teilnahme an einem Kurs der Palisade School of Mountaineering. An einer weniger auffälligen Stelle hängt die Teilnahmebestätigung einer Schulung für Lodgebetreiber. Die Frau des Besitzers führt mich in eine Penthousesuite, einen Raum im oberen Stockwerk mit Glasfenstern auf allen vier Seiten. Die Lodge ist leer, und sie verspricht mir, dass ich, auch wenn vier Betten dort stehen, für den Preis von 100 Rupien oder anderthalb Dollar der einzige Gast in diesem Raum bin.

Die Sonne tritt hinter den Wolken hervor, und Dampf steigt von den ummauerten Kartoffelfeldern auf, als der Schnee schmilzt. Ich möchte nicht den ganzen Tag in der Lodge vertun, deshalb gehe ich noch einmal zurück auf den Grat, wo sich eine Gompa an die Felswand schmiegt. Yakpfade schlängeln sich in Serpentinen den Berg hinauf. Ich muss häufig stehenbleiben und eine Verschnaufpause einlegen. Wiederholt komme ich an einem Yak vorbei, der am Boden liegt und schläfrig wiederkäut. Auf einem relativ flachen Fleck stehen etwa ein Dutzend Yaks, vielleicht auch Naks – ich kann sie nicht unterscheiden, denn ihr zottiges Bauchfell und die buschigen Schwänze verdecken alle äußeren Geschlechtsmerkmale. Zwei von ihnen werden von einem so tiefsitzenden Husten geschüttelt, dass ihr ganzer Brustkorb zittert. Sie strecken die Zunge heraus, als wollten sie sich gegenseitig provozieren. Die beiden hustenden Tiere sind größer als die restlichen, und als sie ihre behaarten Schwänze über den Rücken vorbeugen, so dass ihre Genitalien sichtbar werden, glaube ich an beiden männliche Attribute zu erkennen. An Büschen oder freiliegenden Steinblöcken reiben sie sich die Stirn. Als sich einer von ihnen schüttelt, löst sich eine braune Staubwolke aus seinem Fell, wie bei einem schmutzigen Teppich, der mit einem Teppichklopfer bearbeitet wird. Dann stürzt unvermittelt der eine auf den anderen los, und es beginnt ein Kampf.

Für den Fall, dass sie ihren anfänglichen Gegner vergessen und stattdessen auf mich losgehen, entferne ich mich hurtig. An einem kleinen Wasserlauf fülle ich heute bereits zum dritten Mal meine Flasche und gebe eine Jodtablette dazu. Abgesehen von dem nervenden Husten und den Kopfschmerzen bin ich bisher noch nicht krank gewesen. Weiter oben vergnügen sich die Alpendohlen zu Hunderten. Ich habe festgestellt, dass die Orte, an denen die Dohlen sich aufhalten, oft spirituell besonders anregende Plätze sind, an denen man gut in Ruhe sitzen und in sich gehen kann. Wenn sich die Vögel von der Thermik tragen lassen, breiten sie die Flügel weit aus und gleiten auf den unsichtbaren Luftströmen dahin. Stürzen sie aber nach unten, legen sie die Flügel eng nach hinten an und erinnern mich an Kampfjets, wenn sie an mir vorbeisausen. Man hat den Eindruck, es gibt keine Flugbewegung, die sie nicht beherrschen, und die meiste Zeit scheinen sie völlig zweckfrei durch die Lüfte zu segeln, einfach nur zum Spaß. Ich kann mir nicht vorstellen, aus welchem anderen Grund sie diese Kunststücke aufführen sollten, wenn nicht zur bloßen Erbauung. In meine eigene Welt versunken, stoße ich beinahe mit einem braunen Yak zusammen. Durch seine Nase ist ein Seil gezogen, das zu einer Schlaufe gebunden wurde. Da ich dies als Hinweis interpretiere, dass er nicht der Umgänglichste ist, schalte ich schnell den Rückwärtsgang ein und mache einen großen Bogen um ihn. Letztes Jahr wurde hier ein Trekker von einem Yak getötet, und ich will nicht in der diesjährigen Statistik auftauchen.

Knapp über dem Boden blühen blaue Blumen. Ist das Edelweiß oder Enzian? Ich folge dem Weg in den oberen Talabschnitt. Er führt mich an einer Mani-Mauer vorbei zu einer Einsiedelei, die mit alten Schlössern verriegelt ist. Ich sitze auf dem kleinen Vorplatz der Behausung und beobachte Wolken und Vögel. Gleichzeitig bemühe ich mich, meinen dröhnenden Höhenkopfschmerzen keine Beachtung zu schenken. Mit einem Griff vergewissere ich mich, dass der Umschlag noch da ist.

Könnte das der richtige Platz sein?

Er fühlt sich nicht so an, ist nicht einladend genug. Und die verschlossene Einsiedelei verleiht dem Ort keine spirituelle Energie, auch wenn sie vielleicht nur den Winter über verlassen ist.

Als meine Kopfschmerzen etwas nachlassen, mache ich mich auf den Weg zurück nach Dingboche. Auf dem Hof der Lodge wasche ich mir in einem Becken mit heißem Wasser Haare und Gesicht und rasiere mich. So herausgeputzt, lehne ich mich entspannt an die Hauswand der Lodge und lese in der warmen Sonne in einem Buch. Eine Campinggruppe mit nur etwa sechs Teilnehmern kommt an. Unter ihnen ist Jackie, die Ärztin, aus dem Krankenhaus von Khunde. Sie begleitet die Gruppe, um bei medizinischen Notfällen

Hilfe zu leisten. Die Gefolgschaft an nepalesischen Bediensteten muss mehr als 40 Personen umfassen, dazu kommen noch vier Yaks. Die Kunden, unter anderem ein amerikanischer Patriarch mit zwei statuenhaften, hübschen Töchtern, beide Mitte 20, sehen ziemlich wohlhabend aus. Als ich ihnen beim Aufschlagen ihres Lagers zusehe, wird mir ziemlich schnell deutlich, dass es den beiden Töchtern reicht, auf dem kalten Boden im Zelt zu schlafen. Sie haben wohl gemeutert, denn obwohl die Zelte ordentlich und mit militärischer Korrektheit auf dem Feld vor der Lodge aufgebaut sind, übernachten die beiden in der Lodge.

Da ich heute Morgen als Erster da war und die Besitzerin mir ein Zimmer allein versprochen hat, bestehe ich auf meiner »Flitterwochensuite«. Den Namen hat ihr eine der Töchter gegeben, nachdem sie die Treppen hochgestiegen war, um mein Zimmer durch die Fenster in Augenschein zu nehmen. Einen Moment lang befürchte ich, man würde mich bitten, sie an die beiden Mädchen abzutreten. Doch innerhalb kürzester Zeit sind sie in einen hitzigen Streit verwickelt, wer von ihnen zuerst duschen darf.

Die anderen scheinen sich in ihrer Abneigung gegen die unbequeme Unterbringung in den Zelten mit den Töchtern solidarisiert zu haben. Die unglücklich wirkende Gruppe sitzt im verglasten Wintergarten und isst Suppe. Ich habe mir einen Sonnenplatz gesucht und gebe vor, in meinem Buch zu lesen – in Wirklichkeit bin ich aber neugierig dabei, zu lauschen und zu beobachten. Den großen Patriarchen umgibt eine Aura von Macht, Autorität und Geld, und ich finde es faszinierend, ihn in Aktion zu erleben.

Nicht minder interessant ist der Sirdar. Er behandelt die Träger, die Lodgebesitzerin und mich voller Herablassung, als würde er bewusst die arrogante Haltung seines Kunden teilen. Eine Baseballmütze auf dem Kopf und mit einer dicken Daunenjacke bekleidet, die eine Hand in den Rücken gelegt, mit der anderen unter einem ordentlich geschnittenen Schnurrbart einen Zahnstocher im Mundwinkel haltend, schreitet er gebieterisch einher. Nur wenn er mit dem großen Patriarchen spricht, gibt er sich respektvoll bis an die Grenze zur Unterwürfigkeit. Dann nimmt er die Baseballkappe ab, den Zahnstocher aus dem Mund und stolziert nicht mehr wie ein aufgeplusterter Täuberich, sondern befleißigt sich einer leicht gebeugten Haltung, scharwenzelt um seinen Wohltäter herum, bietet ihm Tee an, Kekse, eine warme Daunenjacke, alles, woran der imposante Mann Gefallen finden könnte. Zwischen diesen Kriechübungen erzählt er dem großen Patriarchen, dass er Geld braucht, weil er in Namche eine Lodge bauen will. Aus der Unterhaltung schließe ich, der große Patriarch besitzt eine Hotelkette auf Hawaii und hat seinen willfährigen Führer bereits mit einer 18-monatigen Hotelfachausbildung gesponsert. Nun liebäugelt der Sherpa mit einem weiteren Arbeits- und Ausbildungsaufenthalt auf Hawaii, damit er Geld für seine Lodge beschaffen kann.

Eine Sherpafrau in einem langen grauen Kleid und einer farbenprächtigen Schürze schleppt Eimer mit heißem Wasser in den Holzverschlag, der als Dusche dient. Sie bildet einen starken Kontrast zu den beiden langbeinigen Schwestern, die fast so groß sind wie ihr Vater. Die Amerikaner haben nach heißem Wasser gefragt, aber die beiden Frauen sehen eigentlich blitzsauber aus. Die Sherpafrau hingegen hat vermutlich schon länger nicht mehr geduscht. Ich vermute, sie ist genauso alt wie die beiden Amerikanerinnen, also Mitte 20, doch sie wirkt zehn Jahre älter. Obwohl klein und untersetzt, macht sie einen hübschen Eindruck. Mit dem Eimer in der Hand verfolgt sie neidvoll, wie die Erste der beiden Töchter mit einem Sortiment an Shampoos, Seifen, Lotions und Parfüms in den Verschlag steigt.

»Wo bekomme ich ein Coke?«, fragt die andere die Sherpafrau. »Mir ist nach einem Coke.«

Die Sherpafrau holt es ihr, und die Tochter fordert den Vater auf, das Getränk zu bezahlen.

»Ein Coke kostet drei Dollar«, meint er lachend, »und ein Zimmer einen Dollar. Wo sonst auf der Welt würde man für ein Coke dreimal so viel bezahlen wie für ein Hotelzimmer?«

Oder treffender formuliert, für ein Hotelzimmer ein Drittel des Preises für ein Coke.

Die erste Tochter kommt aus der Dusche, das lange nasse Haar in ein zum Turban geschlungenes Handtuch gewickelt. Nun geht ihre Schwester hinein, während die Sherpafrau wieder mehrere Eimer dampfend heißes Wasser holt und in den Behälter oberhalb der Duschvorrichtung füllt.

Die Sonne steigt nun zwischen Wolkenwirbeln hoch über die Berge, und ein zarter weißer Nebel zieht langsam das Tal hinauf. Angesichts der vielen Yaks, die in Dingboche unterwegs sind, will ich nicht noch einmal ein Erlebnis wie in der letzten Nacht riskieren und frage die Sherpafrau nach einer leeren Wasserflasche. Sie bringt mir eine aus der Küche. In meinem Zimmer hole ich mein Schweizer Armeemesser hervor und schneide den Flaschenhals ab. Dann vollziehe ich mein allabendliches Ritual, indem ich alle Utensilien, die ich brauche, um das Kopfteil meines Schlafsacks arrangiere, damit alles griffbereit ist, wenn ich mitten in der Nacht aufwache. Die leere Pinkelflasche stelle ich in Bettnähe auf den Boden.

Aus meiner Penthousesuite habe ich einen Panoramablick auf die Berge. Die billigen chinesischen Betttücher wurden auf allen vier Betten zurückgeschlagen und wie in einem Fünf-Sterne-Hotel sorgfältig an den Ecken eingesteckt. Als dichter Nebel aufzieht, verschwindet die Sonne. Ich kann gerade noch ein schnelles Foto vom Lhotse bei Sonnenuntergang machen, der kurz durch ein Nebelloch sichtbar ist, dann befinden wir uns fest in der schweigenden, feuchten Umklammerung dicker Nebelschwaden.

Im Gastraum nimmt der große Patriarch zum ersten Mal von mir Notiz.

»Gehst du hinauf oder hinunter?«, fragt er mich.

»Hinauf«, erwidere ich.

»Oh«, meint er dazu nur. Da ich damit keinerlei Status besitze, sieht er gleich wieder durch mich hindurch. Ich hätte lügen und ihm erzählen sollen, dass ich abwärts unterwegs bin, und mir alle möglichen Geschichten ausdenken, wie es »da oben« so ist. Ich hätte es nur wie der geschwätzige Bergsteiger machen müssen und ihnen Geschichten auftischen, wie tief der Schnee war, und mit einem Eispickel in jeder Hand meinen Sätzen Nachdruck verleihen.

Jackie, die britische Ärztin, sitzt neben mir im Gastraum.

»Anfangs haben wir in Zelten geschlafen«, flüstert sie mir zu. »Das hat ihnen aber nicht gefallen. Man kann ihnen gar nicht einmal einen Vorwurf deshalb machen. Letzte Nacht haben sie dann in einer Lodge übernachtet, und nun wollen sie nur noch in Lodges schlafen und in Lodges essen. Wir sind mit 50 Helfern für eine Gruppe mit sechs Teilnehmern losgegangen. Inzwischen haben sie schon 20 heimgeschickt, und die restlichen 30 haben den ganzen Tag frei, weil es nichts für sie zu tun gibt, wenn wir hier drinnen essen. Die meisten Träger und Küchenhelfer sind schon ziemlich betrunken.«

»Wie bestellt man hier etwas zu essen?«, fragt der große Patriarch plötzlich dazwischen.

»Man schreibt seine Bestellung einfach in das Buch, auf dem die Zimmernummer steht«, erklärt ihm Jackie.

»Ich würde jetzt alles für eine Salatbar geben«, meint eine der Schwestern.

»Haltet euch an mich«, rät der Vater seinen Töchtern, die letzte Bemerkung ignorierend. »Ich zeige euch viel interessantere Plätze als alle eure Verehrer zusammen.«

Der Blick vom Gipfel des Kala Patar

Gebetssteine säumen den Wanderweg durch das Chukhung-Tal.

Ein Versorgungsposten der *Himalayan Rescue Association* in Pheriche

Vom Gipfel des Kala Patar eröffnet sich ein beeindruckender Blick auf den Lhotse.

Am Weg zum Everest-Basislager ragen Felstürme in den Himmel.

Talblick vom Gipfel des Gokyo Ri

Der Blick auf das Dorf Chukhung

Still ruht einer der drei Gokyo-Seen vor dem Gokyo Ri.

Zeltlager am mächtigen Gokyo Ri

Auf dem Weg durch das Tal von Lobuche

Gipfelglück am Gokyo Ri

Mir ist nicht ganz klar, ob das als Drohung oder Ermunterung zu verstehen ist.

Als es draußen dunkel wird, werden zwei mit Solarstrom betriebene Neonlampen eingeschaltet. Eine der Töchter bestellt auf Englisch »French fries«, also Pommes frites, und ist ziemlich überrascht, als wenige Minuten später »French Toast« gebracht wird, Arme Ritter.

»Woher haben die hier oben frische Tomaten?«, erkundigt sich der große Patriarch, als die mit frischen Tomatenscheiben belegten Pizzas aus der Küche kommen.

»Aus Namche«, erklärt ihm der Sherpajunge, der uns bedient.

»Sie wachsen in Namche?«, fragt der Patriarch.

»Vielleicht kommen sie von Jiri nach Namche«, mutmaßt der Junge.

»Stellt euch vor, ihr esst Pizza mit frischen Tomaten, die hier hochgeschleppt wurden«, meint der Patriarch. Er zupft ein Stück Fleisch aus dem klebrigen Nakkäsebelag heraus.

»Was ist das für ein Fleisch?«

»Yakfleisch«, antwortet der Junge.

»Yakfleisch statt Peperoni?« Er sieht seine Töchter an. »Hört ihr das? Erzählt euren Verehrern mal, euer Dad isst Pizza mit Yakfleisch statt Peperoni.«

Während des Abendessens konsultiert jeder aus der Gruppe Jackie. Sie leiden unter bellendem Husten, Durchfall und überbeanspruchten Gelenken.

»Ich brauche Schlaftabletten«, flüstert einer von ihnen Jackie ins Ohr und vergewissert sich mit einem Blick über die Schulter, dass sein Zimmerkollege nicht zuhört. »Er beklagt sich, dass ich die ganze Zeit huste, aber ich kann nicht schlafen, weil er stündlich so laut in seine Flasche pinkelt. Hört sich an, als würde ich das Zimmer mit einem Pferd teilen.«

Ich bin froh, dass ich meine Flitterwochensuite für mich allein habe und nicht vom ständigen Husten eines Zimmergenossen wachgehalten werde oder peinlich berührt sein muss, wenn ich jemanden durch das Pinkeln in die Flasche wecke. Gegen halb sieben bin ich so müde, dass ich nach oben gehe und ins Bett falle. Bis Mitternacht schwenke ich mehrmals meine Beine über die Bettkante, stehe auf, ziehe den Schlafsack halb hinunter und greife zur Plastikflasche. Was für ein Luxus, nicht auf ein Klo ins Freie hinauszumüssen.

Nur habe ich leider das Fassungsvermögen meiner Blase unterschätzt. Die Literflasche ist gegen Mitternacht bereits voll. Nun bin ich doch wieder dort, wohin ich nicht wollte, taste mich an Wänden entlang, Treppen hinab und in den Hof hinaus, wo ich mich an die nächste Mauer stelle. Keine zehn Pferde brächten mich dazu, die Plumpsklos hinter der Lodge aufzusuchen.

Dingboche – Tugla

Das kratzende Geräusch einer Krähenkralle, die auf dem Wellblechdach Halt sucht, weckt mich. Bequem von meinem Schlafsack aus habe ich einen spektakulären Blick auf die Berge, die von der Sonne in gleißendes Weiß getaucht werden. Außer mir scheint noch niemand wach zu sein, also nutze ich die Gelegenheit und schleiche mich die Treppe hinab in den Hof, eine bis an den abgeschnittenen Rand mit Urin gefüllte Flasche vorsichtig von mir gestreckt. Als ich auf Zehenspitzen um die Rückseite der Lodge tappe, stoße ich beinahe mit einer der Töchter des großen Patriarchen zusammen, die aus ihrem Zimmer stürzt. Zunächst verwirrt vom Anblick meines unfrisierten Haarschopfs richtet sie den Blick als Nächstes auf meine Flasche und die Spritzer auf ihrem Ärmel.

»Das glaube ich nicht«, sagt sie schließlich, nachdem sie zwei und zwei zusammengezählt hat.

»Ich auch nicht«, antworte ich wahrheitsgemäß.

Nachdem sie ein frustriertes Kreischen von sich gegeben hat, stapft sie in Richtung der Plumpsklos weiter, während ich schnell mein halb gefrorenes Beweisstück entsorge.

Der Weg durch Dingboche ist ein Eiskanal. Die gute Seite an dieser Kaltfront ist der Himmel, der sich strahlend blau zeigt. Außerhalb des Dorfes, beim Erklimmen eines Grats, sehe ich zwei Alpenkrähen, die im Wind spielen. Abgesehen von der roten Farbe des Schnabels sehen sie genauso aus wie die Alpendohlen – die einen gelben Schnabel besitzen. Vielleicht ist es mit ihnen genauso wie mit den Rotmützen und den Gelbmützen, den beiden Sekten tibetischer Buddhisten, deren Kopfbedeckung einen geringfügigen

Unterschied in der spirituellen Ausrichtung anzeigt. Ich stelle mir vor, die Krähen bevorzugen es, mit der Thermik in spiralförmigen Bewegungen aufzusteigen, während die Dohlen besonders gern mit angelegten Flügeln Richtung Boden stürzen. Oder der Unterschied ist noch viel geringfügiger. Ich könnte schwören, diese Krähen sind Reinkarnationen von Menschen. Allerdings muss man in einem früheren Leben wohl ein sehr guter Mensch gewesen sein, um als Alpenkrähe wiedergeboren zu werden, die sich sorglos in den thermischen Winden des Himalaja austoben darf.

Als wir mit meinen Eltern in Asien und in Ostafrika lebten, drehte mein Vater 16-mm-Filme von uns. Da die zahlreichen Filmrollen ziemlich sperrig waren und wir für die Vorführung einen altmodischen Projektor brauchten, sahen wir sie nur ein einziges Mal. Damals waren wir Teenager. Zu Weihnachten im vergangenen Jahr ließ meine Mutter alle Rollen auf Video kopieren und schenkte jedem von uns Geschwistern eine Kassette. Dieses Schwarz-Weiß-Video der 16-mm-Filme ist die lebendigste Erinnerung an das unkonventionelle Leben, das wir als Kinder geführt haben. Der Gedanke an diese Wiedergeburt in Form verwackelter Aufnahmen von uns Kindern, vor allem von Kevin, bewegt mich sehr. Ich sehe den Krähen zu und stelle mir wieder die Frage: Wie kann es sein, dass mein kleiner Bruder tot ist?

Ich hole eine Trekkinggruppe ein, deren Sirdar trotz der noch frühen Tageszeit schon eine Alkoholfahne hat. Als ich neben ihm hergehe, höre ich beeindruckt, dass er perfekt Französisch spricht. Er zeigt mit der Hand in alle Richtungen und erklärt seinen Kunden, welche Gipfel er schon bestiegen hat. Er hat einen Bauchansatz und wirkt insgesamt nicht besonders trainiert, aber ich zweifle nicht daran, dass er die Wahrheit sagt.

Kumar führt mich. Wir überqueren einen größtenteils zugefrorenen Wasserlauf, dann erreichen wir Tugla, wo sich einige wenige

Lodges eng aneinanderschmiegen, als müssten sie sich gegenseitig wärmen und beschützen. Die britische Armee und Christina sind schon da.

»Wo bist du gewesen?«, fragt sie mich. »Ich habe dich in Tengboche gesucht, aber du warst verschwunden.«

Wir setzen uns an einen Tisch und essen mit zwei weiteren Gruppen zu Mittag. Ich mustere einen großen, gutaussehenden Sherpaführer. Sein langes, glänzendes Haar hat er zu einem Pferdeschwanz gebunden und diesen durch die Öffnung hinten an seiner Baseballkappe gezogen. Die Augen verbirgt er hinter einer verspiegelten Oakley-Sonnenbrille. Ich bekomme zufällig mit, wie er eine hübsche Teilnehmerin seiner Gruppe bittet, ihm Nacken und Schulter zu massieren. An seinem Gürtel baumeln mehrere Karabiner und ein Funkgerät. Um den Hals trägt er eine goldene Kette mit einem großen, goldenen Kreuz und eine zweite Kette mit einem Nephrit-Anhänger aus Neuseeland.

»Siehst du das Mädchen da drüben?«, fragt mich Christina im Flüsterton. Dabei weist sie mit den Augen auf eine dunkelhaarige, nicht unbedingt attraktive Frau, die etwas abseits sitzt und sich intensiv mit einem anderen Führer unterhält. »Sie hat am zweiten Tag der Tour mit dem langhaarigen Sherpaführer geschlafen«, raunt mir Christina zu. »Und seither würdigt er sie keines Blickes mehr. Dafür schläft er jetzt mit dem Mädchen, das ihm gerade den Nacken massiert.«

»Woher weißt du das?«, frage ich sie.

»Weil wir in derselben Lodge übernachtet haben, und da hat sie es mir erzählt«, berichtet Christina. »Sie heulte. Er hat ihr den Laufpass gegeben, sie hatte totalen Liebeskummer.« Christina zuckt erst mit den Schultern und wendet sich zu mir. »So sind wir eben.«

Die verschmähte Frau versucht wirklich ihr Bestes, die Mätzchen ihres Exliebhabers zu ignorieren. Seine jüngste Eroberung trägt Leggings, die ihre langen, schlanken Beine betonen.

»Wie kann man sich nur auf so etwas einlassen?«, frage ich.

Christina sieht mich mit abgeklärtem Blick an. »Du hast wohl noch nie etwas vermasselt?«

Wir nehmen unser Mittagessen ein, und obwohl ich vorhabe, die Nacht hier zu verbringen, damit der Höhenunterschied nicht zu groß wird, begleite ich Christina, die nach Lobuche weitergeht.

»Es wird mir guttun, aufzusteigen und dann wieder herunterzukommen«, sage ich zu ihr, während ich einen Liter Wasser mit Jodgeschmack trinke und dann die Flasche von neuem fülle.

Auf dem Weg hinauf treffen wir Ja-Ja-Shelley, die offensichtlich ihren geschätzten Träger wiedergefunden hat, der nun wie ein Anhängsel an ihrer Seite klebt.

»Ich war drei Tage beim Lama in Tengboche«, erzählt sie mir aufgeregt.

»War es gut?«, erkundige ich mich. Ich stelle die Frage absichtlich so, dass sie mit Ja antworten muss und ich Christina demonstrieren kann, warum ich sie Ja-Ja-Shelley nenne.

»Ja, ja«, enttäuscht Shelley mich nicht. »Es war sehr gut. Auf dem Rückweg werde ich ein paar Wochen bei ihm im Kloster bleiben. Es war, als wüsste er, wer ich bin und warum ich hierhergekommen bin.«

Sonam, ihr Führer, wirft mir über die Schulter einen grimmigen Blick zu. Er ist bedacht, möglichst viel Abstand zu halten zwischen ihnen und mir.

Wir verabschieden uns und gehen weiter. Von Tugla aus führt der ausgetretene Pfad hoch zum Kamm der Endmoräne des Khumbugletschers.

»Wie geht's deinem Rücken?«, fragt mich Christina, als ich zum Luftholen anhalte.

»Die Schmerzen, die ich in den ersten drei oder vier Tagen hatte, sind weg«, erzähle ich ihr. »Aber ohne Kumar, der meinen Rucksack trägt, würde ich es nicht schaffen.« Christina trägt einen Rucksack, der genauso groß, wenn auch nicht ganz so breit aussieht wie der, den Kumar auf dem Rücken hat. »Wie machst du das eigentlich?«, frage ich sie.

»Das ist gar nichts«, meint sie. »Hast du die Rucksäcke von den Soldaten gesehen, mit denen ich unterwegs bin? Man möchte meinen, die haben ihre Großmütter darin verstaut.«

»Und tut sich etwas?«, erkundige ich mich.

»Du meinst Liebe und so?«, fragt sie mit höhnischem Tonfall. »Ich bin seit fast zwei Wochen mit ihnen unterwegs, und inzwischen ist klar, dass ich trotz ihrer Avancen an keinem von ihnen interessiert bin. Und weißt du was? Sie sind alle verheiratet. In den ersten paar Tagen hat keiner seine Frau auch nur erwähnt, aber wenn sie merken, dass mit mir nichts läuft, rücken sie auf einmal damit heraus. Das stärkt nicht gerade mein Vertrauen in euch Männer.«

»Wir sind aber nicht alle so«, protestiere ich.

»Ja, gut.«

Oben auf dem höchsten Punkt unseres Anstiegs verabschieden wir uns. Christina geht weiter – sie muss zum britischen Heer aufschließen.

Auf der Bergkuppe wurden zahlreiche Steinhügel zum Gedenken an Sherpas und ausländische Bergsteiger errichtet, die hier in den Bergen gestorben sind und deren Körper noch irgendwo hoch oben im ewigen Eis begraben liegen. Auch Sherpas lassen ihre Asche hier verstreuen. Es ist ein verlassener Ort, den die massige Endmuräne des Khumbugletschers überschattet. Ich bemerke einen großen Steinhügel, der dem amerikanischen Bergsteiger Scott Fischer gewidmet ist. Scott starb 1996 bei der größten Tragödie in der Geschichte des Berges, als acht Bergsteiger umkamen.

Fischer erreichte den Everestgipfel am 10. Mai 1996, recht spät, gegen Viertel vor vier Uhr am Nachmittag, hatte dann aber größte

Schwierigkeiten beim Abstieg. Begleitet wurde er von dem Sirdar Lopsang Jangbu Sherpa. Als Fischer nicht mehr in der Lage war, weiter bergab zu steigen, zwang er Lopsang, allein abzusteigen. Dieser hatte gehofft, noch zusätzlichen Sauerstoff zu Fischer hochschicken zu können. Ein weiteres Expeditionsmitglied, Anatoli Bukrejew, versuchte in mehreren Anläufen, zu Fischer hinaufzukommen, musste aber wegen des Wetters kehrtmachen. Am 11. Mai gegen sieben Uhr erreichte Bukrejew schließlich Fischer, aber es war zu spät. Man vermutet, dass der Bergsteiger an den Folgen einer schlimmen Form von Höhenkrankheit starb. Das Drama sorgte weltweit für Aufsehen, unter anderem durch Jon Krakauers Bestseller *In eisige Höhen*.

Bei meiner Wanderung durch die Steinmonumente, aufgetürmt von Menschen, die sich so weit das Tal hochgearbeitet haben, befällt mich ein merkwürdiges Gefühl, das ich nur schwer beschreiben kann. Ich gehe noch ein Stück Richtung Lobuche, kehre dann aber um und wandere den steilen Hang hinunter zurück nach Tugla. Es ist schon relativ spät, und die Stoßzeit des Trekkingverkehrs ist bereits vorüber, so dass keine Bergsteiger unterwegs sind, weder nach oben noch nach unten. Man ist jetzt herrlich ungestört auf dem Weg.

Kurz nach drei Uhr verschwindet die Sonne hinter den Bergen und erzeugt lange Schatten im Tal. Es wird sehr schnell kalt. Vor Tugla begegnen mir zwei Frauen, die, mit zwei schweren Rucksäcken beladen, auf dem Weg nach oben sind. Der Tag ist schon fortgeschritten, und sie bewegen sich im Schneckentempo. Bis sie in Lobuche sind, ist es sicher längst dunkel. Sie haben aber niemand dabei, der ihnen zur Seite stünde, falls etwas schiefgehen sollte. Ich frage sie, ob sie wissen, wie lange sie bis Lobuche gehen müssen.

»Ja«, antwortet die eine etwas gereizt. »Wir waren schon da oben«, fügt die andere hinzu. »Sie ist krank geworden und musste mit dem Hubschrauber nach Kathmandu geflogen werden. Jetzt versuchen wir es noch mal, aber diesmal gehen wir nicht so schnell bergauf.«

Damit wandern sie weiter. Höhenkrankheit wegen zu schnellen Aufsteigens bekommen sie auf diese Weise bestimmt nicht, dafür werden sie bei dem langsamen Tempo in der Dunkelheit erfrieren.

Kumar wartet vor der Lodge auf mich. Er lächelt, und zum ersten Mal frage ich mich, ob er wirklich nach mir Ausschau hält, auch wenn das nicht weiter überraschend wäre. Schließlich bin ich sein wandelndes Bankkonto.

Die Lodge in Tugla ist sehr einfach. Ein lächelnder Junge mit manischer Energie hopst aus der Küche und macht ein Feuer im Bullerofen, nachdem er Kerosin über den getrockneten Yakdung gegossen hat. Dann rast er in die Küche zurück, als ginge es um sein Leben. Der Raum füllt sich mit Rauch aus Yakdung und Kerosin, bis die Hitze im Ofen groß genug ist, dass der Abzug über den Kamin aus Blechdosen funktioniert.

Die meisten Trekker in der Lodge leiden unter Höhenkrankheit. Die weibliche Hälfte eines jungen Paares zeigt ernste Anzeichen von Acute Mountain Sickness, kurz AMS. Ihr Gesicht ist von der Sonne verbrannt, und ich vermute, dass sie auch stark dehydriert ist. Ich sage ihr das, woraufhin sie nickt. Ihr Freund holt eine volle Wasserflasche, sie trinkt und legt sich danach mit schmerzverzerrtem Gesicht auf die Bank. AMS ist hier an der Tagesordnung. Ab 3000 Meter Höhe verspüren drei Viertel aller Bergsteiger zumindest leichte Symptome. Wen es trifft und wen nicht, ist wie eine Lotterie. Häufiger betroffen sind sportliche junge Männer, die zu schnell aufsteigen, weil sie ihre Männlichkeit unter Beweis stellen wollen. Aber grundsätzlich gibt es keine spezifischen Faktoren wie Geschlecht, Alter oder körperlicher Allgemeinzustand, die Rückschlüsse auf eine AMS-Anfälligkeit zulassen würden. Manche Menschen, zu denen auch ich gehöre, neigen einfach stärker dazu, und aufgrund meiner eigenen Beobachtungen scheint es nicht, als würde es durch Erfahrung besser.

Ein anderer Trekker sitzt ganz allein, spricht mit niemandem und starrt abwesend auf ein weißes Blatt Papier. Ein Fall von Höhenschreibblockade, nehme ich an. Ich kann das verstehen.

»Wir waren gestern in Dingboche ganz schön zugedröhnt«, erzählt ein Paar aus Alaska. »Das Haschisch war so billig und gut, dass wir einfach nicht Nein sagen konnten.«

Dann ist da noch ein weiteres Paar, Vater und Tochter. Die Tochter, schätzungsweise Anfang 20, macht nichts selbst. Ihr Vater kümmert sich um alles, hängt ihre durchgeschwitzten Kleider zum Trocknen auf die Leine über dem Bullerofen, bestellt das Essen für sie und rückt ihren Stuhl näher an das Feuer.

Meine ohnehin schon starken Kopfschmerzen werden noch schlimmer, bis mir schließlich auch noch übel ist. Ich nehme ein Schmerzmittel, hole meinen Schlafsack, setze mich im Gastraum neben das Fenster und mühe mich, die Wellen der Übelkeit zu überstehen. Draußen sehe ich die Sonne über der Ama Dablam untergehen. Sie taucht den Berg erst in Gelb und dann in leuchtendes Gold. Die anderen halten sich dicht um den Ofen auf und schenken dem spektakulären Schauspiel draußen keinerlei Beachtung. Ich bestelle eine kleine Kanne Zitronentee, um noch mehr Flüssigkeit zu mir zu nehmen. Der Kopfschmerz lässt nach und damit auch die Übelkeit, dafür setzt der trockene Husten wieder ein. Und bei jeder Hustenattacke sieht mich der Vater mit zusammengekniffenen Augen an, als würde ich absichtlich husten, um ihn zu ärgern. Oder die Tochter.

Eine Nebenerscheinung der Höhenkrankheit kann leichte Reizbarkeit sein. Da reicht schon ein pedantischer Vater mit nervendem Akzent und der ebenso nervenden Angewohnheit, jedem in Hörweite Ratschläge zu erteilen. Als ich ihn etwas genauer mustere, fällt mir ein, dass ich ihn schon in der Panorama Lodge in Namche gesehen habe, damals mit einer südafrikanischen Gruppe, die den Führer mit den wunden Füßen dabeihatte. Dort war mir der Mann aufgefallen, als er mit Lineal und Stift in einer Ecke saß und so eine Art Ausgabenbuch führte, in das er peinlichst genau Zahlen untereinander schrieb. Damals dachte ich mir, er könnte Buchhalter sein. Aber wo ist der Rest der Gruppe geblieben?

Mit einem Ohr höre ich seinem Monolog zu. Er redet über das tolle Haus, das er in Sandton besitzt, einem Vorort von Johannesburg, und seinen kurzen Weg zur Arbeit. Und er ist tatsächlich Buchhalter. Da er schon über 50 und damit der Älteste ist, fühlt er sich berufen, uns zu jedem Thema seine Meinung mitzuteilen, uns allen. Ich rätsle, ob seine Stimme wirklich so unangenehm ist oder ob sie nur mir so erscheint. In den schlechten alten Tagen der Apartheid lebte ich einige Jahre in jenem Teil der Welt und engagierte mich dafür, schwarzen südafrikanischen Flüchtlingen in Lesotho, Swasiland und Botsuana zu helfen, der Verfolgung durch Weiße zu entkommen. Ich wurde vom südafrikanischen Geheimdienst observiert und sogar beschossen. Geheimagenten entführten meine schwarzen Kollegen. Das liegt viele Jahre zurück, doch die falsche Sorte Südafrikaner bringt mich noch immer schnell in Rage. Der Buchhalter hat aber auch ganz objektiv betrachtet eine unangenehme Stimme.

Ich starre aus dem Fenster. Die von der Abendsonne bestrahlte Ama Dablam sieht aus wie ein goldener Berg in einem Fantasyfilm, der aus dem Nebel aufragt. An ihren Flanken kriechen Schatten hoch, bis nur noch der Gipfel in gelbes Licht getaucht ist. Sieht man sich die Berge in ihrer Gesamtheit an, könnte man meinen, jemand hätte mit einem Lineal eine waagerechte Linie von Gipfel zu Gipfel gezogen. Unterhalb dieser Linie liegt alles im Schatten, darüber in goldenem Licht. Die Spitze der Ama Dablam wechselt ihre Farbe nun in ein metallisches Blaugrau, während die des Lhotse hell bleibt und das gelbe Band an seiner Seite das goldene Licht aufnimmt. Sobald das warme Sonnenlicht von den Bergen verschwunden ist, wirken sie kalt und unerbittlich. Die vier Bergsteiger müssen inzwischen unten sein.

Der Sherpajunge kommt wieder aus der Küche gehüpft und serviert, glücklich vor sich hin pfeifend, der Tochter des Südafrikaners eine Schüssel Suppe.

»Führst du die Lodge?«, frage ich ihn, als er sich umdreht, um in die Küche zurück zu laufen.

»Nein«, antwortet er und streckt dabei stolz die Brust heraus. »Ich bin sein Träger.« Dabei deutet er auf den Buchhalter.

»Schau«, wendet sich der Buchhalter an mich, anstatt sich um seine eigenen Angelegenheiten zu kümmern, »so macht er das in jeder Lodge, in der wir bleiben. Immer bei der Arbeit. Aber besser so als das Gegenteil.«

»Wie heißt du?«, frage ich den Jungen.

»Chumba Sherpa«, antwortet er. »Ich bin pünptehn.«

Er sieht eher wie zwölf aus, aber trotz seiner geringen Körpergröße hat er ganz schön viel Kraft. Ich sah ihn vorher schon einen großen Plastikbehälter voller Wasser von der Brücke am Fluss heraufstragen. Der Behälter sah ziemlich schwer aus.

Der Buchhalter plappert in einem fort. Vielleicht braucht er, so weit von der Sicherheit seines tollen Hauses entfernt, den Klang seiner eigenen Stimme zur Beruhigung. Er gibt nur albernes Geschwätz von sich.

»Gilt der Preis für das *Dal Bhaat* pro Portion, oder kann man dafür essen, so viel man will?«, erkundigt sich der Trekker aus Alaska bei Chumba Sherpa.

»Schau, mir wäre ein Big Mac lieber«, mischt sich der Buchhalter ein. Inzwischen weiß ich, dass er jeden zweiten Satz mit »schau«

oder »lieber« beginnt. Wenn er das jetzt noch ein einziges Mal macht, werde ich zum Axtmörder. Oder besser zum Eispickelmörder.

»Habe ich dich nicht schon mal mit einer Gruppe Südafrikaner gesehen«, frage ich ihn. »In der Panorama Lodge in Namche?«

»Richtig«, antwortet er, plötzlich ganz zurückhaltend.

»Was ist aus deiner Gruppe geworden?«

»Schau, meine Tochter bekam die Höhenkrankheit, also sind die anderen vorausgegangen«, sagt er. »Lieber haben wir einen Träger genommen und uns Zeit gelassen.«

Diese Wendung der Unterhaltung stimmt ihn offensichtlich nicht froh. Aus seinem Zögern, näher darauf einzugehen, wo er doch über jedes andere Thema so viel mitzuteilen hat, schließe ich, dass es sich hier um einen wunden Punkt handelt. Und ich schätze, mit seiner peniblen Auflistung der Tagesausgaben plant er eine Attacke gegen den Tourunternehmer. Außerdem hat er die nervende Angewohnheit, ständig zu schnauben, was sich fast wie ein Schnarchen anhört. Wenn er nicht redet, schnaubt er.

Da ich ihn nicht länger ertrage, gehe ich nach draußen. Obwohl die Flanken des Lhotse nicht mehr von der Sonne beschienen werden, scheint der Berg zu glühen, als wäre er selbst eine Lichtquelle, die die während des Tages absorbierten Strahlen nun zurückwirft. Dieser Berg bietet einen viel spektakuläreren Anblick als der Everest. Den Buchhalter höre ich selbst noch durch die dicken Steinmauern der Lodge. Er doziert vor den anderen über die Betrachtung des Sonnenuntergangs.

»Lieber hätte ich ein Buch auf diese Tour mitnehmen sollen«, sagt er in seinem nervenden Akzent. »Schau, man kann ja schon ein paar Mal einen Sonnenuntergang beobachten, aber irgendwann ist das nicht mehr spannend.«

Als es draußen zu kalt wird, gehe ich widerstrebend hinein. Die Lampe, die über dem Bullerofen hängt, geht aus, und niemand weiß, wie man sie wieder in Gang bringen kann. Wir können zwar alle möglichen hochtechnischen Vorrichtungen bedienen, aber mit einer simplen Kerosinlampe sind wir überfordert. Kumar pumpt an der Kerosinlampe, um das Gemisch zu komprimieren, bis der Asbestglühstrumpf hell strahlt. Vielleicht passiert dasselbe mit den Bergen, nachdem die Sonne untergegangen ist – irgendwer bringt sie mit derselben Methode zum Glühen.

Die Unterhaltung, an der ich mich nicht beteilige, dreht sich nun um den Preis für einen Mars-Riegel, für mich ist das das Signal zum Aufbruch. Doch vorher hole ich mir noch eine zweite leere Wasserflasche aus der Küche, damit erhöht sich mein Kontingent für heute Nacht auf zwei Flaschen. Auch das ist ein typisches Symptom für die Höhenkrankheit und die damit verbundene Dehydrierung – egal wie viel Flüssigkeit man einfüllt, es kommt immer mehr heraus.

Ich lege mich hin und versuche zu schlafen. Das Fauchen der Kerosinlampe drüben im Gastraum erinnert mich an meine Jugend in Kenia und die Hütte am Strand, in der wir die Ferien verbrachten. Das war lange bevor der Massentourismus einsetzte. Abends saßen wir alle lesend unter der Kerosinlampe, um die Motten und andere Insekten schwirrten. Wir teilten uns zu viert ein Schlafzimmer, in dem die Betten ganz dicht aneinander standen. Manchmal machten wir eine Kissenschlacht, bis einer weinte oder unsere Eltern es hörten. Es gab keinen Fernseher, nicht einmal Strom. Die Tage verbrachten wir damit, die Riffe zu erkunden, entweder mit Schnorcheln oder indem wir bei Ebbe auf ihnen herumliefen. Manchmal bauten wir Menschenfallen. Dazu gruben wir Löcher in den Sand, die wir mit Stöcken und Blättern bedeckten und mit einer dünnen Schicht Sand obenauf tarnten. Erwartungsvoll versteckten wir uns dann hinter den Felsen und warteten, bis ein argloser Fischer des Wegs kam. Doch die Einzigen, die uns jemals in die Falle gingen, waren wir selbst.

Viele Jahre später kehrte ich nach Ostafrika zurück. Vom Entwicklungsprogramm der Vereinten Nationen nach Tansania versetzt, verliebte ich mich schnell in dieses Land und gab schließlich meine Stelle bei der mir zu bürokratischen UNO auf, um ein eigenes Safariunternehmen zu gründen. Zu meiner Firma gehörten zwei Boote, vier Landrover, eine Cessna 182 und etwa 30 Afrikaner, die mir im Camp halfen. Ich bettelte meinen Bruder förmlich an, mich zu besuchen, aber es war immer schwierig, ihn von seiner Arbeit loszueisen. Irgendwann kam er schließlich doch. Es war unser letztes gemeinsames Abenteuer.

Tugla – Lobuche

Am Morgen lasse ich mir Zeit, bis die anderen Lodgegäste weitergezogen sind. Ich nehme mir vor, mich langsam bergauf zu bewegen, und wenn ich sie vorausgehen lasse – mit »sie« meine ich auch den Buchhalter –, müsste ich eigentlich das Vakuum nutzen können, das zwischen dieser Gruppe und der ersten Welle an Trekkern entsteht, die von Pheriche und Dingboche heraufkommen. Auf halbem Weg den Berg hinauf treffe ich Chumba Sherpa, der zufrieden vor sich hin singt. Er trägt das Gepäck des Buchhalters, zwei gewaltige Expeditions-Dufflebags, und dazu noch das seiner Tochter. Allein schon jede der Taschen muss 30 Kilo wiegen. Chumba scheint über unendliche Kräfte zu verfügen, aber das Gewicht auf seinem Rücken bremst ihn nun doch etwas. Sein Gesicht ist von Schweiß überzogen, aber er kann noch singen. Als ich ihn scherzhaft frage, warum er so langsam geht, lacht er mich an.

Vereinzelt kommen mir Trekker entgegen, die bergab unterwegs sind. Die geballte Ladung Wanderer, die mir auf dem Rückzug aus den Bergen bisher schon entgegenkamen, ist offensichtlich längst nicht alles, was sich noch an Trekkern auf der Strecke zum Everest-Basislager bewegt. Der Weg nach Lobuche schmiegt sich an die Seitenmoräne des Khumbugletschers. Links von uns, auf der anderen Seite eines kleinen Tals und Wasserlaufs, verläuft ein Weg an den Flanken eines steilen Bergs das Tal hinauf nach Dzonglha und in das Gokyo-Tal. Fast stoße ich mit drei Mitgliedern der britischen Armee zusammen, die von oben herabkommen. Zwei von ihnen leiden unter großen Problemen mit der Höhe und werden vom dritten nach Pheriche zurückbegleitet, wo sie einen Arzt konsultieren sollen.

Lobuche ist nicht viel mehr als ein paar schmuddelige Lodges auf einer flachen Yakweide am Fuße des Lobuche Peak und des Lobuchegletschers. Zum Übernachten gibt es nur Matratzenlager. Ich entscheide mich für die größte Lodge, lege meinen Rucksack auf eine Schaumstoffmatratze und verteile ein paar Kleidungsstücke darum, um mir meinen Platz für die Nacht zu sichern. Der Ort wirkt deprimierend, und mit der Versorgung wird es hier oben wohl nicht zum Besten stehen. Kein Wunder, dass Mingma Sherpa aus Debuche hier eine gute Lodge aufmachen möchte. Er wäre konkurrenzlos und könnte jede Summe verlangen.

Ein Trekker aus einer Campinggruppe kommt in die primitive Unterkunft und fragt nach einem Telefon. Er sieht krank aus. Erstaunlicherweise verfügt die Lodge tatsächlich über ein Telefon, das auffällig auf einem Holzbrett steht. Der Wirt, ein Sherpa, wählt die Nummer, die ihm angesagt wird, und innerhalb weniger Sekunden spricht der angeschlagene Trekker mit seiner Familie irgendwo in den Vereinigten Staaten.

»Wollte euch nur sagen, dass es mir gut geht«, lügt er ins Telefon, leidet er doch eindeutig unter Höhenkrankheit. Sein Haar ist verfilzt, er ist unrasiert, und die Augen sind eingefallen. Aus der Unterhaltung kann man heraushören, dass er seine Familie vermisst. »Es wäre schön, wenn ihr hier wärt«, sagt er. »Ich bin bald zurück.« Er legt den Hörer auf und ist mit einem Schlag wieder mehrere Tagesmärsche und einige lange Flüge um die halbe Welt von seiner Familie getrennt. Er bezahlt den Anruf und wird von seinem besorgten Sherpaführer hinausbegleitet.

Zwei Trekker kommen an. Sie tragen Schalenbergschuhe, an denen Steigeisen befestigt sind. Ihre Rucksäcke mit den außen befestigten Eispickeln tragen sie selbst. Außerdem haben sie Teleskopstöcke dabei. Sie kommen auf der direkten Route über den Chola-Pass aus Gokyo.

»Wie ist es da?«, frage ich, weil ich tatsächlich darüber nachdenke, ob ich nicht auch diesen Weg zu den Gokyo-Seen gehen soll, anstatt wieder ins Tal hinab und außen herum zu wandern.

»Eisig«, antwortet einer von ihnen. »Wir haben uns im Schnee da oben verlaufen und über zwei Stunden den Weg gesucht. Du musst mindestens einen Eispickel dabeihaben, wenn du jetzt da rüber willst, und besser noch Steigeisen, besonders wenn du von dieser Seite kommst, denn drüben ist es noch rutschiger. Und auf rutschigem Gelände abwärts zu gehen ist schwieriger als aufwärts.«

Da hat er recht. Hätte ich nicht Bedenken wegen meines Rückens, würde ich es mir vielleicht trotzdem überlegen. Aber so bin ich zu anfällig. Ich will mir nicht ausmalen, was passiert, wenn ich stürze und an der falschen Stelle aufkomme.

Neben mir sitzt ein blonder Mann mit schlimmen Höhenkopfschmerzen. Wir unterhalten uns ein paar Minuten. Dabei erfahre ich, dass er Arzt bei der Lufthansa ist und die medizinischen Untersuchungen der Piloten durchführt. Ich frage ihn, wie er dazu kam.

»Ich habe mich mit den Auswirkungen des Fliegens auf den menschlichen Körper beschäftigt«, erzählt er. »Für Berufspiloten ist das größte Problem die Anpassung an die verschiedenen Zeitzonen.«

Er ist selbst auch Pilot, das ist eine Voraussetzung für seine Arbeit. Zusammen mit drei anderen Piloten besitzt er eine Privatmaschine, außerdem ist er Segelfluglehrer. Seine Freizeit verbringt er mit Reisen oder Marathonlaufen. Ich schätze ihn so um die 40. Meine Frage, ob er verheiratet ist, verneint er. Das wundert mich nicht. Wo sollte bei diesen vielen Aktivitäten noch eine Frau Platz haben?

»Ich muss langsamer als die anderen gehen«, erzählt er weiter, »weil ich schon seit ziemlich weit unten große Probleme mit der Höhe habe.« Er sieht auf seine Uhr. »Ich versuche jeden Tag, hoch aufzusteigen und relativ weit unten zu schlafen. Jetzt will ich bis Gorak Shep und dann wieder zurück.«

Er hat nicht viel Zeit, aber als Marathonläufer ist er sicher fit. Ich kann in dieser Höhe nicht mehr als 300 Meter pro Tag aufsteigen, aber da ich heute erst ein paar Stunden unterwegs war, gehe ich auch nach Gorak Shep und informiere Kumar, dass ich in einigen Stunden zurück sein werde. Der Boden ist holprig, und der Weg windet sich um Felsblöcke, die der Gletscher von den Bergen transportierte, als er noch größer und breiter war. Bei einem Schild mit der Aufschrift *Hotel 8000* zweige ich durch ein Tor im Fels ab. Als ich durch die schmale Spalte wandere, die daran anschließt, treffe ich auf ein pyramidenförmiges Gebäude, dessen Vorderfront ganz verglast ist. Daneben erkenne ich die leuchtend gelben Zelte der Patriarchengruppe wieder.

Ich habe schon von der »Pyramide« gelesen. 1990 erteilte die Royal Nepal Academy of Science and Technology dem Italian National Research Center die Genehmigung, hier ein wissenschaftliches Labor für Höhenforschung einzurichten. Das auf einem Hügel platzierte Gebäude heißt wegen seiner Form nur noch »Pyramide«. Das Labor wurde an dieser Stelle gebaut, weil es sich um den höchstgelegenen bewohnten Ort der Welt handelt. Ich vermute, das Tor im Fels schirmt das Haus nicht nur von Trekkern ab, sondern auch von den Winden.

Durch die Fensterscheiben im Erdgeschoss sehe ich eine Küche mit gefliestem Boden und einen einfachen Gastraum. Im ersten Stock gibt es abgetrennte Zimmer mit Federbetten.

»Kann man hier übernachten?«, erkundige ich mich.

»Für 25 Dollar«, klärt mich einer der Führer des Patriarchen auf.

An jedem anderen Ort auf der Welt würden 25 Dollar für eine Übernachtung in einer bequemen Lodge nicht übertrieben klingen. Doch hier, wo die meisten Lodges einen bis anderthalb Dollar verlangen, hört es sich exorbitant an. Die Amerikaner, die hier übernachten, sind nirgendwo zu sehen.

Ich gehe denselben Weg, auf dem ich gekommen bin, wieder zurück, dann den mit Steinbrocken übersäten Weg hinauf, bis ich den schwarzen Berg sehe, der den Namen Kala Patar trägt. Von diesem Aussichtspunkt aus wirkt der Aufstieg zu seinem Gipfel läppisch, wie ein Spaziergang auf einen Maulwurfshügel.

Auf dem Pfad gibt es einen kleinen Vorsprung, von dem aus man die Stelle sieht, an der Changrigletscher und der Khumbugletscher aufeinandertreffen. Dort beobachte ich, wie die Wolken vor dem Gipfel des Lhotse vorbeiziehen, und ich erkenne die Spitze des Everest, die hinter dem Nuptse hervorlugt. Außer dem donnernden Grollen von abgehenden Lawinen und dem Bimmeln von Yakglocken in der Ferne herrscht absolute Stille.

Obwohl ich Unmengen Wasser trinke, habe ich immer noch mit höhenbedingten Kopfschmerzen zu kämpfen. Als ich nach Lobuche zurückkomme, nehme ich 125 g Diamox, die erste Hälfte meiner Tagesration, und setze mich dann nach draußen, um zusammen mit ein paar Nepalesen die letzten Sonnenstrahlen zu genießen. Kumar hat mich bereits wissen lassen, dass er die Nacht in einem primitiven Steinunterschlupf abseits der vier Lodges verbringt. Bei den Essenspreisen, die er in meiner Lodge bezahlen muss, kann er sich nicht auch noch eine für seine Verhältnisse teure Übernachtung leisten.

Im Handumdrehen taucht die Sonne hinter der Bergkette unter. Im Nu ist es auf dem eben noch sonnigen Vorplatz kalt und unwirtlich. Ein nörgelndes Paar, das sich, seit ich hier bin, pausenlos über alles Mögliche beschwert, kommt aus der Lodge. Das Essen ist scheußlich, die Lodges sind dreckig, die Träger sind faul, und die Sherpas verlangen zu viel. Das Kritisieren nimmt kein Ende. Nun höre ich zufällig ein Gespräch mit ihrem Träger mit, einem kleinen Sherpajungen, der sicher nicht älter als 15 ist.

»Wir gehen jetzt nach Dzonglha«, sagt der Nörgler, »und morgen über den Chola nach Gokyo.«

Der Träger, der nicht viel Englisch spricht, schüttelt verneinend den Kopf. Ein anderer Sherpa dolmetscht für ihn.

»Er sagt, er möchte nicht dorthin, weil er bisher noch nie über den Pass gegangen ist und gehört hat, dass es dort jetzt eisglatt ist.«

Nach allem, was ich eben über den Pass und die vereisten Stellen dort oben gehört habe, klingt das nach einer weisen Entscheidung des jungen Sherpas. Aber die Nörgler wollen das nicht hören.

»Als wir ihn in Dingboche engagiert haben, sagte er, er würde mit uns über den Pass gehen«, wirft der Nörgler ein.

»Aber er hat Angst«, sagt der Dolmetscher. »Er hat von Trägern und Führern, die aus der anderen Richtung kommen, gehört, dass es jetzt rutschig und gefährlich ist. Er hat nicht die nötige Erfahrung, um euer Führer zu sein. Ihr habt ihn nur als Träger verpflichtet.«

»Wenn er nicht mitkommt, bezahlen wir ihn überhaupt nicht«, sagt der Nörgler.

Der Sherpajunge lässt sich von dieser Drohung nicht beeindrucken und schüttelt erneut den Kopf. Der Übersetzer sieht den Nörgler an.

»Er sagt, er geht nicht über den Chola.«

Daraufhin wird der Nörgler sichtlich ärgerlich und ungeduldig. Lautstark flucht er in seiner Sprache. Groß und athletisch, wie er ist, baut er sich nun vor dem Jungen auf.

»Er hat unsere Rucksäcke nur heute von Gorak Shep hierhergetragen«, knurrt der Mann wütend. »Wenn er nicht mitkommt, zahlen wir ihm gar nichts. Dann kann er nach Dingboche zurückgehen.«

Anscheinend wird der Junge nach Tagessätzen bezahlt und bekommt jeden Abend sein Geld. Noch immer sagt er nichts und sein Dolmetscher auch nicht. Von den anderen Nepalesen, die daneben sitzen und das Geschehen verfolgen, meldet sich ebenfalls keiner zu Wort. Sie alle vermeiden es, das nörgelnde Paar anzusehen. Der Mann lässt seine Wut aus, indem er laut, aber unverständlich über seinen störrischen Träger flucht, während sie beide zornig ihre Rucksäcke umpacken.

Schließlich kommt der Lodgebesitzer heraus. Er ist ein älterer, erfahrener Sherpa. Vermutlich gibt es kein Verhalten von Westlern, das er noch nicht erlebt hat. Der Sherpa, der gedolmetscht hat, schildert kurz, was passiert ist. Daraufhin sieht der Wirt das Nörglerpaar wütend an, sagt aber auch nichts.

Die Nörgler müssen noch ein paar wertvolle Minuten opfern, um ihre Habseligkeiten zu ordnen und das Gewicht neu zu verteilen. Sie hatten ihrem jungen Sherpa den größten Rucksack mit den schwersten Gegenständen gegeben. Als sie fertig zum Abmarsch sind, ist es bereits vier Uhr nachmittags. Nach Dzonglha geht man zwei bis vier Stunden, das bedeutet, sie werden erst nach Einbruch der Dunkelheit dort ankommen. Sie marschieren los, ohne den Jungen dafür zu bezahlen, dass er ihre Rucksäcke von Gorak Shep hergetragen hat. Als sie außer Sichtweite sind, löst sich der Junge, der nun keine Kunden und damit auch keine Verdienstmöglichkeit mehr hat, befangen aus der Gruppe der Nepalesen und macht sich auf den Heimweg nach Dingboche.

Weil es mir peinlich ist, dass er von meinesgleichen so schlecht behandelt wird, laufe ich ihm nach und stecke ihm unauffällig drei 100-Rupien-Scheine zu. Er nimmt das Geld dankbar an, doch in seinen Augen ist zu erkennen, wie sehr er sich gedemütigt fühlt.

Zurück im Schlafsaal, ziehe ich warme Kleidung aus dem Rucksack. In dem Raum brennen mehrere Räucherstäbchen, die die Ausdünstungen getragener Socken und anderer Bekleidungsteile von ungewaschenen Trekkern und deren Begleitern überdecken sollen. Als ich heute Morgen ankam, war die Lodge leer, inzwischen hat sie sich gefüllt. Es ist der einzige Schlafsaal, und da alle Gemeinschaftsbetten belegt sind, wurden auf dem Boden flächendeckend Matratzen verteilt, so dass ich nur unter erschwerten Bedingungen zu meiner Schlafstelle vordringen kann. Da ich noch nicht schlafen gehen will, wandere ich in Lobuche herum. Als ich an einer der anderen Lodges vorbeikomme, treffe ich zufällig Christina.

»Ich habe dich gesucht«, begrüßt sie mich. »Einer der Soldaten sagte, er hat dich gesehen. Wo übernachtest du?«

»Dort.« Dabei deute ich auf meine Lodge. »Was hast du heute gemacht?«

»Ich bin auf den Kala Patar gestiegen.«

»Schon?«, frage ich. Viele Trekker, die auf den Kala Patar wollen, nehmen ihn von hier aus in Angriff und übernachten nicht weiter oben in Gorak Shep, dem ursprünglichen Standort der Everest-Basislager.

»Wir sind heute noch vor der Morgendämmerung losgegangen und am Nachmittag zurückgekommen«, erzählt Christina. »Zwei der Soldaten waren furchtbar dehydriert, weil ihre Kunststoffwasserflaschen in der Nacht gefroren waren. Sie hatten die ersten zwei Stunden lang nichts zu trinken. Auf dem Kala Patar war es wie im Affenkäfig. Vor uns war schon eine Gruppe oben, die sich weigerte, auf dem Gipfel Platz zu machen. Der besteht nur aus ein paar großen Felsbrocken, wenn du ein Gipfelfoto machen willst, musst du Schlange stehen. Aber die wollten sich einfach nicht wegbewegen, packten ihr Essen aus und machten dort Mittagspause. Also zogen sich die Soldaten die Hosen runter und zeigten ihnen das nackte Hinterteil, bis sie endlich verschwanden.«

Wir sitzen vor meiner Lodge auf Schaumstoffplatten und beobachten, wie das Licht über den Bergen, vor allem über dem Lhotse, schwächer wird. Als es allmählich kühl und dunkel wird, frage ich Christina: »Magst du eine heiße Zitrone?«

Wir gehen in den Gastraum, der von einer fünfköpfigen japanischen Familie und einer australischen Gruppe belagert ist. Der Lufthansaarzt ist nirgends zu sehen.

»Was kostet es, hier zu schlafen?«, höre ich einen Aussie den Sherpawirt fragen. Dieser rechnet die Rupien in australische Dollar um.

»Und wie viel kostet eine Decke pro Nacht?«

Der Wirt rechnet den Preis mit dem Taschenrechner aus und zeigt ihm das Display.

»Und zwei Decken?«, fragt der Aussie weiter.

Aus der Küche kommt ein nepalesischer Träger und stopft Wasserflaschen und Verpackungen aus Kunststoff, die beim Verbrennen giftige Dämpfe freigeben, in den Ofen. Weitere nepalesische Träger sitzen in einer Gruppe zusammen und blättern eine Frauenzeitschrift durch. Sie kichern und lachen verunsichert, während sie auf die Anzeigen mit spärlich bekleideten Frauen deuten. Das Kichern wird von Hustenanfällen unterbrochen.

Viele der Trekker sind schon die zweite Nacht hier. Sie sind frühmorgens nach Gorak Shep aufgebrochen, von dort zum Gipfel des Kala Patar aufgestiegen und dann wieder nach Lobuche zurückgekehrt. Sie sitzen um die Tische und sehen erschöpft aus. Viele von ihnen tragen chinesische Fälschungen von North-Face-Kleidungsstücken. Ein Mann liegt mit dem Oberkörper reglos auf dem Esstisch. Neben ihm sitzt ein Sherpaführer und hat den Arm beruhigend über den Rücken seines Kunden gelegt.

Ich gehe wieder hinaus, um in der eisigen Kälte meine Blase zu erleichtern. Während ich gegen die Steinmauer der Lodge pinkle, sehe ich durch ein Fenster den Sherpawirt. Er liegt in einem Bett, daneben steht ein Nachttisch, der mit Lotions, Kerzen und Fotografien vollgestellt ist. Von ihm unbemerkt beobachte ich ihn, wie er sich in der Wärme seines Einzelbetts sorgfältig Gesicht und Hände eincremt und dann die Kerze ausbläst.

In der Küche herrscht Chaos, da gerade die Essensbestellungen ausgeführt werden. Eine große, robust aussehende Sherpafrau, die

Frau des Wirtes, wacht geschäftig über allem. Ich erzähle ihr, wie wohl sich ihr Mann in seinem Bett zu fühlen schien.

»Du willst auch Einzelzimmer und Bett?«, fragt sie mich lachend. »Kein Problem. Ich sage ihm, er muss gehen hinaus und du gehen hinein. 40 Dollar eine Nacht.«

Für 40 Dollar die Nacht würde sie also ihren Mann aus seinem Bett werfen.

»Und du bist im Preis inbegriffen?«, frage ich sie scherzhaft.

»Wie du wünschen«, sagt sie und lacht dabei immer noch.

Ein Trekker steckt den Kopf in die Küche.

»Kann ich hier irgendwo Wäsche waschen?«, möchte er wissen.

»Nein«, sagt die Sherpafrau.

»War wohl eine dumme Frage«, gibt der Trekker zu.

Christina quetscht sich neben mich an den Esstisch. Gegen acht Uhr abends sind alle im Bett verschwunden. Ich begleite Christina zu ihrer benachbarten Lodge und gehe dann in meine zurück. Durch die Gemeinschaftsbetten und die auf dem Flur verteilten, inzwischen belegten Matratzen krieche ich in meinen Schlafsack. Auf einer Seite neben mir liegt der Sherpaführer der japanischen Familie, auf der anderen der ältere Australier, der vorher über dem Tisch hing. Er macht den Eindruck, als würde er die Nacht nicht überstehen.

»Schnarchen Sie?«, frage ich ihn.

»Schnarchen?«, erwidert er. »Im Moment schlafe ich nicht mal, und sollte ich doch einschlafen, bin ich froh, wenn ich aufwache.«

Ich stecke mir meine Wachsstöpsel in die Ohren und bin gerade im Begriff einzuschlafen, als mir plötzlich der Lufthansaarzt einfällt. Sein Schlafsack lag auf der anderen Seite neben dem Australier. Er wollte nach Gorak Shep hinauf und sollte schon längst zurück sein. Ich setze mich auf und überlege, was ich tun soll. Ich könnte die britische Armee bitten, loszugehen und ihn zu retten. Ich schlüpfe aus meinem Schlafsack, steige über die schlafenden Körper auf dem

Boden und gehe in den Gastraum. Wen soll ich alarmieren? Ich bin noch dabei, die Möglichkeiten abzuwägen, als plötzlich die Tür der Lodge aufgeht und der Vermisste eintritt. Im Schein seiner Taschenlampe erkenne ich, wie erschöpft er aussieht.

»Was ist passiert?«, frage ich ihn. »Ich wollte gerade Alarm schlagen.«

»Ich bin weiter gegangen, als ich vorgehabt hatte«, meint er stolz lächelnd. »Auf den Kala Patar.«

»Du bist an einem Nachmittag und Abend von hier aus auf den Gipfel des Kala Patar und wieder zurück nach Lobuche gegangen?« Ich kann es nicht glauben. »Das muss auf dem Eis aber ganz schön schwierig gewesen sein.«

»Ich wusste nicht, wie lange die Batterien in meiner Taschenlampe halten«, sagt er, »deshalb habe ich sie so wenig wie möglich benutzt. Ich habe noch den Sonnenuntergang auf dem Kala Patar angeschaut und bin dann hinunter nach Gorak Shep gegangen, aber wegen des Schnees und der Felsbrocken ist der Weg schwer zu erkennen. Im Dunkeln war es fast unmöglich.« Immer noch im Adrenalinrausch und unter der Wirkung der Endorphine, lacht er, während er erzählt. »Machst du ein Foto von mir?« Er zieht eine kleine Kamera hervor, und ich fotografiere einen sehr erschöpften deutschen Arzt. Jamies Buch setzt für den einfachen Weg mindestens vier bis höchstens sieben Stunden Gehzeit an, aber der Deutsche hat hin und zurück nur sechs Stunden gebraucht, davon zwei Stunden im Dunkeln auf einem schwierigen Weg.

Wir klettern über die schlafenden Körper und kriechen auf das Podest des Gemeinschaftsbettes. Sobald ich liege, rumort mein Magen, und mir ist übel. Jedes kleine Anzeichen von Unwohlsein kann hier mit der Höhenkrankheit zu tun haben: Kopfschmerzen, Übelkeit, Müdigkeit, Appetitlosigkeit, Husten. Doch dieses Magenrumoren kommt eindeutig nicht von der Höhe. Ich versuche, es zu ignorieren, aber es gelingt mir nicht. Ich schäle mich aus dem Schlafsack, steige über die auf dem Boden aufgereihten schlafenden Träger, Führer und Trekker und trete ins Freie, wo ein dreiviertelvoller Mond über Everest und Lhotse steht.

Die Toilette ist verschlossen, vermutlich um das Heer der vorbeiziehenden Trekker daran zu hindern, von ihr Gebrauch zu machen. Wir Gäste müssen nach dem Schlüssel fragen. Aber woher soll ich um diese Zeit den Schlüssel bekommen? Drinnen schlafen alle. Außerdem habe ich keine Zeit, länger darüber nachzudenken. Ich hocke mich eilig über einen Mauerrand und entleere mich.

Alle Herabkommenden, mit denen ich mich auf dem Weg unterhielt, haben mir erzählt, sie seien in Lobuche krank gewesen. Ich bin also keine Ausnahme. Voller Schuldgefühle wegen des Saustalls, den ich angerichtet habe, gehe ich in die Lodge zurück und krieche wieder in meinen Schlafsack. Die Magenkrämpfe haben aufgehört, aber jetzt spüre ich in den Fußsohlen und Fingern ein Kribbeln, verursacht vom Diamox. Dafür sind die dauernden Kopfschmerzen jetzt weg. Ich huste, und zum ersten Mal seit Lukla habe ich dabei nicht das Gefühl, mein Gehirn verteilt sich dabei über den ganzen Schädelraum.

Lobuche – Gorak Shep

Am Morgen sitze ich neben dem Australier. Sein Gesicht ist genauso grau wie sein Haar. Er hat den Oberkörper wieder vornübergebeugt, und auf den ersten Blick frage ich mich, ob er überhaupt noch lebt.

»Alles in Ordnung?«, vergewissere ich mich.

Bevor er sich mir zuwendet, blinzelt er mehrmals. »Ich bin aufgewacht.«

»Das ist schon mal ein gutes Zeichen«, sage ich. Ich versuche, etwas von meinem Hustensaft auszugießen, aber er ist fast ganz gefroren.

Alle Gäste umklammern in trübsinniger Stimmung ihre Teetassen. Nur die drei japanischen Kinder spielen ausgelassen mit einem Hund, dem sicher noch nie so viel Aufmerksamkeit zuteil wurde. Sie amüsieren sich köstlich. Die Mutter versucht, sich mit einem winzigen Spiegel, Make-up und Lippenstift ausgehfein zu machen. Der Mann, mit langem Bart und langem Haar, legt auf sein Äußeres nicht ganz so viel Wert und wärmt sich die Hände am Bullerofen.

Der Lodgebesitzer, den ich gestern Abend beim frühen Schlafengehen beobachtet habe, übernimmt das Einkassieren des Geldes von den Trekkern, bevor diese am Morgen aufbrechen – seine einzige Aufgabe. Er hat sich vom einfachen Träger zum Trekkingsirdar hochgearbeitet. Sowohl seine Frau als auch der Koch überprüfen jede Rechnung zweimal. Ihnen entgeht mit Sicherheit nicht eine einzige Tasse Milchtee.

Der Besitzer rollt ein Bündel Geldscheine so dick wie das New Yorker Telefonbuch zusammen. Noch einige Saisons wie diese, und das Auskommen in Nepal ist für die Familie gesichert. Arbeiten sie bis ins Alter so weiter, können sie sich komfortabel in Miami zur Ruhe setzen.

Meinem Magen geht es noch nicht besser. Ich frage nach dem Schlüssel für das Plumpsklo im Freien. Als ich die auf dem Boden verteilten Exkremente sehe, bin ich froh, dass ich nicht nachts, in Flipflops, hier war.

Kumar holt mich ab, und wir gehen gemeinsam los. Der Wind bläst uns unangenehm ins Gesicht. Wir scheinen die Einzigen zu sein, die bergauf unterwegs sind. Alle Trekker, die wir treffen, kommen im Eilschritt von oben herab und wollen so schnell wie möglich niedrigere Lagen erreichen. Sie alle haben ihr großes Ziel bereits geschafft, waren im Everest-Basislager, in Gorak Shep oder sogar auf dem Kala Patar, ihrer persönlichen Miniausgabe des legendären Everestgipfels. Nun wollen sie nur noch hinab in bessere Lodges zu besserem Essen. »Trekkingmüdigkeit« nannte der Australier die stumme Verzweiflung, die ihn befallen hat.

Der Weg am Khumbugletscher entlang ist glatt. Oft weiß man nicht, ob man auf einen Felsbrocken tritt, auf mit Erde bestreutes Eis oder auf Schnee. Ein paar Mal rutsche ich aus und lande auf meinem Allerwertesten, dabei spüre ich jedes Mal eine Muskelverkrampfung im Rücken. Das ist ein abschreckender Vorgeschmack, wie tückisch die Route über den Chola vermutlich sein wird. In dem kleinen Tagesrucksack, den ich selbst trage, habe ich hartes Kamerazubehör verstaut. Wenn ich bei einem Sturz darauf falle, könnte das meinem angeschlagenen Rücken ziemlich schaden. Zwar bin ich davon überzeugt, dass der Wirbel gut zusammengewachsen ist, aber die ebenfalls verletzten Bänder und Muskeln sind noch empfindlich. Die Stürze bestätigen mich in meiner Entscheidung, doch lieber nach Pangboche zurück und von dort aus das Gokyo-Tal hinaufzuwandern. Das dauert länger, schont aber meinen Rücken. Nachdem ich den massiven Changrigletscher überquert habe und gerade den Grat seiner Seitenmoräne überschreite, liegt in nördlicher Richtung Gorak Shep direkt unter mir, während sich nach Süden zum ersten Mal ein weiter Blick auf den unteren Abschnitt des Khumbugletschers öffnet.

Doch nach der ganzen Wanderung hier herauf bleibt der erwartete Höhepunkt aus, wenn man feststellt, dass Gorak Shep aus nichts weiter besteht als zwei Lodges neben einem zugefrorenen und mit Schnee überzogenen Teich. Tibetische Schneehühner watscheln wie überdimensionierte Tauben herum. Es sind hübsche Vögel, eher von der Größe einer Ente, mit klar abgegrenzten schwarzen und weißen Streifen und einem graubraunen Körper auf orangefarbenen Beinen. Ich ziehe meine Kamera heraus und mache von weitem einige Fotos, bis ich bemerke, dass sie völlig zutraulich sind. Erfolglos picken sie in Abfallstücken herum, die aus einem Bambuskorb voller Müll ragen. Die Alpendohlen dagegen stellen sich geschickter an. Sie fliegen auf den Rand des Korbs und ziehen Plastikfolien heraus, die sie dann mit der Geschicklichkeit und dem Kennerblick erfahrener Taschendiebe zur Seite schleudern. Es ist traurig, diese Akrobaten der Lüfte zu Müllfressern degradiert zu sehen.

Ein langhaariger, bärtiger Amerikaner, mit winddichter Hose und Rollkragenpullover bekleidet, sitzt in einem Plastikstuhl an einem windgeschützten Platz vor der Lodge. Drinnen sagt man mir, es seien nun so wenige Trekker da, dass ich ein Einzelzimmer haben könne. Es ist ein primitiver Raum mit rauem Steinfußboden und einer Isolierung aus Schaumstoffplatten, die einfach an die Wände getackert sind, aber ich habe ein Bett für mich allein und keine Nachbarn, die sich in der Nacht von beiden Seiten über mich wälzen. Chumba Sherpa ist auch in der Lodge, wie gewohnt lachend, scherzend und in der Küche beschäftigt. Wenn ich nicht wüsste, dass er der Träger des Buchhalters ist, würde ich ihn für einen Mitarbeiter der Lodge halten.

Ich ziehe einen Stuhl heraus und setze mich neben den Amerikaner, der ausgerüstet ist, als würde er gleich zum Skilaufen aufbrechen. »Ich bin schon seit zwei Wochen hier«, erzählt er mir, »und erforsche die alpine Vegetation auf der Wiese dort oben.« Dabei zeigt er auf den Hang des Kala Patar. Von diesem Blickwinkel aus sieht der schwarze »Hügel« gar nicht so klein aus. Und tatsächlich ragt er noch einmal mehr als 400 Meter über uns auf. »Diese Art von alpiner Wiese, in so großer Höhe und mit einer solchen Pflanzenvielfalt, ist selten, aber die Trekker zerstören sie, weil sie nicht auf dem Weg bleiben.« Er deutet noch einmal auf den Hang. »Du siehst, dass mehrere Wege nach oben führen. Wenn es regnet oder schneit und ein Weg schlammig ist, treten die Trekker einen Weg neben dem bereits bestehenden ein, damit sie nicht im rutschigen Schlamm gehen müssen. Wenn das ständig so weitergeht, ruinieren sie die Vegetation komplett.«

»Hast du mit den Parkbeamten darüber gesprochen?«

Meine Frage veranlasst ihn zu einem zynischen Lachen. »Ich war sogar schon in der Hauptverwaltung in Kathmandu. Die Beamten sitzen den ganzen Tag nur auf ihrem Hintern, rauchen, trinken Tee und lesen Zeitung. Ich hatte ein Treffen mit dem Parkwächter, und er konnte mir die einfachsten Fragen nicht beantworten. Sie tun nichts. Trotz der ganzen Einnahmen, die sich aus den zehn Dollar Eintritt summieren, die sie jedem Trekker abverlangen, sieht man keinerlei Ergebnisse. Das muss im Jahr eine Viertelmillion Dollar sein, die Gebühren, die sie von den Bergsteigern verlangen, die auf die Gipfel wollen, gar nicht mitgerechnet. Ich bin im Rahmen eines Stipendiums in Nepal. In allen Behörden herrschen dieselben Zustände. Die Korruption und die Ineffizienz hier machen mich krank. Übermorgen reise ich ab. Ich kann es kaum erwarten, endlich von hier wegzukommen.« Durch die verspiegelte Sonnenbrille, die er trägt, sind seine Augen nicht zu erkennen. »Man hört so viel über die Gastfreundschaft der Sherpas«, fährt er fort, »aber davon habe ich noch nichts mitbekommen. Sie sind alle zu sehr damit beschäftigt, Geld zu verdienen und nach Amerika zu gehen.«

Er hat die letzten Wochen in einem etwa zehn Meter von der Lodge entfernten Zelt geschlafen und zeigt mir, wo die Gedenksteine, die für Rob Hall und seinen Führer errichtet wurden, und das Everest-Basislager liegen. Das heutige Basislager anzusteuern reizt mich nicht besonders, im Moment ist dort nichts, nicht einmal ein Zelt. Außerdem hat man vom Gipfel des Kala Patar einen viel besseren Blick auf den Everest.

Chumba Sherpa kommt aus der Lodge, um mit einem großen Kunststoffbehälter Wasser von der anderen Seite des zugefrorenen Sees zu holen. Ich gehe hinter ihm her und laufe dann über das zugeschneite Eis zu einem kleinen Grat, der zu einem Felsvorsprung und mehreren Steinmonumenten führt. In dem ungeschützten Gelände schneidet der kalte Wind in die Haut. Hier bin ich das einzige Lebewesen. In völliger Stille erreiche ich den ersten einer ganzen Reihe von Gedenksteinen, die mit Gebetsfahnen auf einer Leine verbunden sind. Der zweite, größere Gedenkstein, von dem aus man den besseren Ausblick hat, ist Rob Hall gewidmet. Der neuseeländische Bergsteiger Rob Hall war Leiter der unglückseligen Everestexpedition von 1996, bei der er selbst, ein weiterer Führer und zwei Kunden umkamen. Zum Zeitpunkt seines Todes hielt Hall den Rekord für die meisten Everestbesteigungen, Sherpas nicht berücksichtigt. Bevor er starb, telefonierte Hall vom Berg aus noch über eine Satellitenleitung mit seiner Frau Jan Arnold. Zwei Monate nach dem Unglück gebar Jan ihr gemeinsames Kind. Annabel hat mit Jan in Dunedin in Neuseeland Medizin studiert.

Man kann sich kaum vorstellen, dass Läufer den ganzen Weg von Lukla oder Jiri hier hochwandern und dann von dieser Stelle aus einen Marathon über Namche, hinauf nach Thame und wieder zurück nach Namche laufen. Annabel, die zwei dieser Everestmarathons als Ärztin begleitet hat, hat mir Videos von den Läufen gezeigt. Dass es Leute gibt, die so etwas überhaupt in Erwägung ziehen, will mir nicht in den Kopf. Bis hierher nach Gorak Shep war es schon so anstrengend, dass es mir schier unmöglich scheint, noch einmal 3000 Meter bis zum Gipfel des Everest aufzusteigen.

Ich sitze an einer exponierten Stelle mit einem Gedenkstein, der einem anderen tödlich verunglückten Bergsteiger gewidmet ist, und mustere die umliegende Landschaft. Sie ist beeindruckend, kein Zweifel, aber ich habe nicht im Mindesten das Gefühl, das sei der Ort, an dem ich meinen Umschlag bestatten möchte.

In der Lodge sagt mir der Besitzer, für den Aufstieg zum Gipfel des Kala Patar brauche man ein bis zwei Stunden. Ich starte in Gorak Shep um drei Uhr nachmittags in der Hoffnung, ich würde es in anderthalb Stunden schaffen. Meiner Entscheidung, so spät aufzubrechen, ist die Überlegung vorausgegangen, dass dann außer mir niemand mehr oben ist und ich den Sonnenuntergang allein auf mich wirken lassen kann.

Am Anfang führt der Weg steil nach oben, wird dann flacher und schließlich wieder steil. Er ist schwierig zu erkennen, denn es liegt ein Meter Schnee, und bei den winterlichen Lichtverhältnissen kann ich kaum sehen, wo vor mir schon jemand gegangen ist. Mit der Sonne verschwindet auch alles Warme und Freundliche. Die Landschaft wirkt nun furchteinflößend, dennoch gehe ich weiter aufwärts, selbst als mein Instinkt mir sagt, es wäre besser umzukehren. Nicht zum ersten Mal kann ich mir vorstellen, wie man sich als echter Höhenbergsteiger fühlen muss – ein bisschen wie ein Taucher im Ozean, zehn Meter in die Tiefe sind keine große Sache, aber taucht man 30 Meter und tiefer, steigt das Risiko enorm.

Die Schatten an den Flanken von Lhotse und Everest wachsen umso höher, je tiefer die Sonne steht. Nun ist es für mich ein Wettlauf gegen die Zeit, und ich brauche für den Aufstieg länger, als ich gedacht hatte. Als ich versuche, meinen Schritt zu beschleunigen, fühlt sich mein Herz an, als würde es gleich platzen. Dank der Dosis Diamox, die ich vor meinem Aufbruch noch genommen habe, habe ich keine Kopfschmerzen, doch die Anstrengung des schnellen Bergaufgehens lässt mich nach Luft ringen, als sei ich kurz vor dem Ertrinken.

Ich frage mich, ob es richtig ist, weiter nach oben zu gehen, während die Sonnenstrahlen sich hinter den umliegenden Bergen zurückziehen. Die Einsamkeit und die extremen Bedingungen in dieser hohen Himalajaregion werden auf einmal sehr real. Doch ich gehe weiter, angezogen vom Gipfel des Kala Patar, der noch in der Sonne liegt. Ich zwinge mich, in Bewegung zu bleiben, damit ich oben ankomme, solange noch ein paar Sonnenstrahlen dort sind. Aber eigentlich will ich lieber stehenbleiben und mich ausruhen. Meine Lungen brennen, und mir dröhnt der Kopf von der schnellen, pausenlosen Anstrengung. Aber wenn ich eine Pause einlege, erreiche ich den Gipfel erst, wenn die Sonne schon ganz verschwunden ist, und dann werde ich mich noch ausgebrannter fühlen. Also quäle ich mich weiter.

Das ist jetzt kein Spaziergang mehr, und ich muss über Felsen und Steinbrocken klettern. Als ich wieder einmal nach oben blicke, sehe ich den amerikanischen Forscher. Einerseits bin ich froh, dass er da ist, andererseits ärgert es mich. Ich wollte allein sein auf dem Kala Patar, aber seine Anwesenheit ist irgendwie auch beruhigend. Mit einem Brennen in der Lunge komme ich oben an und japse nach Luft. Die Berggipfel im Westen sind noch von der Sonne beschienen.

»Du hast es geschafft«, empfängt mich der Amerikaner.

»Mit knapper Not«, keuche ich und bekomme einen Hustenanfall.

Dann beobachten wir schweigend, wie die Sonne vor der Kulisse des Everest und den niedrigeren, aber nicht minder eindrucksvollen

Bergspitzen in unserer unmittelbaren Umgebung untergeht. Als ich auf der Kuppe stehe und den senkrechten Abgrund hinabsehe, der vor langer Zeit von einem riesigen Gletscher ausgeformt wurde, wird mir schwindlig. Unmittelbar darunter, in Richtung Everest, liegt ein See. Weiter rechts befindet sich das Everest-Basislager, das sich momentan aber nicht vom Rest des Tales unterscheidet, da keine Bergexpeditionen vor Ort sind.

In das Tal hinab erstreckt sich der Khumbugletscher. Der Blick ist überwältigend. Für alle, die nicht auf den Everest gehen können, ist das hier die Alternative schlechthin. Ich wollte es vor niemandem zugeben, am wenigsten vor mir selbst, doch der Weg zum Everest-Basislager war enttäuschend. Auf dem Gipfel dieses Maulwurfshügels namens Kala Patar jedoch sind die Ausblicke auf die umliegenden Berge schlichtweg unglaublich. Die gewohnten Maßstäbe sind hier völlig verschoben. Auf diesen atemberaubenden Blick war ich nicht im Geringsten vorbereitet – nicht einmal im Annapurna-Basislager zu stehen, dem Endpunkt des Annapurna-Rundwegs, ist mit dem hier vergleichbar.

Die Route nach hier oben ist so stark vom Tourismus geprägt, dass man stellenweise nur noch wenig von der ursprünglichen Kultur, Architektur und Lebensweise der Sherpas erkennt. Doch das ist ein verfälschtes Bild, das sich präsentiert, wenn man während der Trekkingsaison herkommt und sich entlang der einschlägigen Korridore bewegt. Die Landschaft ist spektakulär, aber oft auch öde und das Panorama häufig durch Seitenmoränen und Endmoränen eingeengt. Doch der Blick vom Kala Patar ist einfach unbeschreiblich, auch wenn er nur eine kleine Ahnung dessen vermittelt, was sich auf den Gipfeln der umliegenden Berge auftun muss. Hier, auf nur 5600 Meter Höhe, sehe ich die Zunge des Khumbugletschers als Ganzes. Die Abgeschiedenheit, das schwindende Licht, die Kälte, die eisigen Finger der Angst, die mich an den Schultern packt, als die Dunkelheit einbricht, verstärken meine Vorstellung, wie es auf dem Everest sein muss.

Ich warte, bis der letzte direkte Lichtstrahl vom Mount Everest verschwindet. Schon zeigt sich die Venus über der Spitze. Es herrscht völlige Stille. Ich drehe mich um und sehe nach meinem Gefährten. Er sitzt schweigend und nachdenklich da.

»Ich mache mich auf den Weg hinunter«, sage ich zu ihm. Das Licht wird schnell schwächer, und dummerweise habe ich keine Taschenlampe bei mir. Es ist schon fast halb sechs.

»Ich bleibe noch ein bisschen«, erwidert der Amerikaner. »Heute ist meine letzte Nacht hier, und ich möchte diese Eindrücke weiter auf mich wirken lassen.«

»Dann sehen wir uns unten.«

Ich weiß, dass wir zusammenbleiben sollten, aber ich bin zu nervös, um mich noch länger hier aufzuhalten. Außerdem möchte ich seinen Wunsch, allein zu sein, respektieren. Ich kämpfe mich durch die Felsblöcke hinab. Es ist ein Wettlauf gegen die Zeit – ich sollte unten ankommen, bevor es ganz dunkel ist. Zuerst ist das Umgebungslicht noch ausreichend. Doch in der zunehmenden Dämmerung wird es immer schwieriger, die Konturen des von einer Schneedecke überzogenen Pfades zu erkennen, zudem gabelt er sich immer wieder. Ich gehe in der ausgetretenen, vereisten Mittelspur, trete aber gelegentlich daneben und versinke dann sofort bis zum Knie im Schnee. Doch ich behalte mein Tempo bei, weil ich unbedingt so schnell wie möglich unten sein will. Es ist schon jetzt ungemütlich kalt, und ich will nicht die Nacht hier oben verbringen müssen.

Etwas weiter links unten erkenne ich das Taschenlampenlicht des Amerikaners. Offensichtlich hat er mich überholt. Möglicherweise halte ich mich zu weit rechts. Ich mühe mich bergab, bis ich fast am Rand des steilen Grats stehe, von dem aus man auf Gorak Shep sieht. Dauernd stolpere ich jetzt, teils aus Müdigkeit, teils wegen der Dunkelheit. Ich sehe unten das Licht der Lodge, doch dazwischen klafft ein schwarzes Loch. Auf diesem steilen Abschnitt bewege ich mich nur noch im Schneckentempo. Bei jedem Schritt muss ich mich erst vorsichtig mit der Stiefelspitze voraustasten. Der schwarze Himmel ist mit Sternen gespickt, doch es kann noch gut eine Stunde dauern, bis der Mond aufgeht. Ich sehe auf meine Uhr. Sieben. Aber ich erinnere mich nicht, wann Mondaufgang ist. Das Mondlicht würde ausreichen, um den Weg zu erkennen, aber vorerst sehe ich rein gar nichts. Wenn ich stehenbleibe, werde ich frieren. Ich habe keine Ahnung mehr, wohin es auf diesem abschüssigen Teil geht. Die kleinen ausgetretenen Rinnen kommen mir vor wie ein Labyrinth aus Yakpfaden. Mit Stiefeln und Stöcken versuche ich mich abwärts zu tasten. Wie das auf dem Abstieg vom Gipfel des Everest wäre, will ich mir gar nicht vorstellen.

Unten, wo die Lodge sein muss, sehe ich, wie ein Licht über die Stelle wandert, an der ich den zugefrorenen See vermute. Ich hoffe nur, es ist jemand, der losgegangen ist, um mich zu suchen. Ich pfeife laut und erhalte als Antwort ebenfalls ein Pfeifen. Geduldig warte ich und pfeife immer wieder, so dass der dort unten mich hier oben findet. Er braucht nur 15 Minuten. Es ist Kumar. Am liebsten würde ich ihm um den Hals fallen.

»Danke, Kumar«, sage ich zu ihm, als ich ihm bergab folge.

Als wir in die Lodge kommen, richten sich alle Augen auf uns. Der Buchhalter und seine Tochter, das Paar aus Alaska und drei weitere Männer heben die Köpfe und starren auf mich. Zum ersten Mal habe ich die Seite gewechselt. Jetzt habe ich das Diplom erworben. Ich bin kein Bergaufgeher mehr, sondern ein Bergabgeher. Ich habe mir einen gewissen Status erarbeitet und gehöre ab jetzt zu denen, die die wertvollen Erfahrungsberichte weitergeben können, nach denen die Bergaufgeher lechzen. Lässig schlendere ich durch den

Gastraum in mein Zimmer, wo ich die durchgeschwitzten Kleider durch trockene ersetze. Der Raum ist eisig kalt. Von meinen Kleidungsstücken steigt Dampf auf. Ich packe meinen Rucksack aus, lege alle Utensilien für die Nacht an das Kopfende des Bettes und gehe in den Gastraum zurück.

Vor Erschöpfung kann ich nichts mehr essen, fühle mich aber ohnehin von dem Erlebnis gesättigt.

Der Buchhalter verhält sich heute Abend ungewöhnlich ruhig.

»Bist du eben vom Kala Patar herabgekommen?«, fragt mich jemand.

»Ja«, antworte ich, ohne zu erwähnen, dass mich mein Träger retten musste.

»Und wie war's?«, will jemand anders wissen.

Ich sage genau das, was ich wiederholt von den Bergabgehern gehört habe, denen ich dieselbe Frage stellte.

»Es ist einfach unglaublich«, antworte ich. »Für alle, deren Kopf nicht für die Höhe taugt und die nicht das Geld oder die Bergerfahrung haben, um auf den Everest zu gehen, ist es einfach der Wahnsinn.«

Und alle im Raum fühlen es mit mir.

Wunderbar.

Gorak Shep – Pangboche

Zunächst schlafe ich gut, zum einen vor Erschöpfung, zum anderen weil ich endlich keine Kopfschmerzen mehr habe. Doch schließlich liege ich doch wieder wach in meinem kuschelig warmen Schlafsack und müsste eigentlich aufstehen, kann mich aber nicht dazu aufraffen. Es ist so kalt, dass die Fenster mit einer dicken Schicht gefrorenen Kondenswassers überzogen sind, weshalb man nicht nach draußen sieht, und mein Stift schreibt nicht, als ich versuche, einen Tagebucheintrag zu machen. Also stehe ich auf und gehe zum Frühstück.

Chumba Sherpa schiebt schon fröhlich singend gefrorenen Yakdung in den Ofen. Er hat den Tick, dauernd den Arm vorzustrecken, damit das Handgelenk aus dem Ärmel hervortritt und er auf seine Armbanduhr schauen kann. Das Gliederarmband ist ihm zu weit, so dass die Uhr locker baumelt. Ich nehme an, es handelt sich um eine relativ neue Errungenschaft, und dass er dauernd die Zeit kontrolliert, hat weniger mit seinem Termindruck zu tun als vielmehr damit, dass er einfach unglaublich stolz auf seinen Besitz ist. Wir sitzen in einer Gruppe um den Bullerofen und wärmen uns, bis allmählich die Sonne den Speiseraum aufheizt.

»Bist du schon bei Expeditionen dabeigewesen?«, frage ich den Besitzer der Lodge, der aus Khunde stammt und früher als Koch im Everest-Basislager gearbeitet hat. Er schüttelt verneinend den Kopf.

»Nein, ich möchte nicht bergsteigen«, erwidert er. »Es ist zu gefährlich.« Dabei wirft er einen bewundernden Blick auf seine Frau, die ein Baby im Arm hält, dessen Po trotz der Kälte nackt ist. Der kleine Junge ist sauber, wie es sich für ein Baby gehört. Als er auf die

Kleider der Mutter pinkelt, lacht sie nur und wischt, nachdem sie das Baby an den Vater weitergereicht hat, die Flüssigkeit auf.

Der Buchhalter humpelt herein, immer noch verdächtig schweigsam.

»Was ist passiert?«, frage ich ihn mit einem Blick auf seine Beine.

»Ich habe mir auf dem Weg zum Everest-Basislager den Knöchel verstaucht«, erklärt er mir wichtigtuerisch. »Da musst du hin, wenn du dich für Bergsteigen interessierst. Ich habe schon einige Bücher über Everestexpeditionen gelesen, daher fände ich es interessant, alles einmal in echt zu sehen.«

»Gibt es denn dort etwas zu sehen?«, erkundige ich mich.

»Nein.« Dabei schnaubt er wieder wie ein Pferd, doch merkwürdigerweise stört mich das überhaupt nicht mehr. Mir wird klar, dass es daran liegt, dass ich keine Kopfschmerzen mehr habe. Nach zwei Wochen Wandern und täglich 250 Milligramm Diamox habe ich mich endlich akklimatisiert. Ein Kopf, in dem es nicht mehr pocht, ist ein herrliches Gefühl, und auch meine Reizbarkeit, die mich auf dem Weg hierhin begleitet hatte, ist nun verschwunden. Wenn ich huste, habe ich keine Angst mehr, mein Gehirn könnte in 1000 Teile zerspringen. Und der Buchhalter mit seinem verstauchten Knöchel und den verschlagenen kleinen Augen tut mir nun sogar leid.

»Besteigst du den Kala Patar?«, frage ich ihn, nun in der Rolle des Veteranen.

»Mich interessiert eher das Everest-Basislager«, erwidert er mit einem erneuten Schnauben.

»Aber von dort aus sieht man den Everest nicht einmal«, entgegne ich.

»Nein«, bestätigt er.

»Toller Blick auf den Everest vom Kala Patar aus«, merke ich an. »Unglaublicher Blick auf alles von da oben. Wirklich schade, dass du dir den Knöchel verstaucht hast.«

Seine Tochter kommt mit bockigem Gesicht herein.

»Was ist los?«, fragt ihr Vater.

»Die Toiletten auf der Rückseite, die sind einfach eklig«, erklärt sie, das Gesicht ein Ausdruck des Abscheus.

Chumba ist noch mit dem Servieren des Frühstücks beschäftigt. Kumar isst sein *Dal Bhaat,* als er fertig ist, bitte ich um die Rechnung. Wie ein Pferd, das schon mit den Hufen scharrt, steht Kumar mit dem kompletten Gepäck zum Abmarsch bereit. Er läuft fast den Berg hinunter. Trekker, die uns auf dem Weg nach oben entgegenkommen, fragen mich, wie es auf dem Kala Patar war.

»Toll«, berichte ich. »Man kann den Ausblick nicht beschreiben, das muss man selbst gesehen haben. Ich war bis die letzten 20 Minuten vor dem Gipfel skeptisch.« Die Rolle des frisch Geadelten gefällt mir gut. Wenn ich auf dem Everest gewesen wäre, wäre ich vermutlich unerträglich. Oder ich hätte es dann nicht nötig.

Nach Süden und in die Sonne zu wandern ist ein Gefühl, als würde man in einem Solarofen gebacken. Der Weg durch Lobuche ist jetzt wie ein Spaziergang durch einen vertrauten Park in der Nachbarschaft. Vor der Lodge, in der ich übernachtet hatte, stehen zwei Reihen leuchtend orangefarbener Zelte, die mit militärischer Präzision aufgebaut sind, nicht eines weicht von der vorgegebenen Linie ab. Davor sitzen weißhaarige Touristen auf Segeltuch-Faltstühlen, trinken Tee und lesen. Die Träger erkennt man an den einheitlichen Overalls, die Führer an einem anderen uniformen Outfit: verspiegelten Oakley-Sonnenbrillen, echten North-Face-Jacken und Schalenbergstiefeln.

Ich schaue nicht mehr zu den Gipfeln hoch. So faszinierend wie die Vorstellung, dass ein paar auserwählte Männer es auf den Mond und zurück geschafft haben, ist auch die, dass ein paar unerschrockene Männer und Frauen den Gipfel des Everest bezwungen haben. Doch kann ich mich auch des Gefühls nicht erwehren, die

Staus auf dem Weg nach oben, das Konkurrenzdenken unter den Bergsteigern, die Gleichgültigkeit, mit der manche ihre Gefährten dem Tod überlassen oder an gefrorenen Leichnamen vorbeiziehen, sind traurige Beweise ihres eigenen Geltungsbedürfnisses.

Weiter unten muss ich vom Weg abweichen, um einer Trägerkarawane Platz zu machen, die mit Töpfen und Pfannen, metallenen Esstischen, Faltstühlen, Kerosinbrennern, Behältern, Öfen und sogar einem Klositz beladen ist. Beim Lesen der Bücher oder auch in Filmen über Bergexpeditionen fiel mir immer wieder auf, wie wenig Beachtung der Leistung der Sherpas beigemessen wird, die die Camps einrichten, die Vorräte schleppen und für das Essen sorgen. Selbst der Imax-Film verschweigt diskret die Tatsache, dass ein Heer von Sherpas die ganze schwere Kameraausrüstung auf den Everest befördern musste. Davon sieht man im Film nichts. Die Bücher und Filme sind aus der Perspektive der westlichen Besucher entstanden. Wenn man sieht, wie diese Träger lässig bis zu 100 Kilogramm schwere Lasten transportieren, hegt man wirklich keinen Zweifel mehr daran, dass es jeder Sherpa auf den Gipfel des Everest schaffen würde. Man muss ihm nur die entsprechende Ausrüstung zur Verfügung stellen, warme Kleidung, Stiefel und Steigeisen, vorher Fixseile für sie anbringen, sie mit Sauerstoff versorgen, Zelte und Schlafsäcke bereitstellen und ihnen Tee und heiße Suppe servieren, wann immer sie danach verlangen. Kein gesunder Sherpa hätte unter solchen Umständen ein Problem, den Gipfel des Everest zu erreichen, wenn er das wollte.

Mehrere kurzatmige Trekker einer geschlossenen Gruppe fragen mich, wie weit es noch bis Lobuche ist. Mir erscheint es jetzt, da ich akklimatisiert und bereits wieder auf dem Rückweg bin, merkwürdig, wie sehr sie der Aufstieg aus der Puste bringt. Auf dem Grat über Tukla sieht es aus, als würden sich die Trekker, die den steilen Hang heraufkommen, in Zeitlupe bewegen. Viele fangen eine

Unterhaltung mit mir an, weil sie dann einen Grund haben, stehenzubleiben und Luft zu holen.

Noch vor Mittag erreiche ich bei strahlend blauem Himmel Tukla. Meine Kopfschmerzen sind zwar jetzt weg, aber von dem dauernden Husten habe ich einen Bauchmuskelkater. Ich atme durch die Nase ein, damit die Luft, die in meinen Hals dringt, etwas befeuchtet wird. In der großen Lodge in Pheriche mache ich Mittagspause. Ich gehe zu Chumba Sherpa in die Küche und bestelle, wie die Träger, Yakcurry. Kumar isst mit mir. Er muss zwar denselben Preis bezahlen wie ich, schafft es aber, sich dafür den Teller dreimal voll zu schaufeln.

»Ist das wirklich Yakfleisch oder Büffelfleisch«, frage ich die Köchin, das schöne Sherpamädchen namens Tzangpo. Es gibt in dieser Höhe zwar keine Büffel, trotzdem habe ich den Eindruck, es ist kein Yakfleisch. Schließlich ist auch nicht aller Schmuck aus »Yakknochen« tatsächlich aus Knochen von Yaks, die Wolle für Pullover aus »Yakwolle« stammt nicht immer von Yaks, und mit dem Käse verhält es sich ebenso. Die Westler haben eben eine unglaubliche Vorliebe für alles, was vom Yak stammt, also bedient man sie entsprechend.

»Büffelfleisch aus Namche«, antwortet sie. Das in Namche erstandene Büffelfleisch stammt von weiter unten im Tal, denn auch in Namche gibt es keine Büffel.

Die Rotoren eines Hubschraubers durchschneiden die Luft. Wenige Minuten später schwebt er über uns hinweg und landet neben der Ambulanz der Himalayan Rescue Association.

»Eine Evakuierung?«, erkundige ich mich bei Tzangpo.

»Eine Japanerin mit Höhenkrankheit«, informiert sie mich ohne jegliche Gefühlsregung.

Während Tzangpo und ihre Mutter in der Küche harte Arbeit verrichten und die Mahlzeiten zubereiten, liegt ein langhaariger, junger Sherpa auf einer Liege in der Küche ausgestreckt und liest im Licht, das durch ein Fenster in seiner Nähe hereinfällt, in einer Illustrierten. Mir ist nicht ganz klar, ob er ein Bruder von Tzangpo ist, auch wenn ich aus seiner Körpersprache lese, dass er ein Sohn des Hauses sein muss. Als ich Tzangpo frage, wie viel das »Yak«-Curry kostet, wendet sie sich an den jungen Mann. Ohne aus seiner Zeitschrift aufzusehen, sagt er es ihr in ihrer Sprache.

»150 Rupien«, erklärt sie mir.

Der Buchhalter steckt den Kopf in die Küche, um nach einem Zimmer zu fragen.

»Ich dachte, du gehst weiter nach Pangboche«, spreche ich ihn an.

»Schau, mein Knöchel tut weh«, verteidigt er sich. »Lieber schone ich mich heute, und es geht mir morgen wieder besser.«

Vor der Lodge steht Chumba Sherpa, die Hände in den Hosentaschen, Hosenschlitz offen, eine übergroße Damensonnenbrille im Gesicht, einen Sonnenhut auf dem Kopf, und wartet. Vor Energie berstend, hüpft er auf der Stelle, als wäre es nichts, 60 Kilo von Gorak Shep herunterzuschleppen. Diesen jungen Mann könnte man in jedem Fall auf den Everestgipfel schicken.

»Ich brauche einen anderen Träger«, sage ich zu ihm. »Ich zahle dir 1000 Rupien.«

Er weiß, dass ich Spaß mache, und schüttelt lachend den Kopf. Er hat schon einen Job. Es tut mir leid, dass wir uns jetzt nicht mehr treffen werden und ich nicht mehr von der Sonderbehandlung profitiere, die er mir als stets dienstbereiter Kellner zukommen ließ.

Kumar und ich gehen weiter. Der Wind, der durch das Tal fegt, ist trotz der Sonne kalt. Wir kommen an drei gutgekleideten jungen Sherpas vorbei, die ich mit einem *Namaste* grüße. Die Bedeutung dieser Grußformel hat mir immer schon gefallen; sie bedeutet so viel wie »Ich grüße den Gott in dir«.

»Hi«, antwortet einer von ihnen mit perfekt imitiertem amerikanischem Akzent.

Wir überqueren den Fluss und gehen über den Hügel hinab nach Pangboche. Diesmal schlagen wir nicht den unteren Weg ein, auf dem wir gekommen sind, sondern ich folge Kumar auf einem Weg, der etwas höher verläuft und an einer Mani-Mauer vorbeiführt. Inzwischen weiß ich, dass ich Kumar vertrauen kann, und auch wenn sich die Kommunikation zwischen uns auf das Notwendigste beschränkt, scheint er intuitiv zu wissen, was ich möchte und brauche. Selten lässt er mich zu weit zurückfallen oder zu weit vorausgehen, verschafft mir aber dennoch genügend Abstand, damit ich das Gefühl habe, ich bin allein auf dieser Tour, was ich ja wollte.

In meine Gedanken versunken, sehe ich plötzlich Kevin auf einem Felsbrocken am Wegrand sitzen und mich ansehen. Ich bin so perplex, dass ich unweigerlich stehenbleibe, als wäre ich mit den Schuhen festgefroren. Als ich genauer hinblicke, ist niemand da. Das ist ein merkwürdiges Gefühl. Nach seinem Tod sah ich ihn noch eine ganze Weile überall. Doch immer war es nur jemand, der ihm irgendwie ähnlich sah. Jetzt habe ich zum ersten Mal wirklich ihn gesehen, sonst war niemand hier.

Ich bin mir ganz sicher. Er saß zusammengekauert auf dem Stein und warf mir über die Schulter einen Blick zu.

Es gibt keinen Zweifel.

Jetzt weiß ich, dass er mich auf dieser Reise begleitet.

Noch im Bann dieser Begegnung gehe ich auf dem Weg weiter, von dem aus man einen wunderschönen Blick das Tal hinab nach Tengboche und jenseits davon auf den Berg oberhalb von Namche hat. Dabei wird mir bewusst, wie kurz die Entfernungen tatsächlich sind. Würde ich es darauf anlegen, könnte ich heute Abend in Namche sein, also in einem Tag die Strecke zurücklegen, für die ich bergauf acht Tage gebraucht habe. Bei diesem wolkenlosen Himmel und der klaren Sicht auf die Berggipfel ist die Idee nicht unrealistisch. Wie anders wirkt doch alles, wenn die Sonne scheint. Als ich auf den Fluss hinunterschaue, der tief unter mir rauscht, sehe ich ein Tier am Ufer stehen. Es ist ein Moschushirsch. Ich erkenne die Zähne, die unter der Oberlippe hervorstehen.

Im Gegensatz zum unteren Teil von Pangboche, das mich mit seinem Spalier aus Lodges enttäuscht hatte, ist der obere Teil ein urwüchsiges Sherpadorf, dessen Gebäude sich um eine Gompa gruppieren, die um 1667 errichtet wurde und damit die älteste im Khumbu ist. *Boche* bedeutet «Weide« und Pangboche »große Weide«. Tengboche, Dingboche, Pheriche und Lobuche sind allesamt Orte mit ausgedehnten Grasflächen, auf denen früher Heu gemacht wurde und in den Sommermonaten die Yaks weideten. Nun sind sie wichtige Stationen für die Trekker und Bergsteiger auf dem Weg zum Everest-Basislager, zum Gipfel des Everest oder anderer Berge.

»Kumar, du bist nicht nur mein Träger, sondern auch mein Führer«, erkläre ich ihm. »Du könntest viel mehr verdienen, wenn du dich als Träger und Führer verkaufst und nicht nur als Träger. Du hast schon im ganzen Khumbu gearbeitet, und auch wenn du kein Sherpa bist und nicht von hier kommst, kennst du alle Lodges und Wege. Du bist sogar schon den Annapurna-Rundweg gegangen. Was du noch brauchst, um als Führer zu arbeiten, ist mehr Englisch. Heute weigere ich mich, Nepali mit dir zu sprechen, und du bist mein Führer, einverstanden? Ich will nach Gokyo und verlasse mich darauf, dass du mich dorthin bringst.«

Ich werde nicht mehr in Jamies Führer sehen und mich ganz auf Kumar verlassen.

Bei dem Vorschlag lächelt er schüchtern. Immer wenn er etwas auf Nepali sagen will, gebe ich keine Antwort. Ich folge ihm durch einen Wald mit hohen Kiefern in das Dorf. Wir kommen an mehreren Wohnhäusern vorbei, die in Lodges umgewandelt wurden, und umrunden einmal die Dorfgompa. Dann lotst er mich in einem großen Gebäude in eine dunkle Küche. Trotz des schwachen Lichts erkenne ich das verdreckte Gesicht des Kochs, der mich begrüßt. Kumar führt mich in das obere Stockwerk.

Auch dies war einmal ein Wohnhaus, das später in eine Lodge umgebaut wurde. Die zusätzliche Unterkunft für die Trekker ist um eine Kiefer herum gebaut, und die Treppe wurde in einen riesigen Felsblock gehauen. Der Fußboden im oberen Bereich ist anders als im restlichen Teil des alten Gebäudes. Sperrholzplatten und große Fensterscheiben bilden ein Eckzimmer, das hell wie ein Wintergarten ist. Trotz der eisigen Temperaturen draußen ist es hier drinnen angenehm warm, weil die Sonne den Raum schon den ganzen Tag aufgeheizt hat. Kumar sieht meinen zufriedenen Gesichtsausdruck und sieht mich lächelnd an.

Ich schließe die Tür hinter ihm und ziehe mein Thermounterhemd, das Hemd und die Fleecejacke aus. Der Geruch abgestandenen Schweißes steigt mir in die Nase. Ich rechne nach, wann ich zum letzten Mal geduscht habe. Es war vor einer Woche in Debuche. Ich hänge die verschwitzten Kleidungsstücke auf eine quer durch den Raum gezogene Schnur. Als ich die Schnürsenkel löse, steigen kleine Staubwölkchen auf. Meine Socken stinken penetrant. Ich mache die Zimmertür auf, stelle Stiefel und Socken in den Flur und schließe die Tür wieder. Dann lasse ich mich auf das Bett fallen und lege die nackten Füße auf den Nachttisch, um sie von den Sonnenstrahlen, die durch das Fenster fallen, trocknen zu lassen. Ich liebe dieses Gefühl, wenn die Sonne meinen Körper wärmt. Entspannt bette ich den Kopf auf ein Kissen und mustere meine Füße genauer. Die Zehennägel haben schwarze Ränder, und zwischen den Zehen haben sich Dreckkrusten gebildet. An zwei Zehen habe ich Blasen, die ich beim Gehen noch nicht gespürt habe.

Ohne Hemd dazuliegen und ein Sonnenbad zu nehmen kommt mir wie ein unglaublicher Luxus vor. Draußen vor dem Fenster wehen Gebetsfahnen im Wind. Im Hintergrund sorgt der Thamserku für eine spektakuläre Kulisse. Durch das andere Fenster sehe ich einen Sherpa an der Steinmauer des Hofes stehen. Nach seiner Haltung, dem verzerrten Gesicht und dem Speichel, der ihm über das Kinn läuft, zu schließen, ist er geistig behindert. Er starrt mich durch das Fenster an, und ich starre zurück. Vermutlich wundert er sich, was ich hier halbnackt mache, wo es draußen so kalt ist, dass Dampfschwaden aus seinem Mund steigen. Interessiert beobachtet er mich. Als er sieht, dass ich ihn bemerkt habe, zeigt er auf seinen Mund. Seine Finger sind schwarz vor Dreck, die Fingernägel lang und gebogen.

Kumar klopft an der Tür. Ich bitte ihn, dem Mann dort draußen ein Bündel Rupien zu geben, woraufhin er lächelt. Er geht hinaus und händigt dem Bettler das Geld aus. Der Verrückte mustert es ausdruckslos. Er kann es nicht zählen, weiß aber wohl, dass er damit Essen und andere Dinge kaufen kann. Er stopft die Scheine in eine Jackentasche, die so verschmutzt ist, dass das Nike-Logo, das internationale Symbol für Überfluss und Mode, kaum mehr zu erkennen ist. Glücklich watschelt er den Weg hinunter, sein schmieriger schwarzer Haarschopf steht in alle Richtungen ab. Ich lege mich indessen wieder auf das Bett, schließe die Augen und genieße weiter die Sonnenwärme.

Da klopft es erneut an der Tür, und ich bitte, um wen immer es sich auch handeln mag, herein.

Ein alter Lama in ockerfarbenen Gewändern öffnet die Tür. Er trägt eine Tasse dampfend heißen Tee und lacht, als er mich, bis zur Hüfte unbekleidet und mit bloßen Füßen, auf dem Bett liegen sieht. Sein Lachen erinnert mich an den Weihnachtsmann. Es kommt ganz tief aus dem Bauch heraus, aber nicht so polternd, sondern ernsthafter. Das freundliche, weise Gesicht strahlt, wie bei so vielen dieser alten Lamas, Verständnis aus. Ich schwinge meine Füße vom Nachttisch, und er stellt meinen Tee darauf ab.

»Danke«, sage ich etwas verlegen, während ich mich aufsetze. »Vielen Dank.« Ich möchte ihm ein paar Fragen stellen. Wohnt er auch hier? Ist außer mir noch ein Gast in der Lodge? Warum bringt er mir Tee? Sieht er mein Bedürfnis nach spiritueller Erleuchtung? Wird er mein Lama sein?

Als könne er meine Gedanken lesen, stößt er wieder sein tief aus dem Bauch kommendes Lachen aus, verlässt den Raum und schließt die Tür hinter sich. Wenn das kein gutes Omen ist. Ich nehme die Tasse Tee, lege mich wieder auf den Rücken, den Kopf auf ein mit Stroh gefülltes Kissen gebettet, und schaue mir den Himalaja draußen vor dem Fenster an. Ich bin so glücklich, wie man glücklicher nicht sein kann. Während ich an dem Tee nippe, überlege ich, was dieses merkwürdige Zusammentreffen bedeuten soll. Ein bisschen fühle ich mich wie ein Kind, das am Weihnachtsabend im Bett liegt und rätselt, was der Weihnachtsmann wohl bringen wird.

Als die Sonne hinter den Bergen im Osten abtaucht, wird es innerhalb weniger Minuten kalt in meinem Zimmer. Ich stehe auf, um mir warme Sachen anzuziehen, und beobachte, wie sich die Nebelwand in das Tal schiebt. Zum Schutz vor der nächtlichen Kälte ziehe ich die abgewetzten Vorhänge zu. In meinem Rucksack habe ich mehrere laminierte Fotos des Dalai Lama. Ich suche zwei davon aus und gehe die aus dem Felsblock geformte Steintreppe hinab und um den Baumstamm herum. In dem angrenzenden alten Gebäudeteil befindet sich hinter schweren, wärmedämmenden Vorhängen ein großer Gastraum mit einem Bullerofen in der Mitte und einer Bankreihe an der Außenwand. Der alte Lama sitzt auf einem tibetischen Teppich auf der Bank, umgeben von all den Utensilien, die in einer Gompa üblich sind. Diese Ecke des Gastraums sieht auch irgendwie aus wie eine Miniaturgompa. Hinter den Pfauenfedern, Glocken, Zimbeln und rituellen Schalen voll mit Reis und anderen Opfergaben stehen Glasvitrinen mit Whiskey, Bier in Dosen und Flaschen, Toilettenpapier, Pringle-Chips, Spielkarten und Schokolade. Die Wand schmückt ein riesiges Werbeplakat für Tuborg-Bier, auf dem steht:

Kaji Sherpa will den Mount Everest in der Rekordzeit von 18 Stunden besteigen.

Warum sitzt der Lama hier? Ist er zu Besuch, und in der Gompa ist kein Platz für ihn? Wer ist die Frau, die ihm gegenübersitzt? Ich grüße die beiden und sage etwas auf Englisch, aber offensichtlich verstehen sie es nicht, oder sie wollen nicht antworten, obwohl der Lama sich vorhin so gastfreundlich gezeigt hatte. Ich reiche ihm die beiden laminierten Bilder des Dalai Lama. Er sieht sie sich genau an und berührt dann seine Stirn mit ihnen. Nachdem er sie der Frau gezeigt hat, ordnet er eines davon sorgfältig neben seinen Lama-Utensilien an, das andere steckt er unter sein Gewand. Schließlich greift er nach einer Tasse, die vor ihm auf dem Tisch steht, gießt eine Tasse Tee mit Milch ein und bietet sie mir an. Ich nehme sie.

Dann murmelt er Gebete aus einem Gebetbuch, dessen Seiten er vorsichtig mit einer Hand umblättert, während er sich die andere Hand an den Kopf hält. Die Frau redet ununterbrochen auf ihn ein. Er scheint ihr nicht wirklich zuzuhören, und sie scheint sich nicht wirklich darum zu kümmern, ob er ihren Worten Aufmerksamkeit schenkt. Während des Betens wiegt er sacht mit dem Oberkörper vor und zurück. Sein Gesicht ist freundlich, voller Warmherzigkeit und Mitgefühl, das der Frau hingegen verhärmt, sogar hart. Ich hätte sie nicht gern zur Gegnerin. Beide müssen sie in den Sechzigern sein.

Ein Mädchen, vielleicht 18, kommt in den Gastraum.

»Woher hast du den Tee?«, will sie von mir wissen.

»Von ihm«, erwidere ich etwas abweisend und deute dabei auf den Lama, der mit halbgeschlossenen Augen am Bankende sitzt. Die Alte fährt das Mädchen an, aber ich verstehe nicht, was sie sagt.

»Er hat dir Tee und Milch aus einem eigenen Vorrat gegeben«, erklärt mir das Mädchen. »Es ist echte Milch von der Kuh da draußen, kein Milchpulver.« Ich sehe durch das Fenster auf den Hof. Dort steht eine große Kuh oder eine Kreuzung aus Kuh und Yak. Fast habe ich das Gefühl, ich müsste mich entschuldigen.

»Ist das deine Lodge?«, frage ich, um das Thema zu wechseln.

»Ja, ich heiße Tashi.« Das ist auch der Name der Lodge. »Ich bin 20. Meine Eltern haben sie mir überlassen, als ich noch sehr jung war.« Sie sieht auf den Lama und die alte Frau. »Das sind meine Eltern.«

Die beiden könnten ihre Großeltern sein. Jung-Tashi hat eine etwas mürrische, verzogene und arrogante Art. Sie trägt Turnschuhe, eine modische Baseballjacke und eine Baseballkappe. Der Lama steht auf und geht hinaus, bestimmt, um sich den Beschimpfungen zu entziehen, die er von seiner Frau erntet, weil er mir Tee und Milch von seiner persönlichen Ration gegeben hat. Durch das Fenster sehe ich, wie er über den Hof geht. Er wirft einen Stein nach einem Zopkio, um ihn zu verscheuchen, schließt die Tür zum Plumpsklo auf, geht hinein und zieht sie hinter sich zu.

Über dem Dorf liegt nun eine geschlossene Nebeldecke, so dass von den anderen Häusern nichts zu sehen ist. Zwischendurch ragt eine Bergspitze aus dem Dunst heraus. Und ganz hoch oben über der düsteren, undurchdringlichen Schicht am Boden schwebt ein goldener Gipfel.

»Bist du schon mit der Schule fertig?«, frage ich Tashi. Sie sieht aus, als wäre sie noch keine 15.

»Ja, seit diesem Jahr«, antwortet sie. »Ich war in einem englischen Internat in Kathmandu. Wir hatten dort viele Freiheiten, und ich habe eine Menge Freunde, nicht nur Sherpaleute, auch Gurungs, Rais, Chetris, Brahmanen. Hier habe ich nur Sherpafreunde.« Obwohl sie sich mir gegenüber sehr herablassend gibt, möchte sie sich mit mir unterhalten. »Ich vermisse die Schule und Kathmandu. Ist es leicht, in deinem Land einen Job zu finden, wenn ich lerne, wie man mit einem Computer umgeht? Ich habe viele Sherpafreunde, die in Amerika sind. Erst sagen sie, sie fahren nur zu Besuch dorthin, doch dann bleiben sie illegal dort und arbeiten.«

Sie fragt mich aus, wie sie es anstellen könnte, um nach Amerika zu kommen, aber als sie merkt, dass ich gar kein Amerikaner bin und auch nicht in den USA lebe, lässt sie mich links liegen und redet mit ihrer Mutter. Bald sind die beiden in einen langwierigen Disput verstrickt. Dabei fällt mehrmals das Wort »Klopapier«. Schließlich wird auch noch der Koch aus der Küche geholt und in die Diskussion miteinbezogen.

Zum Lesen ist es zu dunkel, und zum Reden ist sonst niemand da, also mache ich mir Notizen und warte. Der alte Lama kommt zurück und nimmt seinen Platz auf der Bank ein. Während einer kurzen Pause in der hitzigen Auseinandersetzung frage ich Tashi, worum es geht.

»Zwei Trekker haben Klopapier gekauft, aber wir können uns nicht erinnern, ob sie die 70 Rupien dafür bezahlt haben«, erklärt sie mir. »Der Koch sagt Ja, aber wir wissen es nicht.« Und schon wird die heftige Diskussion weitergeführt. Plötzlich verlässt Tashi verärgert den Raum. Ihre Mutter redet daraufhin eindringlich auf ihren Ehemann ein, der einfach weiterbetet und vernehmbar vor sich hin singt. Vor dieser nicht enden wollenden Debatte, ob die beiden Trekker nun das Klopapier bezahlt haben oder nicht, fliehe ich in die Küche, wo mir der Koch einen Stuhl zurechtrückt, damit ich mich setze. Er wirft Yakdung ins Feuer. Zum ersten Mal sehe ich im Khumbu einen Herd, mit dem gleichzeitig Warmwasser bereitet wird. Ein Wasserfass an der Rückseite des Ofens ist durch Rohre mit dem Ofeninnenraum verbunden, so dass während des Kochens gleichzeitig Wasser erhitzt wird.

Anders als Tashi ist der Koch gesellig und fröhlich. Er heißt Angani Sherpa, kommt von weiter unten im Tal und arbeitet schon seit 15 Jahren in dieser Lodge. Als er kam, gab es den Anbau an das ursprüngliche Haus, durch den es zu einer richtigen Lodge erweitert wurde, noch nicht.

»Die Lodge gehört Tashi?«, frage ich ihn.

»Dem Lama und seiner Frau.« Er zeigt auf die beiden, die im Gastraum sitzen. »Sie verpachten noch Lodge in Lobuche für 300000 Rupien, und große Lodge im unteren Teil von Pangboche gehört Sohn.«

Mein anfängliches Bild des Lamas verändert sich. Ich hatte schon vermutet, ich könnte unmittelbar vor einer spirituellen Erleuchtung stehen. Stattdessen bin ich wieder einmal mit der Geschäftstüchtigkeit der Sherpas im Khumbu konfrontiert. Hier liegt wirklich jeder auf der Lauer, wo ein Dollar zu holen ist. Aber darf man ihnen das vorwerfen?

Ich erfahre, dass der Besitzer dieser Lodge auch der Lama der Dorfgompa und anscheinend ein sehr hochgestellter Lama ist, wichtiger als der in Tengboche. Zumindest erzählt mir das der Koch. In Namche hatte man mir gesagt, der Lama der Gompa in Pangboche sei der höchstgebildete Lama im Khumbu, so etwas wie ein promovierter Lama.

»Welches Land?«, fragt mich der Koch, der nun wissen will, mit wem er es zu tun hat.

»Bermuda.«

»Bermuda?«

»Ja, Bermuda. Das ist ein kleines Land, in dem nur 6000 Menschen leben, eine Insel mitten im Atlantischen Ozean. Der nächstgelegene Ort auf dem Festland ist New York City. Das stimmt nicht, North Carolina ist näher, aber das kennt er vermutlich nicht. »Soll ich eine Postkarte von meinem Land für dich holen?«

Meine Schwester hatte in Bermuda eine Postkarte mit guten Wünschen für mich in meinem Gepäck versteckt. Ich hatte mir gewünscht, sie würde mich auf dieser Reise, die ja in gewisser Weise auch eine Pilgerfahrt für mich ist, begleiten, aber als Mutter von zwei Kindern kann sie nicht so einfach von zu Hause weg. Ich gehe in mein Zimmer hinauf, ziehe die Fleecejacke an und krame nach der Postkarte. Unten gebe ich sie dem Koch. Sie zeigt Fußabdrücke auf einem rosaroten Strand, endlos weites türkisfarbenes Meer und blauen Himmel. Er nimmt die Postkarte und dreht und wendet sie nach allen Seiten, erkennt aber nicht richtig, was sie darstellen soll. Der flache Horizont zwischen Meer und Himmel irritiert ihn. Ich muss ihm zeigen, was der Himmel ist, was das Meer und was der Strand mit den Fußabdrücken. Ohne Berge, die der Orientierung dienen würden, kann er sich auf das Bild keinen Reim machen, und es ist für ihn völlig nichtssagend.

Tashi kommt in die Küche.

»Er war heute den ganzen Tag weg, deshalb haben wir alle noch nichts gegessen und sind sehr hungrig«, erklärt sie mir. »Unser Essen ist jetzt als Erstes an der Reihe.«

Ich sehe Angani bei der Zubereitung des Abendessens zu. Seine Hände und sein Gesicht sind schwarz vor Dreck. Ich will gar nicht wissen, wann er sich zum letzten Mal richtig gewaschen hat. Dass wir hier oben nicht alle noch kränker werden, liegt nur daran, dass die meisten Bakterien wegen der Kälte keine Chance haben. Während er kocht, klärt mich Angani über den neuesten Klatsch auf.

»Tashi sein verheiratet mit Besitzer von großer Lodge in Pheriche«, berichtet er.

»Eine arrangierte Ehe?«, frage ich.

Er nickt. Vermutlich ist ihr Ehemann einer der Sherpajungen mit Pferdeschwanz, die in der Lodge, in der ich gewesen bin, auf dem Sofa herumlagen. Für die Väter ist das aus finanzieller Sicht ein guter Handel. Beide sind reich, der eine ist der am meisten respektierte Lama in der Gegend, der andere hat eine Firma in Kathmandu, eine perfekte Kombination – die kommerzielle Elite vermischt sich mit der spirituellen.

»Sie gerade fertig mit Schule, nun ist verheiratet, also nicht kann nach Amerika.« Er lacht. »Sie auch hat amerikanischen Freund, aber jetzt nicht ist möglich Heirat in Amerika.«

»Mag sie ihren Mann?«, möchte ich wissen.

»Ja. Er sehr nett. Aber sie wollen nach Amerika.«

Nochmals muss er über ihre missliche Lage lachen. Als er mit dem Abendessen für die Lodgebesitzer fertig ist, bereitet er für mich eine Gemüsepizza zu. Das ist tibetisches Brot, mit einer dicken Schicht gehacktem Gemüse belegt. Darüber kommt Nakkäse. Das Ganze wird auf den Ofen gestellt und mit einem Topfdeckel zugedeckt, so dass der Käse schmilzt. Es ist nicht wirklich Pizza, aber ziemlich nahrhaft.

Es war ein langer Marsch von Gorak Shep hierher. Ich sage Angani und Kumar, der bei unserer Unterhaltung zugehört hatte, gleich nach dem Essen Gute Nacht und gehe mit einer geliehenen Taschenlampe nach oben. Dort führe ich mein allabendliches Ritual aus: zwei leere Wasserflaschen neben das Bett, dazu meine Flipflops, Klopapier zum Schnäuzen, den Rest des Hustensafts und eine Flasche Wasser zum Trinken. Nachdem alles richtig arrangiert ist, schlüpfe ich in meinen Schlafsack, stecke mir die Wachsstöpsel in die Ohren und bin sofort weg.

Pangboche – Thare

In dieser Nacht träume ich, ich bin in unserem Haus in Toronto, wo die Familie ein paar Jahre lebte, bevor meine Eltern und später auch meine Geschwister nach Bermuda übersiedelten. In meinem Traum höre ich Kevin laut nach mir rufen, aber ich kann ihn nirgendwo finden. Ich suche ihn in Schränken, hinter verschlossenen Türen, unter Betten, aber er ist nirgendwo, und trotzdem hörte ich deutlich seine Stimme.

Halbwach liege ich im Bett, die Bilder unseres Hauses bis ins Detail vor Augen, den Klang der Stimme meines Bruders im Kopf. Ich bleibe in meinem warmen Schlafsack liegen und will das Gefühl festhalten, wieder in diesem Haus zu sein, nahe bei Kevin. Auch wenn ich ihn nicht gesehen habe, hörte ich seine Stimme, spürte seine Anwesenheit. Warum rief er mich? Als es draußen allmählich dämmert, stehe ich auf und stolpere die Treppe hinunter in die dunkle Küche. Kevin und der Traum folgen mir, legen sich wie eine noch lebendige Aura um mich.

In der Küche ist der Koch damit beschäftigt, die Wäsche der Familie zu waschen.

»*Namaste*«, begrüßt er mich, und der Geist meines Bruders verblasst in meiner Erinnerung, während ich mich noch ein wenig dagegen wehre, wieder in die Welt des Himalaja zurückzukehren.

Anganis verschrumpelte Hände sind relativ sauber, als er sie aus der schmutzigbraunen Brühe zieht und mit einem Tischtuch abtrocknet. Er macht mir ein Omelett aus Nakkäse.

»Tashi will sehen Freund in Amerika«, nimmt er unser Gespräch wieder auf, »aber wenn gehen nach Amerika, vielleicht nie wieder kommen zurück.« Bei dieser Vorstellung muss er schon wieder lachen. »Dann Mann sein unglücklich.«

»Und du?«, frage ich ihn. »Willst du bis an dein Lebensende hier arbeiten?«

»Vielleicht nächste Jahr ich sein Koch für Trekkingfirma«, erwidert er.

Durch den Hintereingang kommen mehrere einheimische Frauen in die Lodge und verschwinden in den Gastraum. Vielleicht findet eine Puja statt, eine Art buddhistischer Andacht. Ich höre den Klang von Zimbeln, und es riecht nach abgebrannten Räucherstäbchen. Der Gastraum dient gleichzeitig als zweiter Gebetsraum, der für den Lama viel komfortabler ist als die kalte Gompa.

Als mir in Namche jemand erzählte, der hiesige Lama sei sehr wohlhabend, hatte ich mich erkundigt, ob sein Reichtum von den Eintrittsgeldern stammt, die Touristen zahlen mussten, wenn sie den Yeti-Skalp in der Gompa besichtigen wollten, ehe dieser gestohlen wurde. Daraufhin wurde mir unmissverständlich erklärt, dass alles Geld für die Yeti-Besichtigung unmittelbar an die Gompa geflossen sei und der Lama niemals etwas für sich abgezweigt habe. Allerdings dürfe er das Geld behalten, das er für zeremonielle Dienste wie Pujas oder Beerdigungen bekommt. Dafür werden oft beträchtliche Summen bezahlt.

Nachdem ich mit Kumars Hilfe gepackt habe, bitte ich den Koch um die Rechnung.

»Tashi kassieren Geld«, sagt er mir und weigert sich, die Scheine auch nur anzufassen. Bevor er Tashi holen geht, reicht er mir eine Tasse Tee und sagt: »Ich geben dir. Nichts bezahlen.«

Tashi kommt und kontrolliert meine Rechnung, auf der die Tasse Tee nicht erscheint.

»Wie viele Stücke Nakkäse waren in deinem Omelett?«, fragt sie mich. »Zwei oder drei?«

»Wie soll ich das wissen?«, lautet meine Gegenfrage. »Ich habe es nicht zubereitet.«

»Omelett aus einem Ei oder aus zwei Eiern?«, will sie auch noch wissen.

»Frag den Koch«, erwidere ich gereizt. Dabei fällt mir ein, dass mir ein ehemaliger Lama vor sieben Jahren in Braga auf dem Annapurna-Rundweg erklärte: »Es gibt in Nepal drei Religionen – den Hinduismus, den Buddhismus und den Tourismus.« Ich kann Tashi nicht einmal ernsthaft einen Vorwurf wegen ihres Geizes machen. Denn oft ist es einfacher, aus einem Stein Blut herauszuquetschen, als eine bestimmte Sorte Trekker dazu zu bringen, in die Geldbörse zu fassen.

Inzwischen gibt es übrigens noch eine vierte Religion, den Maoismus, der sich verheerend auf all die anderen Religionen auszuwirken scheint.

Als ich wieder auf dem Trekkingpfad bin, habe ich Tashis negative Ausstrahlung und ihre penible Überprüfung meiner Rechnung schnell vergessen. Die Sonne scheint hell und warm, der Himmel ist wolkenlos und das Tal ganz ohne Nebelschwaden. Weit unter mir glitzert der türkisfarbene Fluss im Sonnenlicht, das blinkende Wasser donnert laut hörbar über Felsen und Steinblöcke in der Größe eines Hauses. Über mir ragen die Berge so hoch auf, dass man sich wundert, wie es überhaupt etwas so Kolossales geben kann. Kein vorhergehendes Erlebnis kann einen auf die gigantischen Ausmaße der Berge in der Khumburegion vorbereiten.

Durch das Rauschen des Flusses höre ich erst eine, dann mehrere vermeintliche Ziegen blöken. Als ich die Felswände hinabsehe, die so steil sind, dass mir schwindlig wird, erkenne ich auf einem Vorsprung einen großen Tahr, die Himalajaziege. Irgendwo unter ihm muss sich sein Harem an weiblichen Tieren mit dem blökenden Nachwuchs tummeln. Der Tahr hat fast die Größe eines kleinen

Ponys. Das lange braune Fell und die wie bei einem Yak überdimensional ausgebildeten Schultern verleihen ihm etwas Bedrohliches.

Sherap von der Panorama Lodge in Namche hatte mir erzählt, die Tahrs würden allmählich zum Problem. Inzwischen sind sie so zahlreich, dass sie in großem Stil Erosion verursachen, und häufig fressen sie Pflanzen, die von den Sherpas mit viel Mühe kultiviert werden. Keine 200 Meter weiter auf dem Weg höre und sehe ich eine weitere Herde, diesmal auch die Weibchen und Jungtiere. Es sind mindestens 20 Tiere, die an den steilen Klippen, die über den Fluss hängen, nach Futter suchen.

Auf der anderen Talseite befindet sich das Kloster von Tengboche. Sein Dach leuchtet in der Sonne, dahinter ragt der schon im Schatten liegende Thamserku auf. Von weitem und ohne die Baustelle auf der anderen Seite im Blickfeld sieht das Kloster wirklich beeindruckend aus, wie es auf dem sonnigen Grat am Schnittpunkt zwischen den Tälern von Gokyo und Imja Khola thront. Einzelne Wegabschnitte sind aus dem Fels gehauen. An anderen steilen Passagen ist der Weg über senkrecht verlaufende Spalten in der Felswand gemauert. Einmal kurz nicht konzentriert, und man tritt ins Leere und prallt nach einem ausgedehnten Flug unten im Tal auf.

An einem kleinen Wasserfall, der über den Weg läuft, treffe ich auf einen weiteren Moschushirsch. Es ist so nahe, dass ich die markanten Zähne erkenne, die unter der Oberlippe hervorstehen. Wie die Tahrs lässt sich auch dieses Tier überhaupt nicht von meiner Anwesenheit beeindrucken, ein weiterer Beweis dafür, dass das Wildern drastisch zurückgegangen sein muss. Der Weg verläuft nun in nördliche Richtung nach Gokyo. Unmittelbar unter mir befindet sich das Dorf Phortse, in idealer Lage auf dem relativ flachen Einschnitt zwischen den beiden Tälern. Dieser Ort mit seinen terrassenförmig angelegten Feldern, auf denen Buchweizen und Kartoffeln angebaut werden, war bis zum Einbruch des Tourismus das höchstgelegene dauerhaft bewohnte Dorf in diesen beiden Tälern. Nach Süden ausgerichtet, so dass es vom frühen Morgen bis zum späten Nachmittag von der Wintersonne beschienen wird, hat es eine ideale Lage. Phortse liegt außerdem besonders geschützt; nach unten fallen steile Felswände ab, nach oben und an der Rückseite bauen sich hohe Berge auf. Das ist das erste ursprüngliche Dorf, das ich seit Khunde und Khumjung sehe. Die anderen Ansiedlungen weiter oben waren früher nur im Sommer bewohnt und im Winter verlassen. Die Landschaft hier zeigt sich warm und freundlich, ganz anders als die öden Ansammlungen der Lodges weiter das Tal hinauf.

Nach Norden in die Schlucht von Gokyo geht der Blick viel weiter in die Ferne, als es im gewundenen Tal Richtung Everest der Fall war, und daher ist das Panorama hier viel eindrucksvoller. Die Wege, die auf beiden Seiten des Tals aus dem Felsen geschlagen wurden, verlaufen höher an den Flanken und eröffnen so ganz andere Perspektiven als die Route zum Everest-Basislager, die größtenteils auf der Talsohle verläuft. Genau gegenüber von Phortse erkenne ich den Weg, den ich von Gokyo zurück nach Namche gehen werde. Er fällt steil zum Fluss ab, bevor er wieder auf einen steilen Grat ansteigt.

Ich hatte mir das Gokyo-Tal immer als schwierig zu begehen und sehr abgeschieden vorgestellt, dunkel und beängstigend, ein Ort, an den sich nur wenige wagen. Aber an diesem strahlend schönen Tag ist mein Eindruck ein völlig anderer, und ich freue mich auf die Wanderung diese herrliche, von Gletschern geformte Schlucht mit ihren unglaublichen Ausblicken hinauf. Dass ich heute noch keine anderen Trekker getroffen habe, ist auch ein gutes Zeichen. Schon gestern in der Lodge war ich der einzige Trekker und, soweit ich gesehen habe, auch in Pangboche. Nun bin ich schon einige Stunden unterwegs, und mir ist noch keine Menschenseele begegnet, nur zwei Yaks, die den Weg vor mir blockierten. Kumar musste das widerstrebende Paar mit seinem Stock wegscheuchen.

Nachdem wir eine bunt bemalte neue Gompa mit Blick über Phortse passiert haben, führt mich Kumar an den oberen Steinmauern des Dorfs vorbei in einen dichten Wald. Die Bäume hier waren lange Zeit durch die Anordnung eines umweltbewussten Lamas geschützt. Kühle Brise und kräftige Sonne – das Wetter könnte nicht besser sein. Mein anhaltender Höhenkopfschmerz ist weg, und beim Wandern gerate ich nicht mehr außer Atem. Ein umgeleiteter Wasserlauf treibt die knarzenden hölzernen Schaufeln einer Gebetsmühle an, die in einem weiß getünchten Steinhaus steht. Der Dauerbetrieb mittels Wasserkraft ehrt die Götter mit minimalem Aufwand, und das rhythmisch ertönende Sägegeräusch des Holzzylinders klingt genauso versöhnlich wie die Gesänge eines Lamas.

Zweimal treffe ich zufällig auf Himalajafasane mit ihrem schillernden Gefieder. Und beide Male lassen sich die Vögel von mir nicht aus der Ruhe bringen. Ich bin so nahe, dass ich sie sogar mit meinem 20-mm-Weitwinkelobjektiv fotografieren kann.

Nicht weit nach Phortse verläuft der Weg dicht an einer steil aufragenden Wand, seitlich fallen Überhänge fast senkrecht zum Fluss ab, der in 400 oder 500 Metern Tiefe rauscht. Als ich das Donnern des Wassers höre, schaue ich nicht nach unten, so viel habe ich inzwischen gelernt. Der Pfad ist schmal und, wo die warmen Sonnenstrahlen nicht hinfallen, eisig und schneebedeckt. Und er hängt etwas nach außen. Einmal abrutschen würde einen langen freien Fall bedeuten. Ohne Steigeisen, die dem Fuß Halt geben würden, ist es ein Eiertanz, und ich bin nur froh, dass Kumar meinen schweren Rucksack trägt.

Bei Konar gelangen wir in ein malerisches, geschütztes Seitental mit Feldern, auf denen vereinzelt Hütten stehen. Sie sind alle mit Vorhängeschlössern gesichert, und kein Mensch ist zu sehen. Auf einem Vorsprung, der aus der Felswand hervortritt und weit über die Schlucht hinausragt, klettere ich auf eine kleine Spitze, die wegen ihrer Gebetsfahnen und Gebetssteine auffällt. Ich werde wirklich mit den spektakulärsten Ausblicken in alle Richtungen des Tals belohnt. Auch die Wege nach Gokyo auf beiden Seiten der Schlucht sind zu erkennen. Mir wird ganz flau im Magen, während ich auf der Felsspitze hocke und versuche, nicht auf den tief unter mir rauschenden Fluss zu sehen.

Bis zu einer kleinen Steinbehausung an einer Wegbiegung ist uns noch keine Menschenseele begegnet, lediglich auf der anderen Seite des Canyons habe ich die eine oder andere Trekkergruppe gesehen, die sich wie Ameisen nach Gokyo hinauf- oder Namche Bazar hinunterbewegte. Die primitive, aus Lehm und Stein gebaute Hütte, die ich zunächst für den verlassenen Unterschlupf eines Yakhirten halte, entpuppt sich als Teehaus. Plastikplanen vor den unverglasten Fenstern bieten einen gewissen Schutz vor dem Wind. Es gibt weder Zigaretten noch Bier, Snickers, Kekse oder Klopapier. Außer einer Flasche Zitronensaftkonzentrat für die Zubereitung von heißer Zitrone sind nur Kartoffeln zu haben, gekocht oder gebraten. Kumar bestellt einen riesigen Teller dampfend heißer Kartoffeln und bittet darum, dass meine Portion gebraten wird. Die Frau, die das Essen zubereitet und in dieser eiskalten Hütte haust, kommt aus Phortse. Der dunkle Innenraum ist denkbar einfach – ein Lehmfußboden, ein Bett an der Wand, ein paar Regale und eine Feuerstelle aus Lehm. Die Frau sieht wie Mitte 60 aus. Kumar und mir zeigt sie ein Foto, auf dem sie zwischen zwei Trekkern steht. Es muss schon vor längerer Zeit aufgenommen worden sein, denn sie ist ganz begeistert von ihrem damals noch faltenlosen Gesicht und der Zahnreihe im lachenden Mund. Letztere fehlt heute, dafür ist ihr Gesicht von unzähligen tiefen Falten zerfurcht. Ich frage sie, ob ich auch ein Bild von ihr machen darf, doch sie schüttelt höflich verneinend den Kopf. Schade, denn das faltige Gesicht ist interessant. Aber sie findet sich offenbar zu alt und unattraktiv für ein Foto.

Als Kumar die gekochten Kartoffeln schält, erkläre ich ihm, dass er die nahrhaftesten Bestandteile der Kartoffel, nämlich die Schale, in der viele Vitamine enthalten sind, nicht wegwerfen soll. Er zuckt nur mit den Schultern. Demonstrativ esse ich seine Schalen auf. Als wir nach dieser Pause wieder nach draußen in das helle Tageslicht treten, ziehen schon die ersten abendlichen Nebelschwaden auf. Wenn ich die weißen Schleier lange genug ansehe, nehmen sie die Gestalt von Geistern an. Bewusst nicht auf die Gespenster achtend, konzentriere ich mich auf dem Weg. In Verbindung mit meiner Fantasie sind diese ätherischen Gebilde zu aufwühlend, und ich will mich nicht zu intensiv auf sie einlassen.

Innerhalb einer halben Stunde haben sich die anfänglichen Nebelschweife zu einer undurchdringlichen Wolkenbank verdichtet. Nun bereue ich es, dass wir in der Hütte eine Mittagspause eingelegt haben. Wären wir durchgegangen, hätten wir eine Stunde länger klare Sicht gehabt. Mit den Wolkenbänken über uns wirkt die Welt dunkler und unheilvoller. So in etwa stelle ich mir die Welt nach dem Tod vor.

Durch den Nebel, der nun auch an den Bergwänden hochzieht, erkenne ich einige Tibetische Schneehühner. Sie sind nur sekundenkurz auf ihrem lautstarken Sinkflug sichtbar, bevor sie wieder in den für das Auge undurchdringlichen Dunst abtauchen. Das Kreischen und Gackern, das sie von sich geben, ist ganz anders als die Geräusche, die man von ihnen hört, wenn sie wie übermästete Tauben um die Lodges stolzieren.

Auf der Wanderung durch den dichten Nebel habe ich das Gefühl, auf ein bestimmtes Ziel zuzusteuern, aber ich bin mir nicht sicher, was es ist. Es ist eigenartig, vorsätzlich immer tiefer ins Ungewisse zu schreiten. In Thore finden wir eine einzige einfache Hütte, die von außen wie ein Teehaus aussieht, aber ebenfalls verschlossen ist. Also führt mich Kumar nach Thare, eine Ansammlung von Yakhirten-Behausungen 20 Minuten weiter oben. Es ist dunkel und kalt, und da die Nacht einbricht, wäre ich dankbar, wenn wir bald eine Unterkunft fänden. Durch die sich verdichtende Wolkenbank erkenne ich vor uns schemenhaft Terrassenfelder, die mit Steinmauern abgegrenzt sind, und schiefergedeckte Unterstände. Es handelt sich um eines der Bergrefugien, das die Leute aus den weiter unten gelegenen Dörfern im Sommer nutzen, wenn ihre Yaks hier oben weiden.

An einem der Steinhäuser steigt Rauch aus dem Schornstein. Im Inneren kuschelt sich Nima, ein Sherpamädchen, eng an ihren kleineren Bruder Sona. Die einfache Hütte ist durch eine wackelige Trennwand in zwei Räume unterteilt. Ein Gemeinschaftsbett nimmt die eine Hälfte ein, die andere ist mit einem Lehmofen, einem Bett und einer Sitzbank ausgestattet. Die Behausung ist zwar nicht ganz so primitiv wie die, in der wir mittags waren, hält aber auch nur das bereit, was man zum bloßen Überleben braucht.

Nima fragt uns, was wir möchten. Als wir Kartoffeln erwähnen, schlüpft sie in eine Jacke und läuft auf das angrenzende Terrassenfeld, kniet sich auf den Boden und beginnt, in einem Erdhaufen zu wühlen. Als sie genügend Erde weggebuddelt hat, kommt ein geheimes Kartoffellager zum Vorschein. Während sie unser Abendessen ausgräbt, holt Sona Wasser von einem Bachlauf.

Da ich die nächsten 14 Stunden oder mehr in dieser Hütte verbringen werde, ziehe ich wärmere Sachen an und gehe trotz der Eiseskälte noch einmal nach draußen. Dafür werde ich mit einem Blick durch ein Nebelloch belohnt. Im Tal ist es dunkel, doch das Bergmassiv des Cho Oyu ragt, in warmes Sonnenlicht getaucht, über mir auf. Dann taucht der Gipfel wieder im Nebel ab, die Sonne verschwindet, und es wird so kalt, dass ich nicht mehr länger draußen stehen kann. Da nun keine Hoffnung mehr besteht, noch einmal einen Blick auf einen Gipfel zu erhaschen, gehe ich in die rauchige Unterkunft hinein und setze mich zu den anderen um das mit Yakdung gespeiste Feuer.

Nima trägt Laufschuhe, modische Jeans und eine billige, vermutlich aus China stammende Fleecejacke, die über und über mit Teddybären bedruckt ist. Sowohl sie als auch ihr Bruder haben die klassischen, schönen Gesichtszüge der Sherpas. Das Mädchen könnte 18 sein, der Junge etwa 15. Die beiden verstehen sich offensichtlich gut. Der Bruder pfeift und singt ununterbrochen. Wir sitzen vor dem Feuer und starren in die Flammen, die aus der Öffnung des Lehmofens züngeln. Die Geschwister sprechen beide kein Englisch, und mein Nepali reicht für eine längere Unterhaltung nicht aus.

Während sie kocht, holt er Wasser und Feuerholz. Zwei mit Kerosin gefüllte Krüge auf dem Fenstersims sorgen für Licht. Die Stille hier ist mir fast unheimlich. Außer dem Zischen des Dampfkochtopfs und dem Knacken der Holzscheite im Feuer ist kein Geräusch zu hören.

Thare – Gokyo

Nachts weckt mich ein regelmäßiges Knarzen auf. Erst denke ich, es ist jemand, der nach dem Feuer sieht. Ich hebe den Kopf, um nachzusehen, ob es Kumar ist, doch der liegt, unter mehreren Decken verborgen, reglos neben mir auf dem Schlafpodest und schläft tief und fest. Das rhythmische Geräusch dauert noch eine Weile an. Es hört sich ganz so an, als würden zwei Menschen auf einem quietschenden Bett miteinander schlafen. Dann folgt ein Seufzen wie bei einem Orgasmus, und schließlich kehrt wieder Stille ein.

Verwirrt drehe ich mich zur Seite und schlafe weiter.

Am Morgen ist Nima schon früh auf den Beinen und kümmert sich um das Feuer. Ihr Bruder schläft noch. Sie lagen beide im selben Bett. Ich kann mir nicht vorstellen, dass sie ein Liebespaar sind, doch als wolle sie mich weiter darüber grübeln lassen, bringt sie ihm liebevoll eine Tasse heißen Tee ans Bett.

Draußen liegt das ganze Tal in Nebel. Ich lege etwa 100 Meter auf dem Weg zurück, klettere dann ein wenig nach oben und suche mir eine Stelle, wo ich ungestört in die Hocke gehen kann. Mein Rücken ist dem Nichts zugewandt. Nachdem ich einige Minuten mit mir selbst beschäftigt war, sehe ich nach oben, wo plötzlich etwas vor mir steht, was ein Yeti sein könnte. Es erweist sich als großer Tahr, der mich direkt ansieht. Er ist viel näher als die Tiere gestern. Mit seiner dichten, zotteligen Mähne, die ihm über die Schultern fällt, und dem massigen Vorderteil wirkt er wie ein Zweibeiner, und es ist gar nicht so abwegig, ihn im Eifer des Gefechts für einen zottigen, breitschultrigen Yeti zu halten. Schließlich dreht er sich zur Seite, um mir zu zeigen, dass er wirklich ein Tahr ist, und trabt gemächlich davon, während ich, von ihm nicht mehr beachtet, mein Geschäft unter einigen Steinbrocken verscharre.

Der einzige Mensch, der sich noch hier zwischen dem halben Dutzend Unterständen aufhält, ist ein alter Yakhirte. Ich beobachte ihn, während ich mir draußen die Zähne putze. Seine Aufgabe besteht anscheinend darin, aufzustehen, vor das Steinhäuschen zu gehen, acht Yaks mit ein paar gut gezielten Steinen zu bewerfen, um sie auf diese Weise weiter den Hügel hinaufzutreiben, wo sie den ganzen Tag grasen können, und sie dann abends in den Pferch zurückzutreiben.

Als Kumar und ich aufbrechen, hängt immer noch dicker Nebel im Tal. Der Weg ist an den Stellen, an denen über Nacht Wasser gefroren ist, rutschig. Man spürt, dass der Winter allmählich Einzug hält. Nicht mehr lange, und der erste schwere Schneesturm versperrt den Zugang zum Tal. Ich möchte diesen glatten, steilen Weg nicht zurückgehen müssen, wenn es geschneit hat.

Große Felsbrocken, die mit buddhistischen Gebeten in tibetischer Sprache beschrieben sind, leiten den allmählichen Abstieg des Wegs hinab zum Fluss Na ein, an dessen Ufer einige Lodges dicht nebeneinanderstehen. Wir überqueren eine mit Raureif überzogene Holzbrücke. Als wir dem nun wieder ansteigenden Weg folgen, sehe ich Rauch. Findet am Fluss gerade eine Einäscherung statt? Vielleicht weiß Kumar etwas.

»Puja?«, frage ich ihn erwartungsvoll. Doch er schüttelt den Kopf.
»Träger machen Mittagspause.«

Mit dem Wechsel des Ufers befinden wir uns nun auf der häufiger begangenen Trekkingroute, die direkt von Namche nach Gokyo führt. Nachdem ich dank meiner Wanderung nach Gorak Shep und auf den Kala Patar gut akklimatisiert bin, ist der Marsch hier herauf trotz der Höhe von über 4500 Meter bei weitem nicht mehr so anstrengend wie der zum Everesttal. Als sich der Nebel in der Schlucht unter der Sonneneinstrahlung auflöst, sehe ich auf einem flachen, schneefreien Grasstück zwei Trekker liegen und sich sonnen. Bei genauerem Hinsehen erkenne ich das Nörglerpaar.

»Seid ihr es nicht, die den Träger in Lobuche entlassen haben, ohne ihm seinen Tageslohn zu zahlen?«, frage ich unschuldig.

Ich bin mir sicher, dass sie mich wiedererkennen. Schließlich war ich der einzige Trekker, der den Vorfall mitbekommen hat. Der Mann setzt sich auf und stützt sich auf die Ellbogen. »Und?«, erwidert er mit leicht aggressivem Tonfall.

»Die Polizei sucht euch in Tengboche und Namche.«

Bevor sie das Grinsen bemerken, das ich mir nicht verkneifen kann, gehe ich weiter. Aber dieser Denkzettel musste sein.

Kumar sitzt weiter oben am Weg und wartet auf mich. Er hat schon eine ganze Packung rohe – immerhin vorgekochte – Rara-Nudeln verspeist, als wären es Kartoffelchips. Er trägt einen ziemlichen Vorrat davon bei sich, und wenn wir in eine Lodge kommen, in der er den Besitzer oder den Koch kennt, kocht er sich seine eigenen Nudeln, um sich das teurere Lodge-Essen zu sparen. Wo der Weg in die Felswand gehauen ist, die über dem Dudh Kosi hängt, ist er von einer rutschigen Eisschicht überzogen. Ich passiere eine kaum erkennbare, ebenfalls von Eis überzogene Brücke, die aus ein paar dicken Baumstämmen besteht, und überwinde einen kleinen Kamm. Unerwartet stehe ich in einem verborgenen Tal und blicke überrascht auf einen glitzernden blauen See vor mir, bei dem es sich natürlich um einen der Gokyo-Seen handelt. Eine Frau mit einem riesigen Rucksack steht reglos neben dem schneebedeckten Weg und beobachtet die Enten, die auf der dünnen Eisdecke des Sees sitzen.

»Die Enten sind festgefroren«, sagt sie mit unverkennbar australischem Akzent.

Die Enten sind aber nicht festgefroren, sie schlafen, den Kopf nach hinten gedreht und zum Wärmen unter einen Flügel gesteckt.

Weiter rechts von ihnen und auf der von uns aus gesehen gegenüberliegenden Seite des Sees schwimmen braune Enten an einer Stelle, die nicht zugefroren ist, und suchen, das Hinterteil in die Luft gestreckt, auf dem Grund nach Nahrung.

»Ja, manche sogar mit dem Hinterteil nach oben«, füge ich an.

»Oh ja«, antwortet sie, nicht ganz sicher, ob ich es ernst meine oder nicht.

Ich lasse sie weiter über das Schicksal der Enten sinnieren und treffe im Weitergehen auf einen zweiten, größeren See, der nicht tiefblau ist wie der erste, sondern türkisfarben und an drei Seiten von steil aufragenden Bergen eingefasst. Auf der vierten Seite liegt die Seitenmoräne des Ngozumbagletschers. Der Blick ist einzigartig, die strahlende Farbe des Sees eine wohltuende Abwechslung zu dem deprimierenden Braun, Grau, Schwarz und Weiß des Tals und der Berge. Auf dem Boden liegt etwa ein Meter Schnee. Auch dieser See ist zur Hälfte von einer dünnen Eisschicht bedeckt. Kleine gekräuselte Wellen wehen über den See und fangen Luft unter dem Eis, wodurch ein merkwürdiges, fast elektronisches Geräusch entsteht. Zwischendurch kracht es laut, wenn sich einzelne Eisplatten abspalten. Am oberen Ende des Sees, an dem schmalen eisigen Zufluss, der ihn speist, sehe ich eine kleine rötlich-braune Wasseramsel auf einen Felsen fliegen und sich von dort in das Wasser stürzen. Damit ist sie aus dem Blickfeld verschwunden.

Als ich auf dem mit Steinbrocken übersäten, zugeschneiten Weg weiterziehe, komme ich an einen dritten See, noch größer und schöner als der vorherige und wie dieser an drei Seiten von steilen Bergen und an der vierten vom Grat der Seitenmoräne eingefasst. Vor mir erhebt sich deutlich sichtbar der Gokyo Ri, in der Größe vergleichbar mit dem Kala Patar. Auf einer Seite des Flussufers steht eine Ansammlung von Lodges. Ein Schild weist darauf hin, dass das Gokyo Resort, angeblich die beste Lodge hier, höher liegt als die anderen. Keine dieser Bruchbuden sieht auch nur annähernd wie ein Resort aus, aber mir gefällt diese positive Einstellung. Entschieden gehe ich am Kiosk des Gokyo Resort vorbei, in dem es haufenweise Schokolade aller Art gibt und eine »Buchhandlung« mit mehreren Regalbrettern neuer und bereits gelesener Bücher. Ein halbes Dutzend Trekker sitzt mit Blick auf den See und das von den Bergen geformte Amphitheater und saugt die warmen Sonnenstrahlen in sich auf. Fast fühlt man sich wie in einem Wintersportort. Spuren, vermutlich von einem Snowboard, ziehen sich in langen s-förmigen Parallelen durch den Schnee.

Eine hübsche blonde Engländerin sitzt zwischen fünf Männern, die sich im Halbkreis um sie geschart haben. Ich erkenne Mitglieder der britischen Armee wieder. Und im Hof der Lodge unter mir wäscht sich der Lufthansaarzt gerade das Gesicht in einer Schüssel mit warmem Wasser. Der geschwätzige Bergsteiger ist ebenfalls da. Er trägt immer noch seine Gamaschen und den Schal in Piratenmanier um den Kopf geschlungen. Wie gewohnt erzählt er allen, die es hören wollen, insbesondere aber der hübschen Blondine, sämtliche Einzelheiten seiner Tour über den Chola-Pass. Wenigstens bleibt mir der Buchhalter mit seinem Schnauben erspart.

Sherpas, sowohl Führer als auch Träger, sitzen im Wintergarten und spielen Karten, einer zupft auf einer Gitarre. Kumar bittet mich nochmals um einen Vorschuss. Wenige Minuten später sehe ich ihn mitten unter den Spielern.

»Brauchst du ein Zimmer?«, fragt mich ein etwas rundlicher Nepalese mit Baseballkappe und Ray-Ban-Fliegersonnenbrille.

»Gehört dir die Lodge?«, erkundige ich mich erstaunt. Er sieht nicht aus wie ein Sherpa aus dem Khumbu.

»Mir und meiner Frau«, antwortet er.

»Du siehst eher wie ein Brahmane aus als wie ein Sherpa«, bemerke ich freimütig.

»Da hast du recht«, sagt er und lacht. »Ich komme aus Biratnagar im Terai.« Nichts wäre unwahrscheinlicher, als einen Mann aus dem Terai hier anzutreffen, einem flachen Landstrich in Nepal an der Grenze zu Indien und Bangladesch, der kaum über Meereshöhe liegt. Und der Mann betreibt hier eine der höchstgelegenen Lodges im ganzen Land! Was aber noch interessanter ist, die Brahmanen betrachten sich im traditionellen Kastensystem als den Sherpas übergeordnet. Sherpas sind »Unberührbare«, während die Brahmanen ganz oben in der Hierarchie stehen und die Priesterkaste bilden.

»Wie kommt jemand aus dem Terai zu einer Lodge hier oben in Gokyo?«

Während er erzählt, führt er mich zu einem Gebäude, das auf einer Terrasse hinter dem Wintergarten steht.

»Ich war Buchhalter im Everest View Hotel. Dort habe ich meine Frau kennengelernt«, sagt er. »Sie ist eine Sherpa aus Khumjung. Als wir geheiratet haben, hat uns ihr Vater dieses Grundstück geschenkt, damit wir eine Lodge bauen konnten.«

Wir steigen die Stufen zur oberen Terrasse hinauf.

»Da ist meine Frau, Ranchi Sherpa.«

Dabei zeigt er auf eine Frau, die gerade ihr glänzend schwarzes Haar bürstet und sich mit einer anderen Sherpafrau unterhält, die auf der sonnigen Terrasse der Lodge unterhalb steht.

Ein Telefon läutet, und er läuft schnell in den Wintergarten, um das Gespräch anzunehmen. So hatte ich mir Gokyo nicht unbedingt vorgestellt.

Schon nach einer Minute ist er wieder zurück.

»Ich heiße Shrendra Sharma«, stellt er sich vor und streckt mir die Hand entgegen.

»Ihr habt hier Telefon?«, frage ich.

»Satellitenverbindung«, stellt er klar. »Ein Gespräch nach Europa oder Amerika kostet genauso viel wie nach Namche oder Kathmandu. Das war eben ein Freund aus Pheriche, der mir sagte, dass er jetzt nach Namche zurückgeht und wir uns dort treffen sollen.«

Er zeigt mir ein Zimmer mit einem Doppelbett. Dabei klopft er auf die Bettdecke und zieht das durchscheinende, schmutzige Laken über der Schaumstoffmatratze glatt.

»200 Rupien«, teilt mir Shrendra den Preis mit. Das ist doppelt so hoch wie der übliche Preis von 100 Rupien für ein Einzelzimmer, aber immer noch weniger als drei Dollar. Für einen Nepalesen muss auch das hier eine Lizenz zum Gelddrucken sein.

»Steht etwas auf der Speisekarte, was du besonders empfehlen kannst?«, erkundige ich mich hoffnungsvoll. Die übliche Auswahl zwischen gebratenen Nudeln und tibetischem Brot mit diversen Belägen wird allmählich etwas eintönig.

»Was hältst du von Zuckermaissuppe und Yak Stroganoff?«, stellt er die Gegenfrage.

Ich folge ihm hinab in das Hauptgebäude, in dem Schlafsaal, Gastraum und Küche untergebracht sind. Und ich hatte gedacht, das sei hier die abgelegenste und ödeste Etappe meiner Tour.

Stattdessen erwarten mich Zuckermaissuppe, Yak Stroganoff, Einzelzimmer, Wintergärten und ein Telefon. Shrendra reicht mir die Speisekarte. Ich bestelle, und schon wenige Minuten, nachdem er in der Küche verschwunden ist, steht die dampfende Suppe vor mir auf dem Tisch. Als ich damit fertig bin, bringt er mir einen Teller mit einer riesigen Portion Reis, auf dem das Yak Stroganoff verteilt ist.

»Das schmeckt tatsächlich nach Stroganoff«, bestätige ich ihm.

»Wir verwenden selbst eingelegte Essiggurken«, sagt Shrendra stolz. »Daher kommt der typische Stroganoff-Geschmack.«

Unglaublich.

Mit einem Ohr höre ich dem geschwätzigen Bergsteiger zu, der, seit ich hier angekommen bin, mit seinen Erlebnissen prahlt. Allerdings hat er starke Konkurrenz, unter anderem von Seiten eines langhaarigen Neuseeländers, der eine Spur lässiger wirkt, nicht zuletzt deshalb, weil er zwischen Daumen und Zeigefinger einen Joint hält. Bei der blonden Engländerin hat er wohl mit der Information Eindruck hinterlassen, dass er zu Hause Skilehrer ist.

Während ich in einer ruhigen Ecke sitze, beobachte ich Hunderte Spatzen, die einen Adler ärgern, bis der wegfliegt. Ich sehe auch jede Menge Dohlen, die mit den Luftströmen segeln. Am frühen Nachmittag bilden sich am Talrand Nebelschwaden, die wie Trockeneis auf einer Bühne über den See wabern. Die ersten Schwaden lösen sich wieder auf, doch bald sind sie so dicht, dass sie die Wand des Gokyo Ri hochziehen. Ich versuche abzuwägen, ob es sich lohnt, jetzt noch auf den Gokyo Ri zu gehen, oder ob der Nebel den Berg ganz in Beschlag nimmt.

Der befehlshabende Unteroffizier des britischen Armeetrupps erkennt mich wieder.

»Wir steigen morgen ab«, sagt er. »Christina ist gerade unterwegs auf den Gokyo Ri. Sie hatte gehofft, dich zu treffen.«

Ich frage Shrendra um Rat, ob ich jetzt noch losziehen soll.

»Denkst du, es lohnt sich bei diesem Nebel, auf den Gokyo Ri zu steigen?«

»Kein Problem«, meint er und wirft dabei einen Blick auf den See. »Oben auf dem Gipfel ist es bestimmt klar, und du hast eine wunderbare Sicht.«

Daraufhin teile ich Kumar mit, dass ich mich auf den Weg zum Gokyo Ri mache, aber der ist so in sein Kartenspiel vertieft, dass er mich mit einer Handbewegung entlässt. Es ist kurz nach zwei Uhr, als ich an den Felsbrocken vorbeigehe, die den kleinen Wasserlauf säumen, der später zum Dudh Kosi wird, und den Anstieg beginne. Der Weg verzweigt sich gleich zu Beginn in Dutzende kleiner Pfade. Jene auf der schattigen Nordseite führen durch tiefen Schnee.

Die erste Gruppe, die mir bergab entgegenkommt, ist gleichzeitig auch die letzte am Berg.

»Es ist sonst niemand mehr oben«, erzählt mir der Sherpaführer.

Also habe ich Christina verpasst, vielleicht haben wir uns im Nebel verfehlt. Aber dann finde ich jetzt genau das, was ich mir gewünscht hatte, nämlich allein dort oben zu sein. Und vielleicht finde ich auf dem Gipfel des Gokyo Ri die magische Stelle, an der ich den Umschlag, den ich bei mir trage, mit gutem Gefühl dem Feuer übergeben kann. Vielleicht kann ich dort mit meiner Trauer abschließen.

Der Wind schiebt den Nebel über den See, und als er mich erreicht, ist mir kalt bis auf die Knochen. Ich gehe in gleichmäßigem Schritt bergauf, die Höhe macht mir nun überhaupt nichts mehr aus. Endlich bin ich richtig akklimatisiert, habe keine Kopfschmerzen mehr und kaum noch Atemnot. Wie viel leichter es sich doch mit klarem Kopf geht! So fühlen sich die meisten Trekker schon nach wenigen Tagen der Akklimatisation. Ich habe dafür zwei Wochen gebraucht, obwohl ich alles richtig gemacht habe – ich habe viel Wasser getrunken, bin nicht mehr als 300 Meter am Tag aufgestiegen und, wann immer es möglich war, zum Schlafen wieder ein Stück weiter nach unten gegangen.

Auf halbem Weg zum Gipfel wird der Nebel plötzlich dichter und umfasst mich mit seinen eisigen Klauen. Ein Dutzend Tibetische Schneehühner laufen in unglaublichem Tempo den Hang hinauf und geben dabei laute Geräusche von sich, als wollten sie gegen die kalte, feuchte Wolkenfront protestieren. Es ist wirklich beeindruckend, wie schnell diese dicken Vögel bergauf laufen können. Der Nebel steigt und fällt, zieht seitlich ab und kehrt wieder, bis ich ihn endlich unter mir lasse und den Gipfel des Gokyo Ri sehe. Nach anderthalb Stunden erreiche ich die Felsblöcke am Gipfel, an denen zahlreiche bunte Gebetsfahnen im Wind flattern. Ich klettere auf den Steinbrocken herum, versuche Eis und Schnee zu umgehen, und entdecke einen oben abgeflachten Felsen. Auch wenn der Weg hier herauf mit dem auf den Kala Patar vergleichbar und nicht besonders steil ist, hat auf der anderen Seite des Gipfels ein Gletscher die Kuppe abgetragen, und die Wand fällt so steil ab, dass kein Schnee liegenbleibt.

Ich lasse den Blick schweifen. Im Westen geht die Sonne unter. Im Osten strecken sich Schattenfinger nach den Bergspitzen. Der Lhotse, der sich als gelbes Band in der untergehenden Sonne abzeichnet, wirft seinen langen Schatten auf den hinter ihm liegenden Everest. Eine behäbige, raupenförmige weiße Wolke schiebt sich langsam das Tal hinauf und legt sich vor den langgestreckten Ngozumbagletscher. Einzelne Nebelstreifen lösen sich aus der Wolkenwand und ziehen in eiligem Tempo über die Seen. Weiter im Süden liegen, von der Abendsonne bestrahlt, Ama Dablam und Thamserku. So allein hier auf 5500 Meter bekomme ich eine Ahnung davon, wie es sein muss, auf einem der ganz hohen Berge zu stehen. Wieder einmal ist der Blick nach unten atemberaubend; das Gipfelgefühl hier oben ist wohl die kleinere Version des Erlebnisses einer Everestbesteigung.

Ich bin wie verzaubert von diesen Eindrücken. Die wehenden Gebetsfahnen sorgen für die spirituelle Komponente. Über mir gleitet eine einzelne Alpendohle, Flügel und Schwanz richten sich ständig neu nach dem Wind aus, und sie lässt sich von den Böen treiben. Wir beide sind die einzigen beiden Lebewesen hier, und sie beäugt mich vorsichtig. Ist das ein Zeichen, ein Geist, der mir eine Botschaft überbringen will? Oder doch nur eine Dohle, die nach verlorenen Essensresten sucht – einem Stück Schokolade, Kekskrümel oder Brotresten?

Die Sonne taucht hinter den Gipfeln im Westen unter, und sofort wird es kühler. Es ist beängstigend, wie schnell man friert, wenn die Sonne verschwunden ist. Ich bin mir nicht ganz sicher, ob das eine rein körperliche Empfindung ist oder ob nicht auch die Psyche dabei eine Rolle spielt. Ohne die Sonne ist es ziemlich einsam, und ich habe nichts zum Anziehen dabei als das, was ich am Körper trage. Die Sonnenwärme ist ein guter Kamerad, Kälte und Dunkelheit werden schnell zu Feinden. Als die Sonne hinter dem Horizont abtaucht, wird mir bewusst, in was für einer unwirtlichen Umgebung ich mich befinde. Angst macht sich in mir breit. Ich denke an all die toten Bergsteiger, die in Eis und Schnee gefangen sind und deren Geister die Berge nicht mehr verlassen können, die sie einmal bezwingen wollten. Ein Schauder läuft mir über den Rücken. Und sosehr ich diese Berge liebe, sie flößen mir auch Furcht ein. Ich greife in die Innentasche meiner Goretexjacke und taste nach dem Umschlag. Aber mit einem Mal wird mir bewusst, dass ich ihn nicht in einer so verlassenen Umgebung verbrennen möchte, selbst wenn der Blick grandios ist. Der Gedanke, hier von Kevin Abschied zu nehmen und ihn dieser Trostlosigkeit zu überlassen, ist mir unheimlich.

Die Sonne wirft noch ihre letzten Strahlen auf die Gipfel von Lhotse und Everest. Die Farben wechseln spektakulär von Gelb zu einem leuchtenden Orange und schließlich zu Rot, während die Schatten von unten hochwandern. Der Himmel über den Bergen schwelgt in Pastelltönen, von Rosa über Mauve bis hin zu Blau und Violett, bis die Wolken schließlich überhaupt keine Farbe mehr haben und die Berge sich silbrig vor dem sich verdunkelnden Himmel abheben. Ein lautes Krachen, wie ein Gewehrschuss, hallt wider, als eine Lawine einen der Berghänge hinabdonnert. Da ich keinen Wert auf eine Wiederholung meines Abenteuers am Kala Patar lege, als ich im Dunkeln zurückgehen musste, krieche ich von den Felsen und bin schon auf dem Weg bergab, als mir einfällt, dass ich meinen Wanderstock oben vergessen habe. Ich mache kehrt und klettere noch einmal ganz hinauf, eher aus Sentimentalität als aus einem vernünftigen Grund. Schließlich hat mich der Stock auf dem ganzen Weg hierher begleitet, und es wäre undankbar, ihn einfach liegenzulassen. Der kurze Anstieg macht deutlich, wie viel leichter es doch ist, nach unten zu gehen. Mein Herz pocht heftig, als ich an der Stelle, an der der Stock liegt, angekommen bin. Dabei wird mir aber auch bewusst, wie gut es meinem Rücken nach den drei Wochen anstrengender Wanderung geht.

Annabel wird staunen.

Mit dem Stock in der Hand steige ich so schnell wie möglich ab. Nach der Hälfte des Wegs tauche ich wieder in den Nebel ein. Es ist, als würden sich mehrere Schichten Gaze vor meine Augen schieben. Die Luft wird nasskalt, und ich rieche Yakdung. Der Anblick der Berge ist gespenstisch, wenn man sie nicht in ihrer Gesamtheit sieht. Doch als sich der Nebel auf mysteriöse Weise auflöst, sind die schwarzen und silberfarbenen Berge einige wenige kostbare Augenblicke lang plötzlich wieder sichtbar, bis der Nebel sich erneut wie ein Vorhang davor legt.

Dieser Weg ist einfacher zu finden, obwohl es nun auch schon dunkel wird. Von weiter unten höre ich, wie auf dem See Wellen an das kiesige Ufer schwappen. Bald darauf dringen die Lichter der Lodge wie rettende Leuchtkugeln durch den Nebel.

Zurück in meinem eisigen Zimmer, ziehe ich mich aus und bleibe ein paar Minuten lang mit angehobenen Armen reglos stehen, damit sich mein erhitzter Körper abkühlen kann. Mein Hemd, das ich an einen Haken an die Tür gehängt habe, dampft ebenso wie mein Körper. Nach einer Weile in der Kälte ziehe ich trockene Kleidung an und gehe in den Gastraum, der von hustenden Trekkern bevölkert ist. Der geschwätzige Bergsteiger quasselt noch immer, jetzt mit einem älteren Mann, der anscheinend allein hier ist. Das blonde Mädchen spielt im Kreis ihrer Bewunderer Karten. Der Lufthansaarzt sitzt neben dem Bullerofen in der Mitte des Raums und klimpert auf einer Gitarre. Um ihn scharen sich darüber erfreute nepalesische Träger und Führer.

Christina sitzt bei den Soldaten der britischen Armee. Sie löst sich aus der Gruppe und kommt zu mir an das Tischende, wo ich einen freien Platz ergattern konnte.

»Wie war's auf dem Gokyo Ri?«, fragt sie mich.

»Wunderbar«, antworte ich, noch ganz im Banne meiner Erlebnisse. »Ich war ganz allein oben. Der Sonnenuntergang war spektakulär. Jemand hat mir erzählt, du wärst auch oben, aber ich habe dich nicht getroffen. Wie war es für dich?«

»Gut«, sagt Christina, »aber da ich mit einer Gruppe unterwegs war, habe ich es nicht als ganz so inspirierend erlebt. Wir haben drei Stunden bis nach oben gebraucht. Kannst du dir das vorstellen? Ich meine, wir sprechen von der britischen Armee. Ich habe den Eindruck, ich bin besser trainiert als die meisten von denen. Zwei mussten mit Höhenkrankheit umkehren.«

Ich frage nicht, ob sie am Gipfel wieder ihre Hosen heruntergelassen haben. Stattdessen bestelle ich Kartoffeln mit Frischkäse, noch mal einen Teller Zuckermaissuppe und eine Thermoskanne heiße Zitrone. Als Letztere kommt, gieße ich mir und Christina eine Tasse ein. Doch sobald ich den ersten Schluck getrunken habe, fängt der Husten schon wieder an.

»Ist dir schon einmal der Gedanke gekommen, dass die Zitronensäure deinem Hals nicht bekommen könnte?«, fragt mich Christina.

Damit hat sie vermutlich recht. Am Kala Patar ging es mir genauso, nachdem ich zwei Thermoskannen heiße Zitrone getrunken hatte. Und gestern, als ich zur Mittagspause ebenfalls heiße Zitrone bestellte, musste ich auch husten. Ich schiebe Christina die Kanne hin.

»Dir macht der Hals keine Probleme, also trink du das«, sage ich zu ihr. »Ich halte mich ab jetzt an heißes Wasser.«

Christina gießt sich noch eine Tasse ein und sieht mich dann an: »Du hast mir nie erzählt, woran dein Bruder Kevin gestorben ist.«

Die Frage kommt völlig aus dem Nichts.

»An einem Herzinfarkt«, antworte ich.

»Aber er war jünger als du«, erwidert sie. »War das erblich bedingt? Oder schlechte Ernährung? Kein Sport? Stress?«

»Vielleicht alles zusammen«, antworte ich, »vor allem Stress, nehme ich an. Er hatte in den letzten Jahren etwas Übergewicht, aber nicht schlimm. Er hat kaum geraucht, nur ab und zu mal in Gesellschaft nach dem Essen.«

»Ihr beide seid wohl sehr verschieden.«

»Das sind wir.« Ich spreche noch immer im Präsens von Kevin.

»War ihm nicht bewusst, dass er infarktgefährdet war?«

»Er war ein paar Wochen krank, wollte aber nicht zum Arzt gehen, vermutlich, weil er Angst vor der Diagnose hatte.«

»Das tut mir so leid.« Christina legt ihre Hand auf meine Schulter.

Wieder muss ich daran denken, dass Kevin dafür gesorgt hatte, dass unsere Mutter ihre Bypässe bekam, und dass er ihr damit das Leben rettete. Wie einfach hätte er auch sich selbst retten können! Er hätte doch sein Schicksal selbst lenken können! Er arbeitete mit so viel Einsatz, wollte sich früh zur Ruhe setzen und hatte so viele Träume und so viele Pläne.

Vor drei Jahren fuhr er mich einmal zum Flughafen. Ich flog nach Norwegen zurück, nachdem ich fast drei Monate auf Bermuda verbracht hatte, um mich nach der Bypassoperation um unsere Mutter zu kümmern. Ich hatte bereits eingecheckt, und es war Zeit, sich zu verabschieden. Obwohl er sonst nicht gern Gefühle zeigte, umarmte Kevin mich ganz fest und sagte zum ersten Mal zu mir: »Ich habe dich gern.« Dann drehte er sich um und ging schnell weg. Ich lief hinter ihm her. »Ich habe dich auch gern«, sagte ich zu ihm und nahm ihn ebenfalls fest in die Arme.

Ich habe das Gewicht der Trauer über seinen Tod wie einen Rucksack die Berge heraufgeschleppt. Als ich nun hier in der Lodge sitze, den Ausführungen des geschwätzigen Bergsteigers ausgesetzt, ist meine Reise schon fast zu Ende. Ich spüre, wie die Gefühle allmählich leichter werden. Ich spüre, dass ich mich selbst verändere, so wie sich die Berge ständig verändern.

»Ich wünschte, ich könnte ihm noch einmal sagen, ihm noch einmal zeigen, dass ich ihn immer noch liebte«, sage ich zu Christina.

Und wenige Minuten später ist das Gewicht von mir genommen.

Gokyo-Seen

Die Augen so dick geschwollen, dass ich sie kaum öffnen kann, setze ich mich im Schlafsack auf. Der Urin in der Flasche sieht trüb aus, also bin ich schon wieder dehydriert. Die Luft ist klirrend kalt. Ich steige aus dem Schlafsack und kratze mit dem Fingernagel in einer Ecke der Fensterscheibe das Eis ab. Draußen ist alles voller Nebel. Im Gastraum sitzen ein paar Trekker und Nepalesen um den Ofen. Der geschwätzige Bergsteiger trägt seine knallroten Gamaschen und erzählt jedem, welche Sorte Steigeisen man braucht, wenn man über den Chola-Pass gehen will. Dann doziert er über die Vorteile von Schneeschuhen. Als dieses Thema erschöpft ist, erläutert er, warum es besser ist, mehrere Lagen Kleidung übereinander zu tragen, Goretex in Kombination mit Fleece contra Daunenjacke.

Die britische Armee marschiert ab. Ich gehe zu ihrer Lodge hinüber und wünsche Christina eine gute Heimreise nach Kathmandu und England.

»Wir bleiben in Kontakt, oder?«, fordere ich sie auf. »Es war wirklich schön, dich hier zu treffen.«

Als wir uns letztes Mal in Neuseeland verabschiedeten, hätte ich nicht gedacht, dass wir uns jemals wiedersehen würden. Ich hatte mich getäuscht, und vielleicht treffen wir uns noch ein drittes Mal wieder. Ich helfe ihr, den Rucksack auf den Rücken zu hieven, und halte ihr dann die Vordertür der Lodge auf. Wir umarmen uns.

»Pass auf deinen Rücken auf!«, ruft sie mir noch zu.

»Das werde ich«, verspreche ich, bereits wieder auf dem Rückweg zu meiner Lodge. »Und lass du die Jungs stramm marschieren!«

Christina lacht noch einmal, dann ist sie weg.

Der geschwätzige Bergsteiger und der langhaarige, haschischrauchende Neuseeländer gehen zu den Nameless Fangs, der Felsgruppe unmittelbar über dem vierten Gokyo-See. Da sie keinen offiziellen Namen hat, wird sie von den ausländischen Trekkern einfach so genannt.

»Wie war denn deine Tour weiter das Tal hinauf gestern?«, frage ich den Lufthansaarzt, bevor er nach Namche aufbricht.

»Ich bin um halb elf zurückgekommen«, berichtet er.

»Du machst Witze«, erwidere ich.

»Ich bin noch über den sechsten See weitergegangen und auf einen Grat geklettert«, sagt er. »Im Führer steht, man kann leicht hochklettern, aber es ist ziemlich felsig, und es war gefährlich. Der Schnee liegt ganz schön hoch, und stellenweise erkennt man den Weg nicht. Wenn ich vom Weg abkam, stand ich gleich bis zum Bauch im Schnee. Eine schwierige Tour.«

Er wäscht sich das Gesicht in einem Becken mit warmem Wasser, setzt sich eine Wollmütze auf das blonde Haar, putzt die Brillengläser und verabschiedet sich in Richtung Namche. Ich beschließe, noch einen Tag zu bleiben und auch zu den Nameless Fangs zu wandern. Nach Jamies Führer zu urteilen, hat man von ihrem Gipfel aus einen noch besseren Blick auf den Everest als vom Gipfel des Gokyo Ri. Und vielleicht – die Hoffnung habe ich auch – ist dort der richtige Ort für das Gedenken an Kevin.

Trotz eines stattlichen Frühstücks mit Käse und Pilzomelett fühle ich mich am nächsten Morgen etwas schlapp. Ich gebe Kumar den Tag frei, und er freut sich, dass er mit den anderen Trägern im Wintergarten Karten spielen kann. Mit meinem kleinen Tagesrucksack wandere ich langsam in Richtung Norden los, wo die Nameless Fangs und der fünfte und sechste See liegen. Es ist mindestens zehn Grad kälter als gestern. Obwohl ich Lammfellhandschuhe anhabe, sind meine Fingerspitzen im Nu eiskalt. Die Luft ist mit winzigen Eiskristallen beladen. Sie funkeln wie Diamanten, die im Weltall treiben. Wo die Sonne auf felsigem Untergrund den Schnee geschmolzen hat, hat sich nun Raureif gebildet. Die Sonne blinkt silbern auf den offenen Stellen des türkisfarbenen Sees, und die Berge darüber sind so weiß und gleißend, dass ich trotz Sonnenbrille die Augen zusammenkneifen muss. Hier oben ist zwar nur halb so viel Sauerstoff in der Luft, dafür ist sie sauber und nicht kontaminiert.

Ich schließe die Augen und stelle mir vor, ich treibe auf einer Wolke dahin. Da ich jetzt akklimatisiert bin, werde ich für den Rückweg nach Lukla nur zwei Tage und zwei Nächte brauchen. Dort steige ich dann in die Twin Otter mit dem Klebeband am Tragflächenende und fliege nach Kathmandu. Von Kathmandu geht es mit dem Flugzeug über Katar und London nach Bermuda, wo Annabel mich vom Flughafen abholen wird. Wir waren erst wenige Monate zusammen, als Kevin starb, und nach meinem Unfall war ich wegen meiner körperlichen und emotionalen Verfassung vollkommen auf sie angewiesen. Einer der Gründe für meine Reise war auch, dass ich mir meine Unabhängigkeit beweisen wollte. Jetzt, da ich mein Ziel erreicht habe, können Annabel und ich über die Zukunft nachdenken, vielleicht sogar darüber, ob wir eines Tages Kinder miteinander haben möchten.

Um meine Hände zu wärmen, umfasse ich eine Kunststoffflasche mit heißem Wasser, während ich mich auf dem Weg hochkämpfe, der mit Felsbrocken übersät ist und auf dem der Schnee stellenweise einen Meter hoch liegt. Ich habe heute so wenig Antrieb, dass ich mich fast wie ein Schlafwandler fühle. Ich steige im Schneckentempo auf und bleibe alle paar Meter stehen, um zu überlegen.

Zwischendurch komme ich vom Weg ab und sinke bis zur Hüfte im Schnee ein. Aus dem Nebel lösen sich einzelne Schwaden, ziehen über den See und an den Flanken des Gokyo Ri hoch. Sie bilden Figuren, mitunter in Regenbogenfarben. Ich vergewissere mich wieder, ob der Umschlag noch in meiner Brusttasche steckt, und denke an Kevin. Er ist immer noch so präsent. Vielleicht sieht er mir auf meiner Wanderung durch die immense Weite des Himalaja zu.

Ich frage mich, wie er jetzt über seine ganzen Pläne denken würde, den Hausanbau, die Verlagsprojekte, die geschäftlichen Angelegenheiten, die er zurückgelassen hat. Ist ihm jetzt klar, dass nichts von alldem den großen Einsatz wert war? Dass das Leben einfach zu kurz dafür ist? Dass wir die Zeit, die wir hier auf der Erde haben, genießen müssen? Weiß er jetzt, dass wir unsere Erfolge nicht mitnehmen können? Manchmal sinniere ich auch darüber, wie wohl seine Gefühle für Katie und Cooper sein mögen, seine beiden Kinder. Kann er sich von ihnen lösen? Weiß er, dass sie ihr Schicksal selbst meistern müssen und dass auch sie eines Tages diese Welt verlassen und in eine andere eintreten werden? Ist er frei von allen irdischen Sorgen, frei sogar von der Verbundenheit mit seinen Kindern? Ist er nun, da nichts von alldem mehr Bedeutung für ihn hat, erleuchtet?

Die Vorstellung, mich noch stundenlang so weiterzukämpfen, nur um auf die Nameless Fangs zu klettern, verliert ihren Reiz für mich. Mir wird bewusst, dass ich genau das tue, was die meisten von uns ihr Leben lang tun. Ich habe mir ein Ziel gesetzt – erst das Everest-Basislager, dann den Kala Patar und schließlich den Gipfel des Gokyo Ri. Jetzt setzte ich mir schon wieder ein neues Ziel, noch höher und noch größer. Der Blick vom Kala Patar und vom Gokyo Ri war spektakulär. Allein auf diesen beiden Gipfeln zu stehen, in 5500 Meter Höhe, und von dort aus die umliegenden Berge, die Gletscher und die Täler weit unten zu sehen, war die ganze Reise wert. Es lohnt die Mühe nicht, jetzt noch einen dritten Berg zu besteigen, der einen etwas anderen Ausblick bietet, selbst wenn dieser noch schöner sein sollte. Aber genau das tun wir unser ganzes Leben lang. Wir zahlen die Hypothek auf unser Haus ab, dann kaufen wir ein größeres Haus in besserer Lage. Wir wollen ein Auto besitzen, und haben wir es, wollen wir ein neueres. Wenn ich jetzt auf die Nameless Fangs klettere, folge ich genau diesem Muster. Wie sollte ein weiterer Blick auf den Everest, von einem anderen Berg aus, der sich nur geringfügig unterscheidet, mein Leben noch mehr bereichern?

Ich werde das bleibenlassen.

Heute genieße ich diese Wanderung um ihrer selbst willen. Es gibt kein Ziel. Es gibt keinen Endpunkt und keinen Zweck. Der Weg ist das Ziel. Wie sagte John Lennon einmal? »Leben ist das, was passiert, während du Pläne machst.«

In den ersten Wochen nach Kevins Tod war ich in Depressionen verfallen. Ich konnte keinen Sinn mehr im Leben erkennen und mir in Ansätzen sogar vorstellen, warum Menschen Selbstmord begehen. Weil sie erkennen, wie nutzlos alles ist. Doch das Geschenk des Lebens ist auch etwas Wunderbares, das man nicht missbrauchen oder vergeuden darf.

Und ich muss dankbar sein für das größte Geschenk dieses Jahres – trotz meiner Verletzungen kann ich wieder laufen, ich kann eine Trekkingtour durch diese atemberaubende Bergwelt machen, durch Wälder, an Flussläufen und Seen entlang. Vielleicht muss ich Kevin dafür danken. Eines Tages werde ich es vielleicht herausfinden.

Anstatt das Tal hinaufzuhetzen und zu versuchen, vor Einbruch der Dunkelheit wieder zurück zu sein, lege ich mich nun auf einen trockenen Grasfleck und beobachte, wie die ersten Fäden des nachmittäglichen Nebels aufziehen. Die luftigen Gebilde nehmen fantasievolle Formen an und lösen sich ganz schnell wieder auf. Manche sehen aus wie Geister, Hexen und Zauberer, als hätten die Bewohner der Unterwelt einen Tag freibekommen, damit sie sich im Wind vergnügen können. Hunderte von Alpendohlen vollführen dazwischen ihre Kapriolen. Sie scheinen dabei Spaß zu haben wie Kinder auf einem Spielplatz. Manchmal tauchen sie im dicker werdenden Dunst ab. Dann wieder lichtet sich der Nebel, und die Vögel segeln einzeln auf den Luftströmen um die Wette. Falls es wirklich so etwas wie Reinkarnation gibt, möchte ich gern als eine dieser Dohlen wiedergeboren werden, und ich wünsche mir, dass meine Asche eines Tages in den Wind gestreut wird, von einem Felsvorsprung an der oberen Route über dem Manang-Tal auf dem Annapurna-Rundweg.

Aus dem Augenwinkel nehme ich eine Bewegung wahr. Ein neugieriges Wiesel streckt den Kopf zwischen den Steinen heraus. Es hat ein hübsches Gesicht, kleine, abgerundete Ohren und starrt mich mit seinen intelligenten Knopfaugen eindringlich an. Sein Körper ist goldbraun und schmalgliedrig. Eine winzige Bewegung von mir, und es zieht sich sofort unter das Geröll zurück. Kurz darauf schaut es aus einer anderen Spalte hervor, diesmal etwas näher. Es ist von mir genauso fasziniert wie ich von ihm.

Als ich mir bewusst mache, dass ich mich hier auf einer abgeschiedenen Yakweide inmitten der höchsten Berge der Erde befinde, werde ich ganz bescheiden. Ich liege hier, genieße den Tag und lasse planlos die Zeit verstreichen. Ich werde auf keinen Gipfel mehr steigen. Dafür werde ich beobachten, zuhören, fühlen und nachdenken. Das ist alles, worum es im Leben gehen sollte. Heute einmal nichts tun, nirgendwohin gehen – mehr brauche ich nicht.

Ich schlage die Augen auf und sehe, wie die Nebelschwaden sich wieder anschicken, über den Kamm zu ziehen, vorwärtsdrängen und zurückwabern. Sie dringen aber nicht zu mir vor und lassen mich weiter in der warmen Sonne unter einem blauen Himmel liegen. Dabei wirken die schneebedeckten Felsschultern auf beiden Seiten wie Solarreflektoren. Dunstfahnen halten sich über dem

Bergrücken unter mir und treiben über den türkisfarbenen See. Ich bleibe von ihrer feuchten Kälte verschont. Hier hört man kein einziges Geräusch, nicht einmal ein geheimnisvolles Flüstern. Ich lausche der Stille. Hier im Himalaja, hoch über dem Lärm der Welt irgendwo dort unten, erscheinen mir meine Träume auf einmal so wirklich.

Während ich halb wach, halb schlafend auf der Yakweide liege, wird mir auf einmal klar, dass ich den Umschlag auch hier nicht verbrennen werde. Ich denke daran, wie ich mich gestern Abend auf dem Gipfel des Gokyo Ri gefühlt habe, wie angsteinflößend und einsam es hier sein kann, wenn die trost- und wärmespendenden Sonnenstrahlen fehlen. Die Landschaft ist im Winter kalt und öde. Und es gibt keine Gemeinsamkeiten zwischen Kevin und den Bergsteigern, die hier den Tod gefunden haben. Mein Wunsch, auf dem Dach der Welt von Kevin zu Abschied nehmen, wird meinem Bruder nicht gerecht. Ich liebe diese Berge, und sie sind ein kleiner Teil von mir, aber nicht der Ort, an den Kevin gehört. Es war wundervoll, dieses Abenteuer mit ihm zu teilen und ihn bei mir zu haben, so nahe an meinem Herzen. Meine Reise war schwierig, aber wichtig. Jetzt, nachdem ich unsere gemeinsamen Zeiten noch einmal durchlebt habe, nachdem ich mit aller Kraft Kevin noch einmal in meiner Erinnerung lebendig werden ließ – jetzt kann ich mich mit seinem Tod abfinden.

Ich werde den Umschlag nicht verbrennen. Ich kann mir vorstellen, dass ich ihn der Obhut unserer Mutter übergebe.

Oder er begleitet mich bei meinem nächsten Abenteuer.

Eines Tages, wenn sie alt genug sind, werde ich ihn Katie und Cooper geben. Vielleicht nehmen sie ihn auch mit auf Reisen.

Das wäre schön.

Der Wind wirbelt durch die Flügel Dutzender Schneehühner, die wie aus dem Nichts aufgetaucht sind und an mir vorbeiziehen. Die

Sonne brennt auf mich herab, wärmt mein Gesicht, meinen Körper, macht mich noch schläfriger. Es ist so friedlich. Ob Kevin auch seinen Frieden gefunden hat?

REISEN · MENSCHEN · ABENTEUER

NATIONAL GEOGRAPHIC TASCHENBÜCHER
VON FREDERKING & THALER

ÜBER ALLE BERGE

Evelyne Binsack/
Verfasst von Gabriella Baumann-von Arx
Schritte an der Grenze
Die erste Schweizerin auf dem Mount Everest
ISBN 978-3-89405-221-8

Am 23. Mai 2001 stand die erste Schweizerin auf dem Mount Everest: Evelyne Binsack. In ihrem Buch führt sie uns die hart errungenen 8850 m hinauf bis in die eisigen Höhen ihres Erfolges und gibt Einblicke in ihre Visionen und ihren Lebensweg.

Peter Habeler
Der einsame Sieg
Erstbesteigung des Mount Everest ohne Sauerstoffgerät
ISBN 978-3-89405-098-6

Der Gipfel des Mount Everest liegt weit in jenem Bereich, in dem Leben nicht mehr möglich ist. Peter Habeler und Reinhold Messner vollbrachten am 8. Mai 1978 eine einzigartige Leistung: Sie bezwangen den Mount Everest ohne Sauerstoffgerät.

Heidi Howkins
Herausforderung K2
Eine Frau auf dem Weg zum Gipfel
ISBN 978-3-89405-192-1

Die erste Amerikanerin auf dem K2: Heidi Howkins bezwingt den berüchtigten Achttausender im klassischen alpinen Stil – ohne Träger, ohne aufwändiges Basislager, ohne modernes Equipment. Ein mitreißender Bericht über den Kampf einer Bergsteigerin gegen Fels und Eis.

So spannend wie die Welt.

NATIONAL GEOGRAPHIC
FREDERKING & THALER
www.frederking-thaler.de

NATIONAL GEOGRAPHIC TASCHENBÜCHER
VON FREDERKING & THALER

DIE ERKUNDUNG DER WELT

REISEN · MENSCHEN · ABENTEUER

Dieter Kreutzkamp
Yukon River
Im Kajak allein zum Beringmeer
ISBN 978-3-89405-146-4

Yukon River – der Name weckt Erinnerungen an den Goldrausch und die Romane von Jack London. Über 3.000 Kilometer legt der Autor mit dem Kajak auf diesem reißenden Strom zurück und begegnet Lachsfängern, Flößern und Indianern.

Carmen Rohrbach
Im Reich der Königin von Saba
Auf Karawanenwegen im Jemen
ISBN 978-3-89405-179-2

Nach Erfahrungen auf allen Kontinenten beschließt die Abenteurerin Carmen Rohrbach, sich den Traum ihrer Kindheit zu erfüllen: Allein durch den geheimnisvollen Jemen. Mit viel Intuition und Hintergrundwissen schildert sie das Leben der Menschen, vor allem der Frauen.

Christian E. Hannig
Unter den Schwingen des Condor
Rad-Abenteuer zwischen Anden und Pazifik
ISBN 978-3-89405-133-4

Mit dem Fahrrad ins Abenteuer: Auf seiner Fahrt von Bolivien über die Anden bis nach Lima schließt der Autor Freundschaft mit Indios, gerät in einen Rebellenaufstand und begibt sich auf die geheimnisvollen Spuren der Inka.

So spannend wie die Welt.

NATIONAL GEOGRAPHIC
FREDERKING & THALER
www.frederking-thaler.de

**NATIONAL GEOGRAPHIC TASCHENBÜCHER
VON FREDERKING & THALER**

IM BLICKPUNKT ASIEN

Milda Drüke
Die Gabe der Seenomaden
Bei den Wassermenschen in Südostasien
ISBN 978-3-89405-218-8

Der Traum vom Aussteigen – Milda Drüke macht ihn wahr. In Südostasien sucht sie nach dem merkwürdigsten Volk der Welt: Die Bajos kennen keinen Reichtum und keinen Neid, und ihre Heimat ist das offene Meer. Wochenlang lebt sie mit den Seenomaden auf ihren kleinen Hausbooten.

Josie Dew
Tour de Nippon
Mit dem Fahrrad allein durch Japan
ISBN 978-3-89405-174-7

Josie Dew ist nicht unterzukriegen: Seit Jahren radelt die Engländerin durch die Welt und berichtet davon auf humorvolle Weise. Diesmal erkundet sie Japan – und ihre Schilderungen von Land und Leuten sind so spannend wie ihre Reiseerlebnisse.

Louisa Waugh
Hohe Berge, tiefe Täler, weites Land
Mein Jahr mit Nomaden in der Mongolei
ISBN 978-3-89405-291-1

Der preisgekrönte Bericht der englischen Journalistin Louisa Waugh über ihr Jahr in der Mongolei. Im entlegenen Dorf Tsengel im äußersten Westen der Mongolei lebt und arbeitet sie mit den offenherzigen Bewohnern und schildert den eigentümlichen Reiz dieses unberührten Landes.

So spannend wie die Welt.

NATIONAL GEOGRAPHIC
FREDERKING & THALER
www.frederking-thaler.de

REISEN · MENSCHEN · ABENTEUER

**NATIONAL GEOGRAPHIC TASCHENBÜCHER
VON FREDERKING & THALER**

IN DER STILLE DER WILDNIS

REISEN · MENSCHEN · ABENTEUER

Konrad Gallei/Gaby Hermsdorf
Blockhaus-Leben
Fünf Jahre in der Wildnis von Kanada
ISBN 978-3-89405-014-6

Konrad Gallei konnte sich seinen Traum erfüllen: Mitten in der Wildnis Kanadas baut er mit Freunden ein Blockhaus, komplett ausgestattet mit eigenem Garten, Hühnern und Kaninchen. Doch trotz sorgfältiger Planung fordert bald Unvorhergesehenes alle Phantasie und Kreativität.

Chris Czajkowski
Blockhaus am singenden Fluss
Eine Frau allein in der Wildnis Kanadas
ISBN 978-3-89405-193-8

Unerschrocken macht sich die Autorin Chris Czajkowski auf, rodet in tiefster Wildnis ein Stück Land und zimmert sich – ohne besondere Vorkenntnisse – eine Blockhütte. So einsam und mühsam ihr Tagewerk auch ist, Chris wird immer reich belohnt durch die Schönheit der unberührten Natur.

Dieter Kreutzkamp
Husky-Trail
Mit Schlittenhunden durch Alaska
ISBN 978-3-89405-080-1

Zwei Winter lebt Dieter Kreutzkamp mit Familie in Blockhäusern am Tanana- und Yukon-River. Besonders die faszinierenden Hunde Alaskas, die Huskys, haben es ihm angetan. So zieht er allein mit seinen Schlittenhunden durch die weiße Wüste. Höhepunkt ist das berühmte Iditarod-Rennen…

So spannend wie die Welt.

**NATIONAL GEOGRAPHIC
FREDERKING & THALER**
www.frederking-thaler.de

NATIONAL GEOGRAPHIC TASCHENBÜCHER
VON FREDERKING & THALER

NATURGEWALTEN

REISEN · MENSCHEN · ABENTEUER

Hauke Trinks
Leben im Eis
Tagebuch einer Forschungsreise in die
Polarnacht
ISBN 978-3-89405-232-4

Könnte es sein, dass das Leben auf der Erde
im Eis entstanden ist? Dieser Frage ist der
Physiker Hauke Trinks mit seiner Expedition
in den Norden Spitzbergens nachgegangen.
Ein einjähriges Abenteuer in der Polarnacht,
nur in der Gesellschaft zweier Hunde – und
zahlreicher Eisbären.

William Stone / Barbara am Ende
Höhlenrausch
Eine spektakuläre Expedition unter der Erde
ISBN 978-3-89405-216-4

Riskante Kletterpartien, gefährliche Tauch-
gänge ins Ungewisse, wochenlanges Leben
unter der Erde – William Stone und sein
Team erforschen eine der größten Höhlen der
Welt. Die atemberaubende Schilderung einer
Expedition der Superlative.

Carla Perrotti
Die Wüstenfrau
An den Grenzen des Lebens
ISBN 978-3-89405-197-6

Warum riskiert eine Frau ihr Leben in der
Wüste? Carla Perrotti durchwandert allein die
Kalahari und die größte Salzwüste der Erde in
Bolivien, als erste Frau begleitet sie eine
Tuaregkarawane durch die Ténéré. Unter den
überwältigenden Eindrücken der Natur findet
sie zu sich selbst.

So spannend wie die Welt.

NATIONAL GEOGRAPHIC
FREDERKING & THALER
www.frederking-thaler.de

NATIONAL GEOGRAPHIC TASCHENBÜCHER
VON FREDERKING & THALER

MAGISCHES INDIEN

REISEN · MENSCHEN · ABENTEUER

Tahir Shah
Der Zauberlehrling von Kalkutta
Reise durch das magische Indien
ISBN 978-3-89405-286-7

Eine Erkundungsreise durch den indischen Subkontinent, auf der Suche nach dem Magischen, Wunderbaren. Je weiter der Zauberlehrling Tahir Shah auf seiner Reise voranschreitet, umso mehr muss er erkennen, dass Indien mit westlichem Wissen nicht zu verstehen ist.

Tor Farovik
Indien und seine tausend Gesichter
Menschen, Mythen, Landschaften
ISBN 978-3-89405-282-9

»Dieses Buch geht weit über eine übliche Reiseschilderung hinaus. Eine Offenbarung, geprägt von Erzählfreude, echtem Respekt und Liebe zur indischen Gesellschaft.«
Aftenposten

Ilija Trojanow
Der Sadhu an der Teufelswand
Reportagen aus einem anderen Indien
ISBN 978-3-89405-153-2

In farbigen Reportagen führt uns Ilija Trojanow durch die Vielfalt Indiens – zu ungewöhnlichen Festen, kaum bekannten Gemeinschaften, skurrilen Ereignissen und schließlich in die brodelnde Metropole Bombay.

So spannend wie die Welt.

NATIONAL GEOGRAPHIC
FREDERKING & THALER
www.frederking-thaler.de

NATIONAL GEOGRAPHIC TASCHENBÜCHER
VON FREDERKING & THALER

ABENTEUER ORIENT

Bruno Baumann
Abenteuer Seidenstraße
Auf den Spuren alter Karawanenwege
ISBN 978-3-89405-254-6

Eine Reise über die berühmteste Handelsroute dieser Welt. Bruno Baumann folgt den verzweigten Pfaden und Wegen der Seidenstraße und berichtet nicht nur über die Kultur und Geschichte der Route sondern auch über seine persönlichen Erfahrungen auf dem Weg vom Nahen Osten nach China.

Oss Kröher
Das Morgenland ist weit
Die erste Motorradreise vom Rhein zum Ganges
ISBN 978-3-89405-165-5

Deutschland, 1951: Zwei Pfälzer, jung und wagemutig, wollen raus aus dem Nachkriegsmuff. Im alten Seitenwagen-Motorrad machen sie sich auf die kühne Fahrt nach Indien. Ihr spritziger und sinnlicher Bericht ist getragen von mitreißender Aufbruchsfreude.

Philippe Valéry
Der verheißungsvolle Weg
Zu Fuß von Marseille bis nach Kaschgar
ISBN 978-3-89405-273-7

Philippe Valéry ist dem Zauber des Orients erlegen und hat sich einen Traum erfüllt: Er wandert von Frankreich bis nach China. 2 Jahre, 10 000 Kilometer, unzählige Begegnungen und Erlebnisse. Der mitreißende Bericht einer abenteuerlichen Reise!

So spannend wie die Welt.

NATIONAL GEOGRAPHIC
FREDERKING & THALER
www.frederking-thaler.de

NATIONAL GEOGRAPHIC TASCHENBÜCHER
VON FREDERKING & THALER

IRGENDWO IN AFRIKA

REISEN · MENSCHEN · ABENTEUER

Théodore Monod
Wüstenwanderungen
Spurensuche in der Sahara
ISBN 978-3-89405-140-2

Dass ausgerechnet ein Meereszoologe vom Wüstenfieber gepackt wird! Théodore Monod berichtet über seine Wanderungen durch die Sahara in den 20er und 30er Jahren – ein informatives und bleibend aktuelles Standardwerk.

Anthony Sattin
Im Schatten des Pharao
Altes Ägypten in neuer Zeit
ISBN 978-3-89405-181-5

Ausgestattet mit unveröffentlichten Aufzeichnungen aus den 20er Jahren, macht sich Anthony Sattin auf eine ungewöhnliche Suche: Er fahndet nach den Spuren, die 5.000 Jahre Geschichte im heutigen Ägypten hinterlassen haben – und all ihren Widersprüchen.

Felice Benuzzi
Gefangen vom Mount Kenia
Gefährliche Flucht in ein Bergsteigerabenteuer
ISBN 978-3-89405-168-6

Die verrückte Geschichte des italienischen Kriegsgefangenen Benuzzi, der mit zwei Gefährten aus einem britischen Lager flieht – nur um den Gipfel des Mount Kenia zu besteigen. Selbst wilde Tiere und die Unbilden der Natur können das Trio nicht stoppen.

So spannend wie die Welt.

NATIONAL GEOGRAPHIC
FREDERKING & THALER
www.frederking-thaler.de